JN232820

自然エネルギー利用のための

パッシブ建築設計手法事典

新訂版

彰国社編

本書は，1983年に『自然エネルギー利用のためのパッシブ建築設計手法事典』として発行されたものを，今回新訂版として刊行するものです。

　特別な動力機器を用いず，自然の要素である太陽光，太陽熱，風，雨水，大地等のもつ性質を，建築的に利用して室内気候調節を行おうとするのが，パッシブ設計の考え方です。古来わが国では，そうした考え方は，建築の基本とされてきましたが，潤沢なエネルギーの供給とこれを前提とした設備技術の発達につれ，その手法と，その手法のもつ良さは次第に忘れられがちとなりました。

　環境問題，あるいは石油危機による省エネルギー問題などを契機として，そうしたあまりにもハイテクノロジーに依存しすぎた建築や都市の在り方を，人間主体の根源的なところに立ち返って考察し直してみたところから，パッシブ建築設計の思想が確立してきたといえます。

　パッシブという言葉は，自然を共生すべき対象として認識することに由来しますが，その目的は，よりアクティブな生活空間を形成することにあります。そしてこれはもちろん，単純なプリミティブな技術への回帰ではなく，現代科学や技術の蓄積の上に新たな展開を求めるものです。

　本書は，そのパッシブ建築設計手法を，「屋根の形と熱のコントロール」など，35項目に分類し，それぞれ，①基礎資料，②手法の原理，③設計の要点，④事例，⑤補足事項などの内容で構成し，この手法で設計を行おうとする際の入門書，あるいは手引書としてご活用いただけるよう心掛けました。また，21世紀の新たな時代の要請に対応できるよう，基礎資料や事例なども最新のものを多く集めることに努めました。

　編集作業は，執筆者との協同により，また原稿の執筆も執筆者相互の協同作業によって行われました。したがって，目次の各手法ごとに記した執筆者名は，その項目の主な担当者名を示します。

　なお，小玉祐一郎，堀越哲美の両氏には，全体にわたる監修および細部にわたる作業等に甚大なご努力を払っていただきましたことを記して，深く感謝の意を表します。
　　　　　　　　　　　　　　　　　　　　　　　　　（編集部）

■統　括
小玉祐一郎（神戸芸術工科大学名誉教授）

■主　査
堀越哲美（愛知産業大学）

■執　筆（50音順）
石田信男（石田信男設計事務所）
伊藤　昭（日建設計）
絵内正道（北海道大学名誉教授）
小玉祐一郎（前掲）
小室大輔（一級建築事務所 エネクスレイン）
澤地孝男（国土技術政策総合研究所）
宿谷昌則（東京都市大学名誉教授，LEXS design研究室）
須永修通（東京都立大学名誉教授）
武政孝治（LEAD Lab）
並木　裕
堀越哲美（前掲）
松原斎樹（京都府立大学特任教授）

■協　力（50音順）
井山武司
加藤義夫（台湾台中逢甲大学）
木村建一（国際人間環境研究所）
野沢正光（野沢正光設計工房）
福島駿介（琉球大学名誉教授）
梅干野晃（放送大学）

パッシブソーラー建築序論
―― 民家の教訓からハイテクの活用まで ――

小玉祐一郎

■ パッシブソーラーの誕生

　雨風をしのぎ，暑さ，寒さを防ぐことは住居の基本的な性能の一つである。住まいをつくるにあたって太陽をはじめとする自然要因に配慮することは，程度の差こそあれ，古来どの地域においても見られることである。そのような建築的な工夫と区別してソーラーハウスという言葉が生まれたのは1920年ごろで，シカゴの新聞社による造語だといわれるから約80年前のことである。給湯や暖房を目的として，より積極的に，より科学的に太陽熱を活用しようとする研究が行われ，その成果を組み込んだ住宅を指したものらしいが，これからも分かるように，そもそもソーラーハウスの出発点は給湯設備や暖房設備といった住宅設備の熱源を太陽に求めるものであった。

　その後の住宅設備の進歩，普及はめざましく，アメリカでは豊富なエネルギーに支えられて冷房も急速に普及するようになる。第一次エネルギー危機が起きたのは1973年だが，それによって注目されるようになったソーラーハウスの関心は，主として太陽エネルギーを熱源としエネルギー交換技術を駆使して，暖冷房，給湯を行うソーラー技術に向けられたものであった。それまで，このような住宅設備が依存していたエネルギー資源に代替できるエネルギー源として太陽が注目されたのは当然のことであったが，やがて，このようなアプローチのソーラーハウスをアクティブソーラーハウスと呼び，これとは別にパッシブソーラーの概念がつくられていく。1976年のことであった。

　それは，次第に社会に受け入れられていくが，その背景には時代の流れを読み取ることもできるであろう。アクティブからパッシブへという変化の理由としてアクティブソーラーシステムのエネルギー効率が，まだコストアナリシスを満足することができなかった点が挙げられることが多い。これも大きな理由であるに違いない。と同時にそこには居住環境のあり方について，また住まいの快適さについての基本的な考え方の変化という，きわめて建築学的な問題があることを見逃してはならないだろう。

■ 自然環境のポテンシャル

　アクティブシステムとパッシブシステムの違いを簡単に言えば，前者が従来の暖冷房設備を駆動させる熱源を太陽エネルギーに求めているのに対して，後者は，機械設備の使用を前提としないで，もっぱら建物のシェルター機能の増強，建築的な方法によって室内環境を形成することを目的としているという点である。アクティブ（能動的），パッシブ（受動的）という言葉のニュアンスは，積極的に人工環境を形成していく姿勢と，自然環境に適応しながら，そのポテンシャルを活用しようとする姿勢の違いを示したものと理解できるのである。重要なことは，間断ないエネルギーの補給によって成立する完全に人工的な居住環境と，自然と一体化し，自然のリズムが実感できる居住環境との質が等しいものでないことを明確に認識した上で，いずれかが，主体的に選択されるようになったということなのである。

　このような認識は多くのエネルギーを住宅に投入した方がより快適であるとか，複雑で高度な機械を駆使した人工環境が良質であるといった近代の神話の崩壊を意味することにほかならない。

　このような背景があればこそ，太陽熱の

　伝統的と考えられている日本の住宅は，夏の日射を遮る厚い屋根は持っていたが，壁や床の断熱や気密はあまり考慮されていない。もちろんガラスがあるわけではなく，日射熱を保存する術もなかった。土蔵造りや土間床などの例外を除けば，概して，蓄熱できるような熱量の大きな材料を室内に用いなかったのである。

　これらは「夏を旨」とする住宅のありようからすれば，効果的な方法であるが，当然のように冬向きではない。日本の住宅の長い伝統は，ある意味でパッシブクーリングの技法の蓄積の歴史ともいえるのであろう。

　一方，パッシブヒーティングは，冬の日中の日射熱を何らかの形で蓄え，夜まで持ち込むために，建物自体の熱的性能を活用しようとするものだから，室内からの熱損失を防ぐため，断熱・保温性，気密性を確保しながら蓄熱するための熱量の大きな部材を必要とする。

　したがって，日本におけるパッシブシステムの展開は，歴史に培われたクーリングの技法を発掘・改善しながら，いかに矛盾なしにパッシブヒーティングの技法と複合させていくかということにかかっていよう。

田麦股の民家。大きな屋根が風土適応の第一の特徴

厚い茅葺き屋根。大きな開口部。竹簀の子の床。神奈川の民家

奈良，慈光院。庭と一体化した室内空間。

中庭と緩衝空間としての縁側。竹原の町家

暖房利用から始まったパッシブシステムが，太陽熱利用とは関連のない夏季の冷却効果を得るための建築的工夫（クーリング技法）をも包含していったのである。

■ **伝統的民家の教訓**

パッシブシステムの定義は一般に，建物を流れる熱を特別な機械装置を用いずに，輻射，対流，伝導によって自然に行い，建物自体の性能によって熱の流れをコントロールすることによって暖房，冷却の効果を得るとされている。建物自体が，システムの構成部品であり，したがって，通常の暖冷房設備のように建物と分離できる独立したシステムとならないことがその大きな特徴である。このようなパッシブシステムの定義に基づく技法は，いわゆる伝統的な建築の手法……人工環境調整技術が登場する以前の建築的工夫ときわめて類似しているといえるであろう。これはむしろ当然というべきかも知れない。

土着の伝統的な建築的手法には，その土地の気候が反映される。寒冷なヨーロッパでは密閉型の建築手法が発達し成熟した。寒さの侵入を防ぎ，室内から寒さを除くことが，その基本である。外部と熱的に遮断することが重要であり，壁は厚く，ドアや窓の面積はできるだけ小さくする必要があった。さまざまな暖房方法が，建物と一体化した形で長い時間をかけて考えられてきたし，暖房に伴う室内の臭気や換気も早いうちから科学の対象とされた。

これに対して温暖な地方では，対照的に「夏を旨(むね)」とする開放的な建築手法が発達した。外部と内部を遮断するよりも一体化する方法であり，外気をどのように室内に導入するかが大きな問題であった。住居というシェルターに求められたのは，外界と遮断するだけの堅固な壁ではなく，あくまでも内と外の空間の流動的な関係，あるいは曖昧な遮断を許容しながら，室内の快適さを保つことであった。厚い屋根，深い庇，通風を促進する開放的な平面，庭や樹木と連続した建築的工夫は，ある意味で自然のエネルギーを最大限に享受するテクニックであるといってよいであろう。

■ **持続可能なデザイン**

自然環境に適応しながら，そのポテンシャルを利用しようとするパッシブデザインでは，当然のことだが成立条件としてその地域の自然環境条件が問題になり，気候条件によって採用するデザインも変わる。日照条件が悪く，騒音や空気汚染に悩まされ，プライバシーや安全のために窓も開けられないというのではパッシブデザインは成立しにくい。このような意味で大都市の環境はパッシブデザインを許容しにくく，いきおい暖冷房へ依存しがちになる。そして，エネルギーに依存すればするほど排ガスや排熱も増え，それによって環境負荷も増え，ますます人工環境技術に頼らざるを得ない悪循環に陥りがちである。いわば，じり貧のシステムであり，持続可能なシステムからは程遠い。このような悪循環をいかに断ち切るか。これは地球環境時代の持続可能な社会の目標のひとつにほかならないのだ。

このような考え方は暖冷房技術の有用性を否定するものではない。暖冷房負荷を小さくするための建物の工夫，機械設備システムの効率の向上，太陽光発電や風力発電などの自然エネルギー利用などは，環境負荷を減らすための有力な手段である。暖冷房の本当に必要なところでは上手に使えばよいのであるが，効率の良いシステムだからといって，むりやり使うことはないのである。暖冷房負荷は小さいものの，いつも暖冷房設備に頼らなければならない住宅であったために結局，トータルのエネルギー消費量が増えてしまったという例も少なくない。

すでに明らかなように，パッシブソーラーはエネルギー問題を契機にして生み出されたが，その射程距離は，エネルギー問題にとどまるものではない。パッシブデザインは，いわゆる人工環境を維持するためのエネルギーを従来の地下資源から太陽熱に転換するソーラー技術でもなく，人工環境を前提として暖冷房負荷を最小化するための建築の補強でもなく，それらと関連を持ちながらも，本質的には建築固有のデザインの問題なのである。

住まいの熱的性能を決める要因

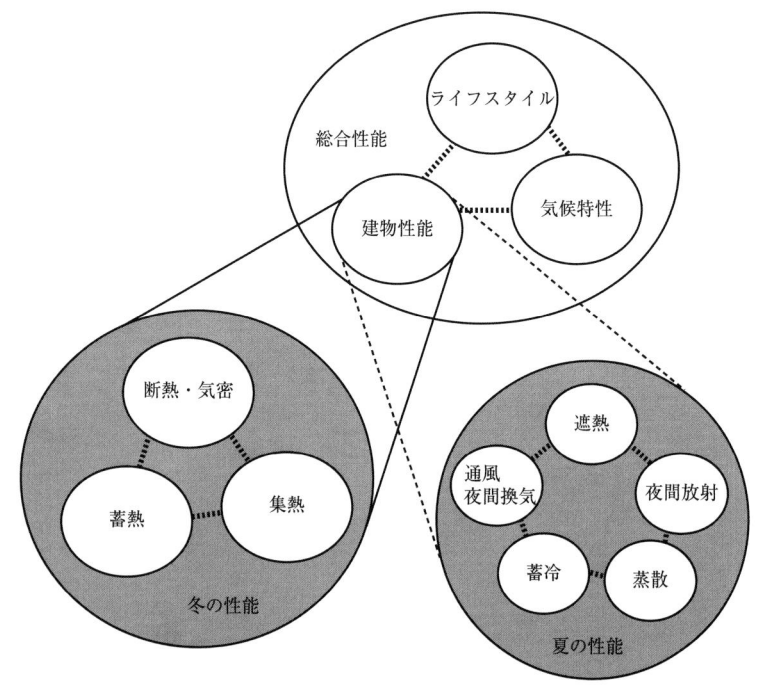

- 総合性能
  - ライフスタイル
  - 建物性能
  - 気候特性

- 冬の性能
  - 断熱・気密
  - 蓄熱
  - 集熱

- 夏の性能
  - 遮熱
  - 通風夜間換気
  - 夜間放射
  - 蓄冷
  - 蒸散

パッシブデザインから環境共生へ

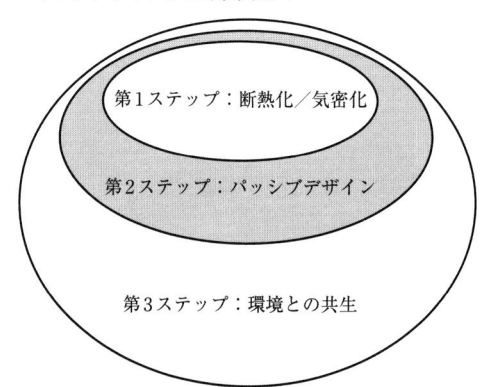

- 第1ステップ：断熱化／気密化
- 第2ステップ：パッシブデザイン
- 第3ステップ：環境との共生

パッシブシステムの設計プロセス
―― 気候特性の把握とそのコントロール ――

小玉祐一郎

■ 基本的な考え方

パッシブシステムの設計の目的は，対象とする地域の自然環境のポテンシャルを最大限に引き出すことである。日射の多い所はパッシブ暖房の計画がしやすく，また風のよく吹く所では通風計画がしやすいというように，地域ごとに自然のポテンシャルには特徴があり，その活用法は異なるが，第一に地域の気候特性を分析し，第二にそれぞれの気候要素のポテンシャルの強さを発見し，さらにそのうち利用できるものは積極的に活用し，不利な作用を及ぼす気候要素は極力遮断するように建築的工夫をするのが，設計の基本的なプロセスである。

建物の設計は，さまざまな技法の統合作業ということができるが，いうまでもなく気候要素は複数あり，そのコントロールの方法は一様ではない。それゆえ，技法の統合に関して，各々の技法の間の矛盾・対立の調整をしなければならないという難しさがある。矛盾の調整には，①冬の技法（パッシブヒーティング）と夏の技法（パッシブクーリング）の矛盾の調整，②同じ目的を持ちながら生ずる技法間の矛盾の調整という2種がある。

夏と冬では，たとえば，冬，暖房のために導入されなければならない日射が夏には遮断しなければならないように，多くの気候要素について利用と防御が逆になる。夏と冬で建物の熱特性をがらりと変えることができれば理想的といえよう。南北に長いわが国では地方によって夏の暑さの厳しさ，冬の寒さの厳しさが大きく異なる。夏と冬の技法の共存と一口でいっても，そのやり方は多様であるべきで一律ではない。

②に関しては，日射量の導入を増やすために南側の窓面積を増やすことが建物からの熱損失も増やすことになってしまうというようなことが例として挙げられる。その地方の日射量や外気温の状況を勘案して夜間断熱戸を用いるなどの対策が望まれる場合もあろう。

このように見ると，パッシブシステムのデザインプロセスは大きく三つの段階に分けることができよう。それらは，
①地域の気候特性を把握し，コントロールすべき気候要素を明確にする
②気候要素ごとに，コントロールする技法を検討する
③技法間の矛盾を調整し統合する
である。

本書の主たる目的は気候要素別に，それをコントロールする技法を示すことであり，上の段階区分でいえば②に相当する。

目次に示すように，技法は35のテーマに分けられており，各々，基礎的資料，設計技法の原理，設計事例から構成されている。もとより，挙げている事例は，数多くある事例のごく一部であり，他のさまざまな例があることは言うを待たない。また，事例の中には科学的な，定量的な説明が困難なものもある。読者は，基礎的資料，技法の原理，事例のうち，どれから読み始められてもよい。それらは相互に補完的なものなのである。

すでに述べたように，個々の技法の有効性，効果は気候条件によって大きな影響を受けるものであり，また，矛盾する技法間の調整の仕方も，地域の気候条件によって異なるものである。すなわち，上述した①と③の段階における作業は，具体的に地域が決められ，気候条件が与えられてからスタートする作業である。個別の気候条件のもとで技法を選び，効果を予測し，複数の技法を調整しながら最終的な設計へと統合するのは読者自身の判断によらなければならないところである。

そのような点を補足する意味で，以下は対象とする地域の気候条件をいかに読み取るかについて若干の事例を挙げながら述べてみよう。また，パッシブヒーティングの性能予測については，近年多くの研究がなされ，マイコンを用いる方法や，もっと簡易な手計算による方法などが示されるようになった。

Fig-1-1　パッシブヒーティングのための設計技法
基本的には
・取得できる熱の最大化――日射からの効率的な集熱
　　　　　　　　　　　　――発生熱の回収，再利用
・熱損失の最小化――輻射による熱損失の最小化
　　　　　　　　――伝導による熱損失の最小化
　　　　　　　　――対流による熱損失の最小化（気密化）
　　　　　　　　――換気による熱損失の最小化
・適切な蓄熱――蓄熱用部材
　　　　　　――蓄熱槽

の三つの組合せである。構成の手順が設計であるといえる。組合せ方は無限に考えられるが，組合せの要案（単一の目的のための技法――個別的な技法）を整理し，デザイン・ボキャブラリーとして提示することができよう。個別的な技法は，互いに矛盾する場合があるが，どのように組み合わせるかは設計者の判断による。

Fig-1-2　パッシブクーリングのための設計技法
基本的には
・室内に侵入する熱の最小化――直達日射の遮蔽（天空光，反射光による採光）
　　　　　　　　　　　　　――照返しの防止
　　　　　　　　　　　　　――屋根，壁の遮熱（断熱）
・放熱の促進――冷気の導入
　　　　　　――冷輻射の利用
　　　　　　――室内熱の速やかな排出（排気，換気）
　　　　　　――通風による体感効果の促進
　　　　　　――夜間輻射による冷却効果の促進
　　　　　　――蒸発潜熱による冷却効果の促進
　　　　　　――大地への熱吸収
・適切な蓄冷――蓄冷用部材
　　　　　　――蓄冷槽

の三つの組合せである。
　クーリングの個々の技法には，相互に矛盾するものが少ないが，パッシブヒーティングの技法との組合せには矛盾する場合が多い。双方に可変的に対応できる方法の開発とともに建物自体の衣替えのシステムのような発想もあろう。

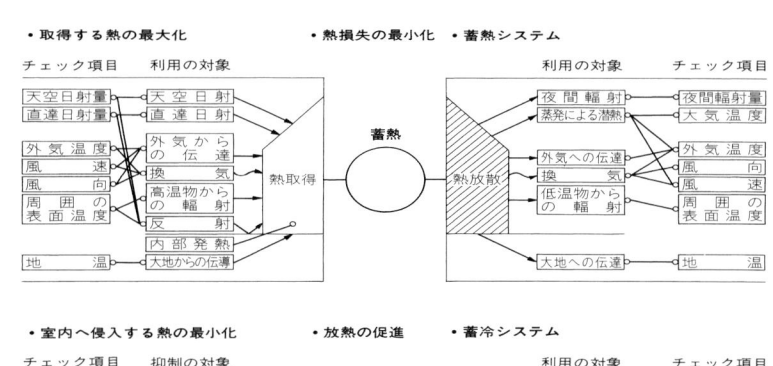

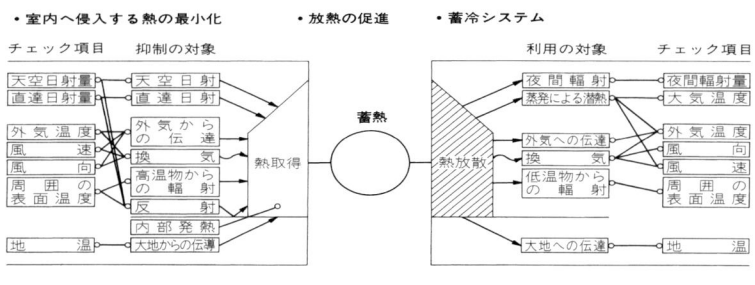

■ 気候特性の把握

建物には常に熱が流入しており，また流出している。そのような熱の流れは建物の熱的な特性によって異なるものであり，パッシブシステムは，その熱特性を工夫することによって，熱の流れをコントロールし，快適な室内気候を形成する方法だともいえる。

Fig-1は，建物に流入し，建物から流出する熱がどのような形のものであるかを示し，また，それらがどのような気候要素で表されるかを示したものである。パッシブヒーティングでは流入する熱（熱の取得）を最大にして流出する熱（熱の損失）を最小にし，さらに熱の取得と損失が生ずる時間的なずれを調整するために適切な蓄熱を行うことであり，パッシブクーリングはその逆である。

さて，図から建物の熱の移動に関する気候要素は，気温，風，太陽，湿気の四つの大きな項目に整理できる。パッシブシステムの設計はこれらの気候要素をいかに利用し，また防御するかということなのであるが，そのためには対象とする地域で各々の気候要素がどれほどのポテンシャルを持ち，また，どのような組合せで同時発生しているかが重要になる。気温が低くても，日射量が十分にあればパッシブヒーティングはしやすいし，気温が高くても，そのとき，湿度が低かったり，風があったりすればパッシブクーリングは容易である。

Fig-2は，東京とロンドンの各月の平均気温と日射量を比較したものである。気温だけ見ると，ロンドンに比べて，東京は，冬の気温がほんの少し高いだけで夏は大幅に高い。これからただちに，冬の寒さはロンドン並みなのに，夏は熱帯並みに暑いと思いがちである。しかし，多くの人が陰鬱なロンドンと明るい東京が同じ寒さと思わないように，冬の日射量は，東京の方が4倍近くも多い。このことは，もし日射がなければ，東京とロンドンは同じ暖房量が必要だが，日射をうまく活用できれば暖房量の大幅な軽減が可能であることを示している。ソーラーシステムの成立条件として，東京はすぐれた自然のポテンシャルを持っているといえるのである。

ちなみに，日本と世界の幾つかの都市における日射量と気温の関係を示すとFig-3のようになる。

概して，日本の多くの都市は冬の日射に恵まれているといえるが，冬の太平洋岸と日本海岸では大きな差がある。帯広は1月の平均気温が−8℃にも達するが，日射量は著しく多い。また，新潟は気温はそれほど低くはないが，日射量も少ない。

月の変化にも各々の地域の特徴を見ることができる。Fig-4は標準気象データをもとにして1年間の温度区分別時間数を求め，都市別に比較したものである。5℃ごとに発生する時間数を年間に対する比で示したもので，不快指数75以上になる時間数もあわせて示してある。地域によって異なる温度発生状況がよく示されている。北から南へ行くにつれて次第に暖かい期間が増していくのは当然だが，その傾向は地域の特性を反映して必ずしも一律ではない。

仮に，不快指数75以上の範囲を冷房の必要な範囲，気温10℃以下の範囲を暖房の必要な範囲と考えて，それらの期間の長さを比較してみると，那覇を例外として暖房期間の方がはるかに長く，東京であっても，暖房の必要な期間が冷房の必要な期間の4倍以上あることが分かる。

わが国は温暖な気温下にあるとはいえ，暖房の必要度は高く，そのエネルギーを太陽エネルギーに求めることの意義は大きい。

冬の日射量と気温は，パッシブヒーティングの設計を左右する大きな気候要素であるが，他の気候要素も含めて，より詳しく変化の状況を知ることができれば，建築的な対応も考えやすい。

Fig-4　温度区分別期間長さ（1年間を100とする）

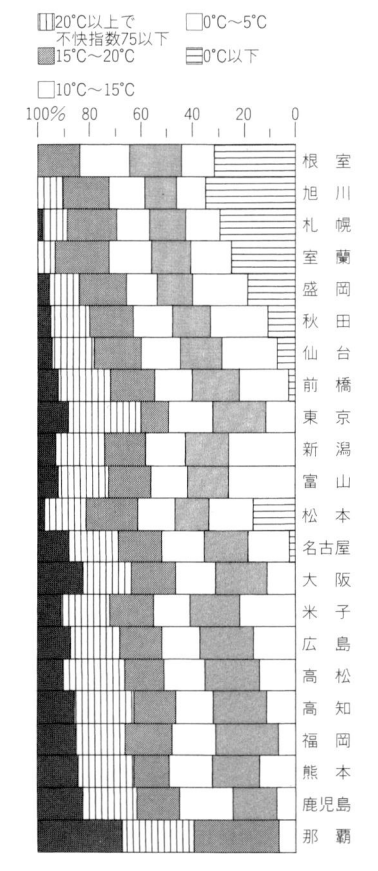

■ 不快指数75以上　■ 5℃〜10℃
▦ 20℃以上で不快指数75以下　□ 0℃〜5℃
■ 15℃〜20℃　≡ 0℃以下
□ 10℃〜15℃

Fig-2　東京とロンドンの気温・日射量の比較

― 気温（東京）
--- 気温（ロンドン）
―●― 日射量（東京）
―▼― 日射量（ロンドン）

Fig-3-1　主な都市における気温と日射量の関係（日本）

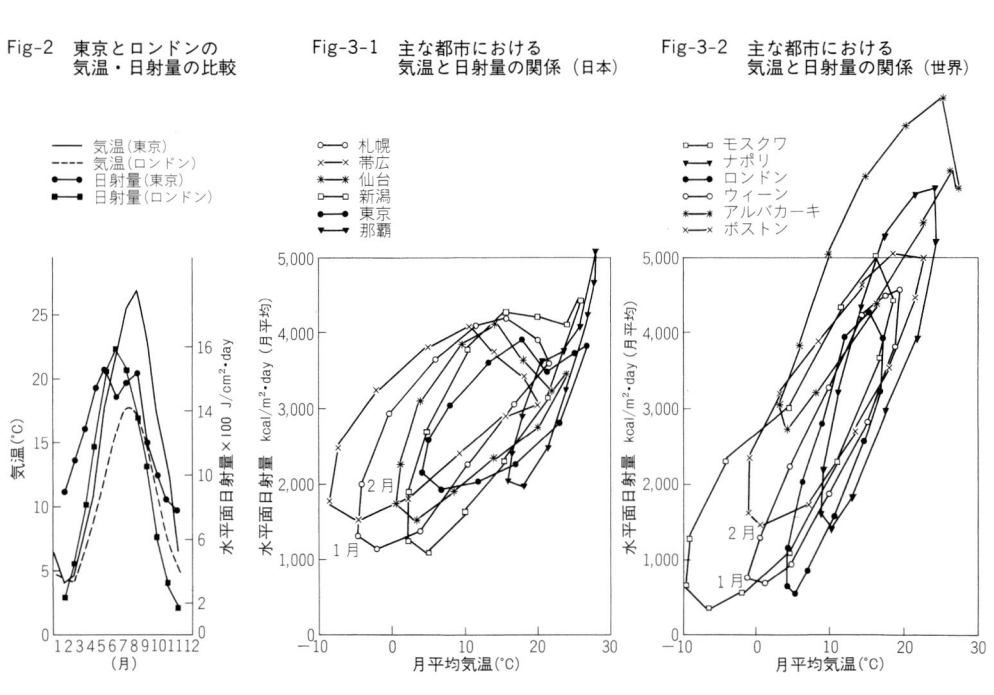

○ 札幌
× 帯広
＊ 仙台
☆ 新潟
● 東京
▼ 那覇

Fig-3-2　主な都市における気温と日射量の関係（世界）

□ モスクワ
▽ ナポリ
― ロンドン
○ ウィーン
＊ アルバカーキ
× ボストン

目次

3		パッシブソーラー建築序論／小玉祐一郎
5		パッシブシステムの設計プロセス／小玉祐一郎
8	手法-1	屋根の形と熱のコントロール／石田信男
10	手法-2	屋根の表面と熱のコントロール／石田信男
12	手法-3	屋根の断熱・保温／澤地孝男
14	手法-4	屋根の冷却／須永修通
18	手法-5	壁の形と熱のコントロール／小玉祐一郎
20	手法-6	壁の表面と熱のコントロール／小玉祐一郎
22	手法-7	壁の断熱・保温／須永修通
24	手法-8	壁への蓄熱／須永修通
28	手法-9	床の断熱・保温／絵内正道
32	手法-10	床への蓄熱／小玉祐一郎
36	手法-11	窓の断熱・保温／小室大輔・宿谷昌則
40	手法-12	出入口と熱のコントロール／小室大輔・松原斎樹・宿谷昌則
42	手法-13	日射のコントロール／小室大輔・宿谷昌則
46	手法-14	昼光の有効利用／小室大輔・宿谷昌則
50	手法-15	伝熱タイムラグの利用／武政孝治
52	手法-16	熱と結露／絵内正道
54	手法-17	建物の表面積と熱／伊藤 昭
56	手法-18	空間形と熱負荷／小室大輔・宿谷昌則
58	手法-19	空間構成と暖房方式／絵内正道
62	手法-20	熱特性を活用した空間の構成／絵内正道
66	手法-21	屋根の形と風のコントロール／小玉祐一郎
68	手法-22	壁と風のコントロール／伊藤 昭
70	手法-23	床下空間と通気／澤地孝男
72	手法-24	換　気／澤地孝男・松原斎樹
76	手法-25	開口部と通風／伊藤 昭
80	手法-26	室内空間形と通風／伊藤 昭
84	手法-27	建物の形と周辺気流／堀越哲美
88	手法-28	照返しのコントロール／堀越哲美
90	手法-29	地中温度の利用／堀越哲美
94	手法-30	地形の利用／堀越哲美
98	手法-31	樹木による光と熱のコントロール／武政孝治
100	手法-32	樹木と風のコントロール／武政孝治
102	手法-33	湖沼池水の利用／並木　裕
106	手法-34	建築空間と水の利用／石田信男
108	手法-35	材料と湿気のコントロール／澤地孝男
112		図版出典および写真撮影者リスト

手法-1 屋根の形と熱のコントロール

屋根は，建築にとって最も本質的な部分である。それだけに，さまざまな機能をもっているし，勾配，方向，方角，表面積，材料，色などによって外部環境との調整がなされるから，高温期の屋根はなるべく熱の取得をしないように，また寒冷期には熱をできるだけ逃がさないようにすることが望まれる。同時に，デザイン的にも，十分に洗練された形態が追求されなければならないのはもちろんである。

形態によって変わる多様な熱授受の関係がここのテーマである。地域によって育まれた歴史的な多くの美しい屋根の形が見られるが，その形態には必ず理由がある。そのような形の中に，エネルギーの有効利用をしたり，あるいは自然の厳しさに対抗したり，自然力を利用して快適な生活を確保するための試みを読み取ることができよう。

参照手法-2，3，24

手法の原理

◆屋根の勾配と熱取得

傾斜面の傾きによって受ける日射量が異なるので，屋根面集熱の場合コレクター設置の角度に対する配慮が必要となる。

望ましい角度は，Fig-1のように暖房用としては緯度プラス15°であり，冷房用としては緯度プラス5°が目安とされている。

これは受熱面が真南に向いている場合の原則であり，受熱面が西または東に傾いている場合は修正が必要となる。Fig-2のように南面で受熱量が大きいが，東面・西面でも相当量受熱できるので利用価値がある。

Fig-1

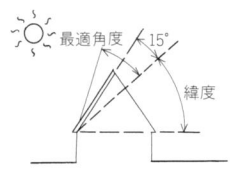

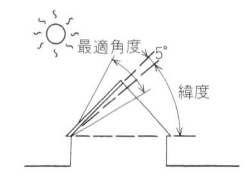

Fig-2
南面太陽光受熱図
東西面太陽光受熱図

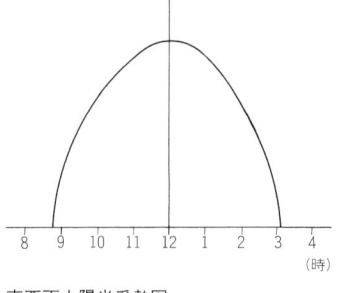

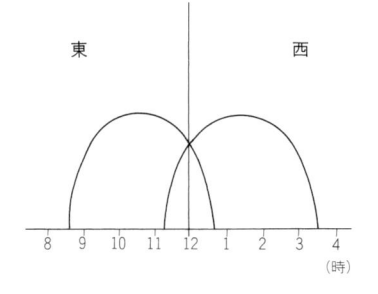

設計の要点

◆屋根面からの採光と日射の導入

南面に開口を設けられない場合，屋根面からの採光，日射の導入による受熱の方法がある。に示されるように，陸屋根，勾配屋根，垂直面開口式のトップライトに大別される。それぞれの型で冬の日射，夏の日射を上手にコントロールして利用する必要がある。

◆熱取得しやすい形と，熱の逃げにくい形

熱取得を行う面積が床面積に比べて大きく，その面の方向（主に南面）に対して大きく開かれている形は熱取得しやすい。逆に熱損失面積が床面積に比べて小さく，熱損失方向（冬季の卓越風向など）に向いていない形は熱が逃げにくい。

これらの基本的な事項の特徴を上手に組み合わせて利用できれば，より効率が向上する（Fig-4）。

Fig-3 太陽熱受熱形態

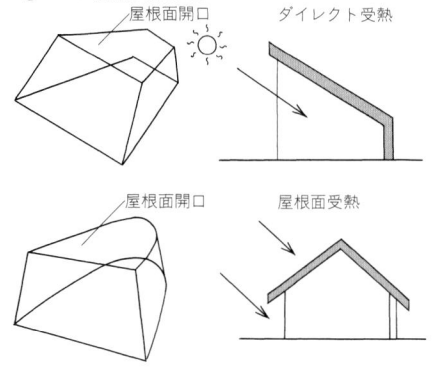

Fig-4 太陽光受熱形態

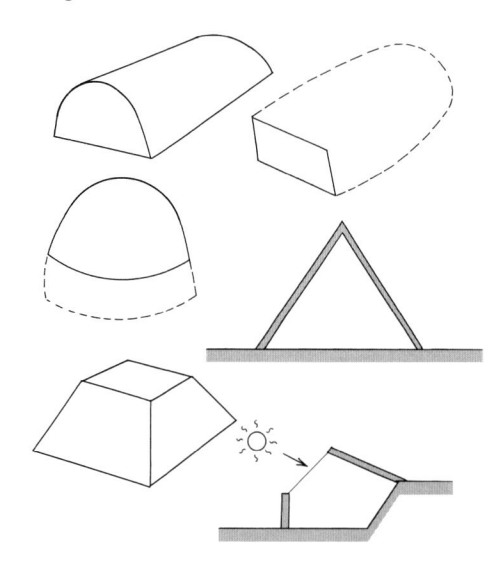

事例とその説明

◆南面屋根集熱・付設温室とダイレクトゲイン

南面する大屋根を黒色軽金属板で仕上げて受熱し，その裏面を外気が上がるように空気を導入し，加熱された空気をファント・ダクトによって室内の床下に空気を通し暖房する方法である（Fig-5,6）。

南面大開口部よりのダイレクトゲインで得られる熱も有効に利用されている。さらに，付設温室の設置により，開口部からの熱損失を低減させ，ダイレクトゲインによって蓄熱をしている。

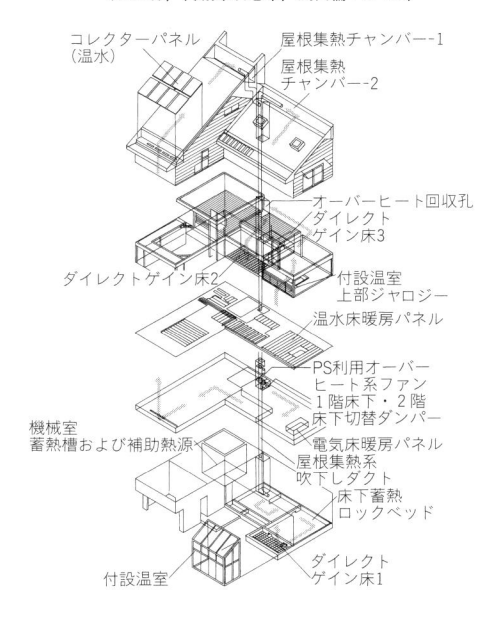

◆南面大開口

南面する受熱面を大きく開き，冬季にダイレクトゲインによる受熱効果を大きくする形態をとっている。大屋根は北側を低く抑え，さらに北面を盛土することによって北風その他北面からの熱損失を最小限になるように工夫している。

熱損失の大きい開口部は，二重サッシか，内側に断熱戸を入れてある（Fig-7）。

◆熱の逃げにくい屋根

東西方向の棟をもち南北面に大屋根を架け，特に北面は2階近くまで屋根を下げた形態となっている。これは北風による北面からの熱損失を最小限とするのに適した形態である。さらに北面には，車庫，物置を配置し熱損失の低減対策を施してある。

南側は熱取得・保温を目的とした付設温室をつくり，ダイレクトゲインによる受熱も考えられている。寒冷地住宅の典型といえる形態の住宅である（Fig-8,9）。

Fig-5　暖房空気の流れシステム図（山法師（武山邸），宮城県石巻市，武山倫＋SPEC）

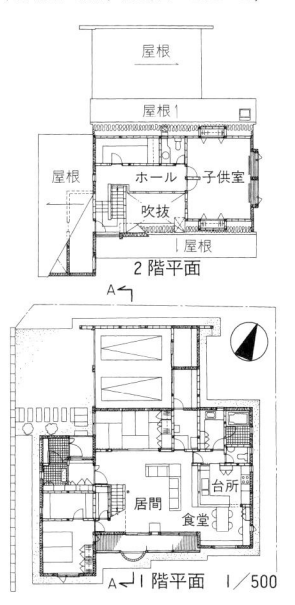

Fig-6　山法師（武山邸）

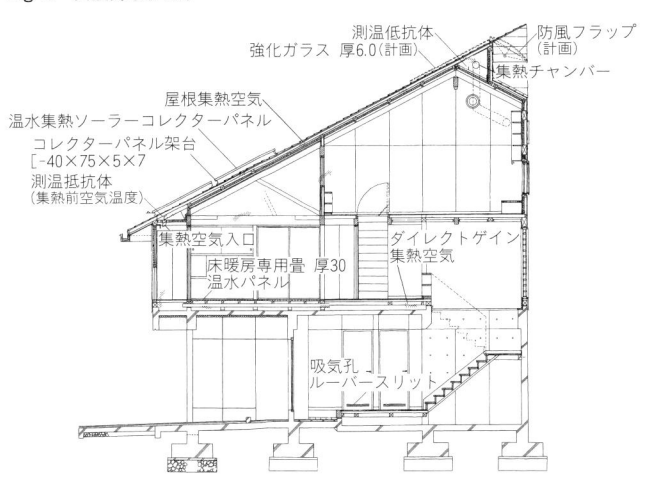

Fig-7　常夏の家（千葉県鴨川市，井山武司）

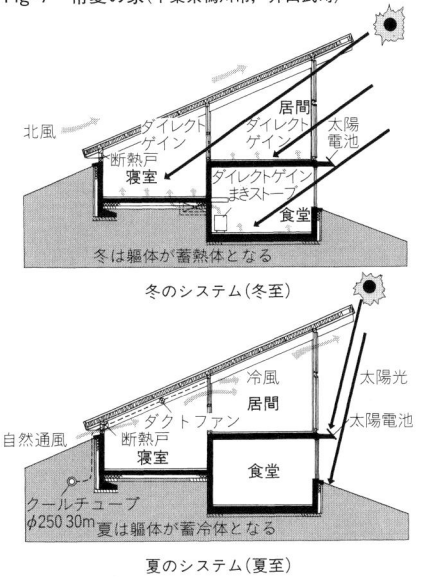

Fig-8　継立の家（北海道夕張郡，藤島喬＋谷岡一規）

Fig-9　継立の家

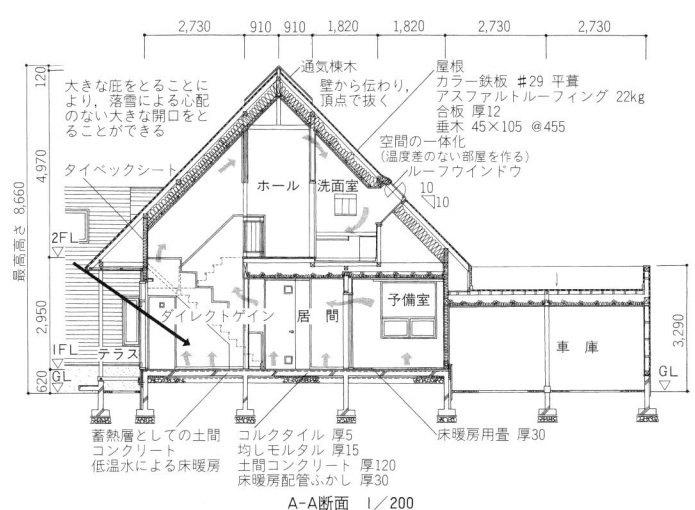

手法-2 屋根の表面と熱のコントロール

屋根の表面は，太陽放射，雨，風，落下物など，厳しい条件で外界と直接的に接する部分である。そのために，熱的な問題のみならず，上にあげた外的要因からのシェルターの役割や，周囲に及ぼす影響も総合的にとらえ，力学的問題，防水，景観などの問題も併せて考える必要がある。

屋根の形態や断面における問題は他にゆずるとして，ここでは，屋根の表面（材料の選択も含めて）の熱的問題を中心にして建築的手法を考えてみることにする。

熱的問題として夏季の場合を例にとると，①室内への影響に対しては，屋根表面で太陽放射エネルギーの熱貫流量を極力防止すること，また，②周囲への影響に対しては，太陽放射の反射および表面温度の上昇による長波長放射の防止が主要なものであろう。すなわち，屋根表面での熱収支を，四季，または1日の各時刻において，いかに合理的にコントロールするかがポイントとなる。

参考手法-1, 3, 6, 13

手法の原理

次に示す熱伝達の原理に従う。

・対流
屋根面の対流熱伝達率の大小によって放熱量が左右される。放熱量が大きくなるのは，風速が速い時である。また，屋根表面の材料の粗滑，凹凸の度合いにも依存する。凹凸が大きいとフィンの冷却効果をもつ。

・放射
表面温度の4乗に比例して放熱する。また，表面の放射率に依存する。日射に対する放射率(または反射率)と温度放射（長波長）による放射率は必ずしも一致しない。
長波長に対しては，見た目の色ではなく，粗い面が放射率が大きく1に近く，アルミ箔のようなピカピカ面は小さい。日射（短波長）に対しては白い色が反射率が高く，黒い色は小さい。白いマットペイントは日射は反射しやすいが，長波長は吸収してしまう。

・蒸発
水が液体から気体の水蒸気に相変化して，そのために周囲から気化熱を奪う冷却作用を利用するものである。屋根散水や保水性の高い材料の屋根からの蒸発で冷却される。冷却効率は大きい。

・力学的操作
屋根を外部の状況に応じて変化させる。ルーフポンドを設け，水面を出したり覆ったりする。また，ルーバーを設けて，開閉を行うなどの方法がある。

設計の要点

◆対流による方法
屋根表面または裏面に空気を積極的に流すことにより，空気による熱のコントロールをする。これにより屋根からの受熱の影響をより少なくし，室内の温熱環境を良好な状態とする。Fig-3, 4でこの方法が使われている。

◆放射による方法
屋根材の色・形状は建築のデザインに大きな影響力をもつ。日射の吸収・反射の特性は，屋根材の色と表面性状によって大きく異なるので，これを上手に利用することが基本となる。材料の選定が一番重要だが，屋根の形状とも関連する。

◆蒸発潜熱を利用する方法
よく知られている方法としては，屋根散水・植物の植込みにより，その土と植物からの水分蒸発により気化熱を奪うことにより，熱のコントロールを考える。この方法は単に熱の問題だけにとどまらず，見た目の涼しさ，緑と水の空間構成など，視覚的な効果も大切な点となる。

◆可動装置による方法
季節により，屋根面に種々の装置を装備しコントロールする。可動ルーバー，トップライトの開閉，ルーフポンドなどがある。水の蒸発による間接的冷却や蓄熱量を利用した蓄冷効果も利用される。

Fig-1

原理	対流による方法	放射による方法 (長波長・短波長)	水などによる蒸発熱を利用する方法	材料の移動・取外しなど力学的操作による方法
手法	・材料の表面形状 ・フィンの利用	・材料の表面性状と形状による太陽エネルギーの吸収，長波長放射のコントロール ・夜間放射の利用	・屋上散水 ・植物の植込み	・ルーフポンド ・ルーバーによるコントロール
基礎データ	・建物高さによる屋上風速 ・風速と熱伝導率	・材料の分光放射率（日射吸収率と長波長放射率） ・選択吸収面の利用	・蒸発量の算出法 蒸発量 $M = f(v)(H_w - H_a)$ H_w：水温に等しい飽和空気の蒸気圧 H_a：空気中の蒸気圧 $f(v)$：風速の関数	

事例とその説明

◆草木による熱のコントロール

今帰仁村中央公民館（象設計集団＋アトリエ・モビル，手法-31 参照）は，沖縄特有の強烈な太陽から屋根面を守るパッシブ手法の代表例である。

コンクリート，防水モルタル押えの勾配屋根の上に木軸を組み，屋根面から浮かせて，つた類をからませている。地元でなじみ深い，ローズウッド，ブーゲンビリア，黄金カツラなどが混植されている。植物の遮蔽効果により屋根面に直射日光が当たらず，RC 屋根面では風が吹き抜け，熱を放出してくれる。土蔵造り置屋根を植物に置き換えたものと考えられる。

◆ルーフポンドによる方法

西原邸断面図に示されるように，屋上部分と約半分の室内が二つのピラミッド型トップライトで連結されている。夏には屋上に井水を入れることによって，断熱効果があり蓄熱量が大きいので蓄冷効果も考えられる。屋上の水面に当たる光が，室内に水の揺らぎとして写し出され，水と光を楽しむことができるようになっている。

Fig-2 西原の家（東京都渋谷区，室伏次郎）

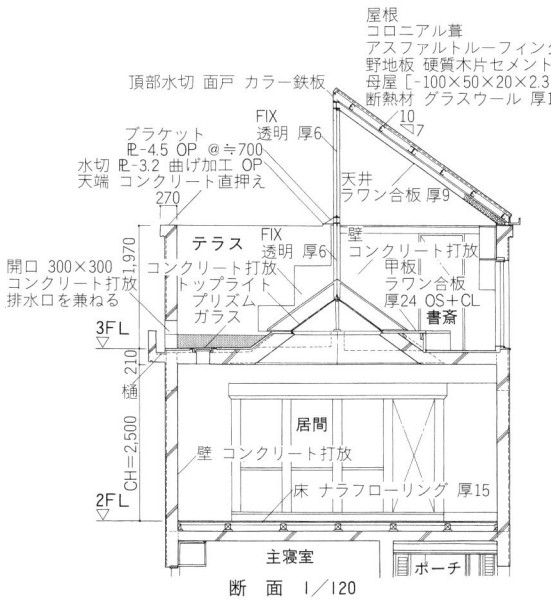

◆放射・吸収を利用した方法

下多賀の家の屋根は，選択吸収膜のステンレス板（0.4 mm）で葺かれている。屋根材の裏面全面約 30 mm の通風ダクトとなっている。日射によって効率よく得られた熱は給気ファンにより室内に吹き込まれる仕組みになっている。

夏季の夜間は，風による通風で室内の熱を外に出し，蓄冷による冷熱放射による採涼効果もある。

Fig-3 下多賀の家
（石田信男＋綜合設計機構）

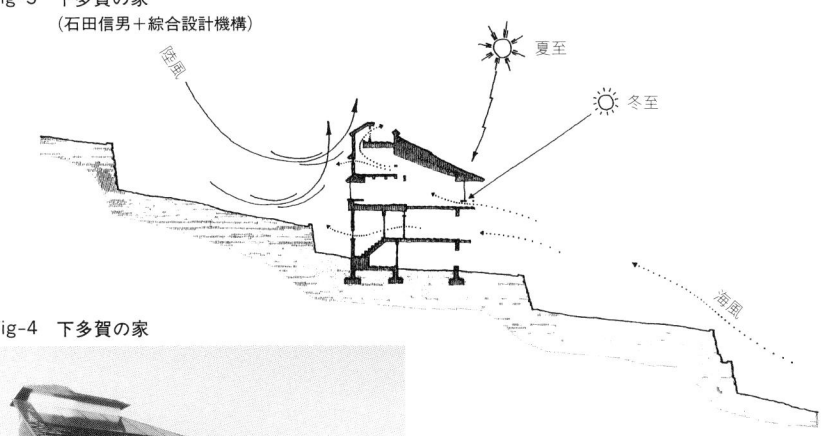

Fig-4 下多賀の家

◆植栽による蒸発，土断熱を利用した方法

ジッタ岡山では，ひな段状に置かれた植栽溝には落葉樹が植えられている。冬季以外は自動散水により，常に水が補給されるので，植物および土からの水の蒸発により涼が得られる。夏は樹木の葉が日射を遮り，室内から緑を観賞できるので視覚的効果も期待できる。冬は土が乾き，断熱材として使われる。トップライトからの冬の日射はダイレクトゲインとして働き蓄熱される。

Fig-5 ジッタ岡山（石井修）

手法-3 屋根の断熱・保温

熱の移動には、放射、対流、伝導の3種類があるが、断熱とは、それらによる熱の移動を妨げることをいう。その意味では、屋根外表面の日射吸収率を下げたり、放射率を小さくとることも断熱になる。最も肝要なのは、通常、内装材、構造材、外装材に比べて格段に熱を通しにくい材料を断熱材として別途に用いることであって、かつそれを十分な厚さで使用することである。それゆえ、断熱の評価は使用される材料の熱伝導率の小ささではなく、材料の種類とその厚さを加味した熱貫流率の小ささで決められることになる。

保温には、ある制限された熱供給条件のもとでも、室の温度、壁内表面温度、あるいは壁内温度を保持できるように壁体などへの熱の流出入を減じる場合と、室の温度などを適当に保つことを熱供給によってなす場合との二通りがある。

保温は断熱によってのみ達せられるものでもないし、また熱供給のみによってなされるものでもない。その両者が相補うところで、望むべき温熱環境が保持されることにあるのであって、そこに、建築的対処を生かす余地があるといえよう。

参照手法-1, 2, 13, 21

手法の原理

屋根は通常、水平に近い外表面を含んでいるため、太陽や天空との放射エネルギーの授受、外気との熱の授受において最も厳しい条件にさらされる部位であるといえる。屋根を断熱・保温するための基本的な原理は、下記のようにまとめられる。
- 断熱材による熱の流出入の抑制
- 小屋裏換気による排熱（夏季）と結露防止
- 防湿シートによる湿気の小屋裏への侵入および室内からの漏気の防止

Fig-1は、代表的な屋根・天井の断面についての熱貫流率を示す。

Fig-1 代表的な屋根・天井断面の熱貫流率

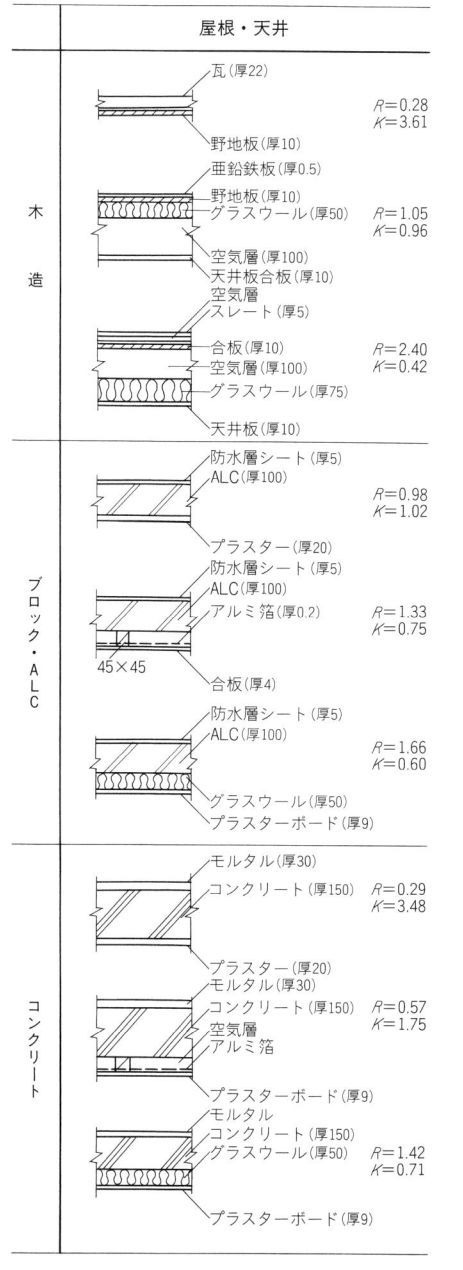

木造
- 瓦(厚22) / 野地板(厚10) — $R=0.28$, $K=3.61$
- 亜鉛鉄板(厚0.5) / 野地板(厚10) / グラスウール(厚50) / 空気層(厚100) / 天井板合板(厚10) — $R=1.05$, $K=0.96$
- 空気層 / スレート(厚5) / 合板(厚10) / 空気層(厚100) / グラスウール(厚75) / 天井板(厚10) — $R=2.40$, $K=0.42$

ブロック・ALC
- 防水層シート(厚5) / ALC(厚100) / プラスター(厚20) — $R=0.98$, $K=1.02$
- 防水層シート(厚5) / ALC(厚100) / アルミ箔(厚0.2) / 45×45 / 合板(厚4) — $R=1.33$, $K=0.75$
- 防水層シート(厚5) / ALC(厚100) / グラスウール(厚50) / プラスターボード(厚9) — $R=1.66$, $K=0.60$

コンクリート
- モルタル(厚30) / コンクリート(厚150) — $R=0.29$, $K=3.48$
- プラスター(厚20) / モルタル(厚30) / コンクリート(厚150) / 空気層 / アルミ箔 / プラスターボード(厚9) — $R=0.57$, $K=1.75$
- モルタル / コンクリート(厚150) / グラスウール(厚50) / プラスターボード(厚9) — $R=1.42$, $K=0.71$

設計の要点

◆ **断熱厚さ**

屋根・天井の断熱に必要とされる断熱厚さはFig-2に示す熱貫流率を参考にするとよい。

これでわかるように、寒冷地では特に高い断熱性が必要となるが、比較的温暖な地域でも、防暑も考慮して断熱基準値が定められている。

Fig-2 天井・屋根の断熱に必要とされる断熱厚さの目安

●平成4年基準（通称『新省エネ基準』）

天井または屋根断熱の場合

	地域区分		
	I	II	III〜VI
熱抵抗値 (m^2K/W)	4.4	2.8	1.9
必要厚さの例1	199	129	86
必要厚さの例2	82	79	53

●平成11年基準（通称『次世代省エネ基準』）

屋根断熱の場合

	地域区分	
	I	II〜VI
熱抵抗値 (m^2K/W)	6.6	4.6
必要厚さの例1	300	210
必要厚さの例2	185	130

天井断熱の場合

	地域区分	
	I	II〜VI
熱抵抗値 (m^2K/W)	5.7	4.0
必要厚さの例1	260	180
必要厚さの例2	160	115

凡例 厚さの単位：mm
例1：グラスウール（16 kg/m^3）
例2：押出発泡ポリスチレン（3種）

◆ **小屋裏の換気**

夏季において小屋裏の気温は60〜70℃に達することもある。その場合、たとえ天井断熱がなされていても多量の熱が室内に流入し、上階の寝室が寝苦しい場所となってしまう。これを防ぐためには小屋裏の高温空気を屋外に排出する、すなわち小屋裏の換気が有効である。小屋裏換気は防暑のみでなく、冬季において居室から小屋裏に流入した湿気を排出し結露を防止することにも役立つ（Fig-3）。

換気口の必要開口面積は、小屋裏面積に対する比率で一般に表され、傾斜屋根・天井断熱の場合は、下部換気口（軒裏）と上部換気（棟換気口等）の間隔が約90cm以

事例とその説明

上の場合で，それらの合計開口面積が小屋裏面積の1/300以上であることが望ましいとされている。

Fig-3

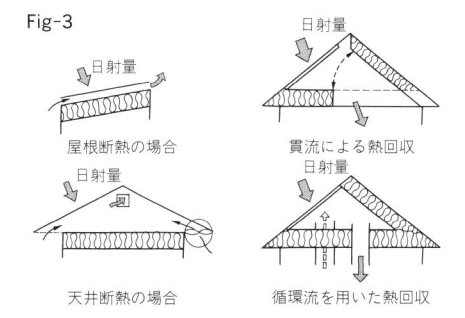

屋根断熱の場合
天井断熱の場合
貫流による熱回収
循環流を用いた熱回収

◆放射伝熱の防止

空気層を横切る熱流を抑制する方法として，空気層を挟むいずれかの面の放射率を小さくすることより，放射による伝熱を減少させる方法がある。このためにはアルミ箔や放射率の小さな塗料を塗り，このように小さい放射率で仕上げた面を以降，低放射面と呼ぶこととする。

Fig-4は，低放射面を用いた小屋裏の遮熱方法を模式化をしたものである。日射量の大きな日には，屋根外表面温度は60℃以上になり，低放射面を使用しない場合は，野地板下面と断熱材上面とで放射熱授受がなされ，断熱材上面の温度は小屋裏内部の空気温度よりも高温となり，室内への伝熱量も増える。これに対して，低放射面を断熱材上面か，または野地板下面に設けた場合には，放射熱授受も小さくなり，断熱材上面の表面温度は小屋裏の空気温度にほぼ等しくなり，結果的に室内への伝熱量を抑えることができる。天井に置かれた断熱材上を防湿性の低放射面とする場合には，断熱材下面に防湿層を設けることが不可欠である点を注意する必要がある。

Fig-4 低放射面による夏季防暑効果の模式図

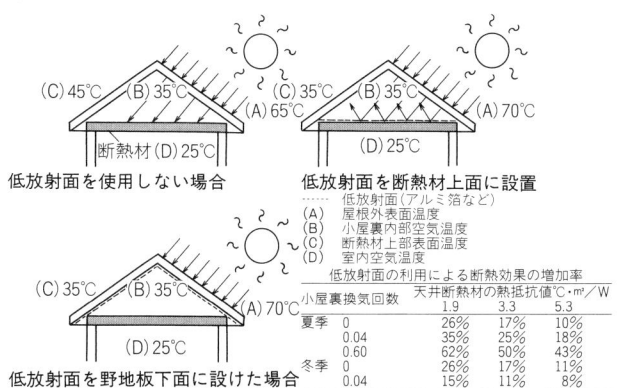

◆傾斜屋根で天井断熱の場合

断熱上，最も配慮が必要なのは，屋根の周囲の，壁の上端との接合部分である。断熱材の厚さを確保したい場合には，屋根の形態にも配慮が必要となる（Fig-5）。

断熱材の室内側には防湿層を設けて湿気が断熱材内部および小屋裏に入り込み，結露が生じないようにする。小屋裏の換気は，湿気の排出と，夏季における小屋裏温度の低下のために必要である。

Fig-5

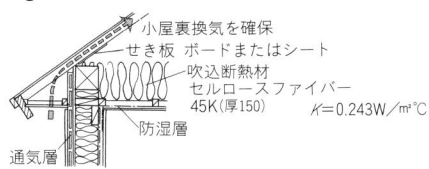

小屋裏換気を確保
せき板 ボードまたはシート
吹込断熱材
セルロースファイバー
45K（厚150）
防湿層
通気層
$K=0.243W/m^2℃$

◆傾斜屋根で屋根断熱の場合

傾斜屋根の場合にも，防湿および換気のための配慮は欠かせない。天井断熱の場合に比べて断熱材設置のためのスペースが限られるが，それでも断熱材上部に小屋裏換気用の空間は確保すべきである（Fig-6）。

Fig-6

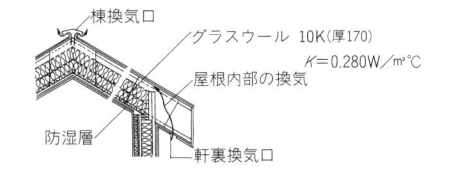

棟換気口
グラスウール 10K（厚170）
$K=0.280W/m^2℃$
屋根内部の換気
防湿層
軒裏換気口

補足事項／コメント

設計上，注意しなければならない点として，配線または天井埋込み型照明器具を不注意に断熱材で被覆することがないようにすべき点である。配線類は断熱材の上を通すか，下部に配線などのためのわずかな空間を設けてそこを通す。

◆陸屋根の場合

陸屋根において天井懐の換気を行うことは，傾斜屋根の場合に比べて難しい。したがって，軒裏の換気口の開口面積および通気層の厚さについては余裕を持たせることが望ましい。例えば，換気口については幅25mmの連続した開口を設けること，通気層の厚さは50mm以上とすること，などが勧められている（Fig-7,8）。

Fig-7

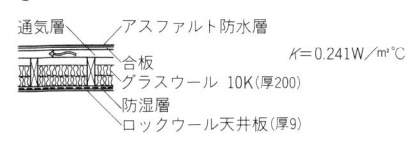

通気層
アスファルト防水層
合板
$K=0.241W/m^2℃$
グラスウール 10K（厚200）
防湿層
ロックウール天井板（厚9）

Fig-8

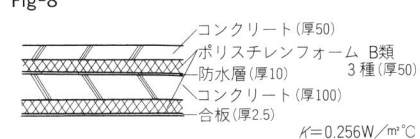

コンクリート（厚50）
ポリスチレンフォーム B類3種（厚50）
防水層（厚10）
コンクリート（厚100）
合板（厚2.5）
$K=0.256W/m^2℃$

手法-4

屋根の冷却

夏季においては，屋根は強烈な日射を受ける。沖縄の建築家が「日射を切って風を通すことが設計の基本」というように，この日射熱が室内に侵入しないようにすることが，夏季の暑さを防ぐために第一に考えなければならないことである。さらに，パッシブデザインでは単に日射を遮蔽し，熱を外へ捨てるのではなく，これを積極的に利用することを考えたい。

一方，都市の市街地を考えると，南面窓は隣家などの影響で影となってしまい，窓を用いての集熱や通風を図ることができない場合がある。そのような場合でも，屋根では，十分な日射を得たり，大気に開放でき，種々の自然エネルギー利用が可能である。

すなわち，この屋根を上手に工夫すれば，太陽熱利用ばかりでなく，夏季の冷熱源としての自然エネルギー利用が可能であり，さらには，雨水の利用，また，光ダクト等による光の利用なども含め，多種の自然エネルギーの同時利用も可能である。

屋根を工夫し自然エネルギー利用を行う場合，簡単な装置とファンの動力など少しの人工エネルギーが必要となるが，その効果は非常に大きい。熱・光・水など屋根に降り注ぐ自然の恩恵をあますところなく利用したい。

ここでは，屋根を用いた熱的な自然エネルギー利用手法のうち，積極的に冷却を行うパッシブクーリング手法のいくつかを紹介する。

手法の原理

屋根を利用した積極的なパッシブクーリングの手法は，空気を用いるものと，水を用いるものとに大別される。

◆空気を用いるもの

屋根面に放射冷却パネルを設置し，そこで冷やされた空気を居室や蓄熱部に送り，冷房あるいは蓄冷する。通常はコストパフォーマンスを考え，冬季の集熱，夏季の排熱装置と合わせて計画する。

なお，放射冷却パネルに外気を導入して冷却し室内に供給するものと，室内空気をパネル内に循環させるものとがある。

B. Givoniによる下記の例では，夏季は，夜間に屋根の放射冷却パネルで外気を冷却して室内および床下のロックベッドにファンで送り冷房・蓄熱する。冬季は，日中に断熱パネルを開けて小屋裏で空気集熱し，室内およびロックベッドに導いて暖房・蓄熱する。

Fig-1 放射冷却パネル利用のイメージ
(B. Givoni)

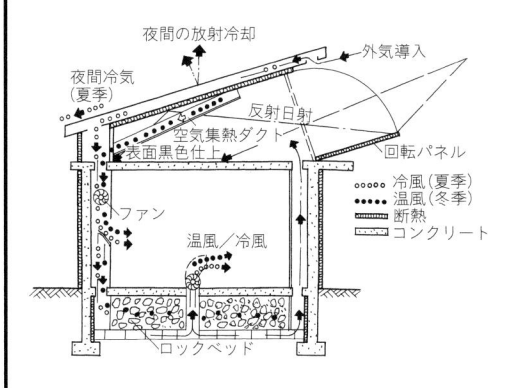

◆水を用いるもの

このタイプには，以下の2種類がある。

・ルーフポンド

ルーフポンドは水タンクを天井の上に置き，夜間に屋根（可動断熱戸）を解放して，天空への放射冷却などにより蓄冷し，日中は屋根を閉じ，室内の熱を吸収させて冷却効果を得るものである。冬季には，日中に太陽熱を吸収させ，夜間に断熱戸を閉めて天井より暖房する。

Fig-2 ルーフポンド概念図

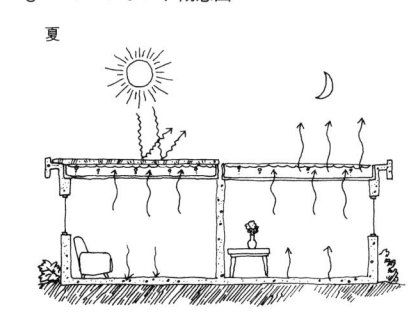

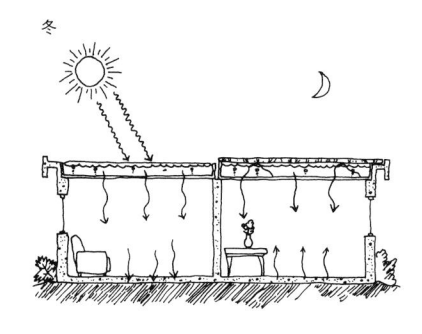

・水の蒸発冷却作用の利用（屋根散水）

日中，屋根へ散水することによって，夏季の強烈な日射熱が室内へ侵入するのを完全に遮断することも可能である。

最近では，屋根面上に水を流下させ，日射熱の遮熱とともに，冷やされた水を室内放射パネルに循環させ放射冷房を行うシステムの研究例がある。水が流下する状態は，静水面上に常時風が吹いているのと同じ状態であり，蒸発冷却作用が促進される。

なお，雨水を貯蔵し晴天日の屋根散水に用いることは，「水」という安定した形で「冷熱」を蓄えていることになり，大変賢い方法といえよう。また，各戸で雨水を貯蔵することになれば，都市型洪水の防止にも効果がある。さらには飲料水としての利用も考えたい。屋根に降った雨水を貯める工夫は，昔から世界各地で行われている。

國吉邸では，ヴォールト状屋根の頂部に屋根散水のための配管設備を設け，蒸発潜熱によって屋根を冷やしている。なお，ヴォールト状屋根の頂部付近に換気ファンがあり，室内の通風・換気も図っている。

設計の要点

Fig-3 屋根散水の例
（沖縄県，國吉邸，建築研究室DAP）

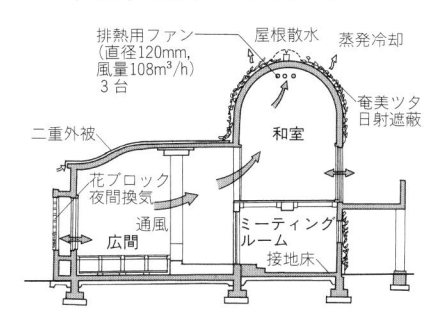

平面が円形で屋根がドーム状の粗石造のトルロの住宅では，雨水は樋によって貯水槽に集められ，留められる。

Fig-4 トルロの住宅（イタリア）

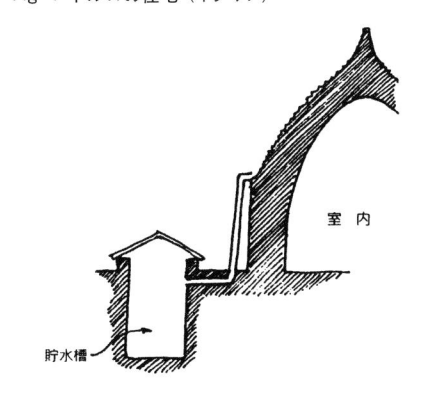

トルロの住宅に似ているが，路地尊は災害地の水源として雨水を利用する。貯水量は3〜10tで，電気が切れても使えるように手押しポンプが備えられている。

Fig-5 路地尊（東京都墨田区）

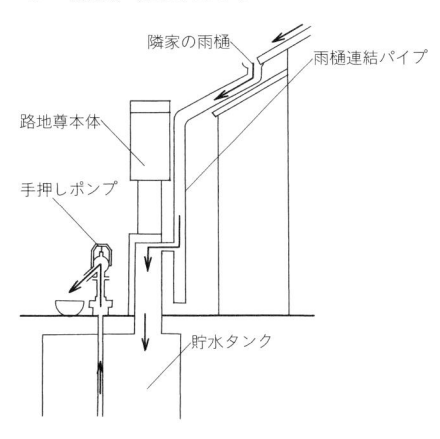

◆空気を用いる場合

日本各地の8月の放射冷却熱量は，平均でおおよそ40〜60 kcal/m²hの範囲にあり*，あまり多くない。したがって，コストパフォーマンスを考えれば，屋根（放射パネル）面の方位・傾斜角・仕上げ，居室への搬送，蓄熱の方法など，放射冷却による空気冷房の計画は冬季の太陽熱暖房も考慮して行う必要がある。

また，このシステムでは夏季の日中に屋根が受ける日射熱を排熱することが，少しの工夫でできるので，併せて計画する。

注意点として，夏季の夜間に，集放熱面で放射冷却により空気を冷却する際，冷却面で結露する場合があるので，その対策が必要である。また，居室との境（天井）の断熱を強固にする必要がある。

◆水を用いる場合

・ルーフポンド

集熱・蓄熱・放熱部位が屋根面に集中しているので平面計画がしやすい反面，屋根加重が大きくなり，防水上の配慮も必要となる。高温多湿の地方では夏季の冷却効果はあまり期待できない。冬季は水平面で集熱するため，緯度の低いほうが有利であり，高緯度の場合は反射板を設ける。カバー（断熱戸）が反射板を兼ねることが多いが，ルーフポンドのカバーは，毎日開け閉めするものであり，故障せず，簡単に開閉できるものとする必要がある。

ルーフポンドの深さは通常15〜30 cmが適当とされる。放熱は天井を通して行うため，天井は水の加重を支えられるとともに，熱伝導率の大きな材料でなければならない。通常はデッキプレートが使われる。

・屋根散水（蒸発冷却作用）

日本各地の8月の蒸発冷却量は，おおよそ60〜200 kcal/m²hで，平均値は140 kcal/m²hであり*，前述の放射冷却量に比べるとかなり多い。蒸発冷却量は水温などの条件によって変動が大きく，風速が大きい場合や屋根を流下する場合には，さらに大きくなる。

各種屋根で必要となる散水量は，わが国では，おおむね屋根（水平面）1 m²当り1.5〜2 kg/hである。

通常，散水には市水，雨水などが用いられており，これまでに，水質上の問題は生じていないが，井水，湧水，中水などの利用を含めて，散水面を腐食させないよう注意する必要がある。

・屋根水流下（蒸発冷却）

屋根に水を流下させて冷却する場合は，屋根面の角度とともに，流下面積ができるだけ大きくなるよう仕上げに注意する。流下面の色は，日光を反射し，放射冷却を妨げない白色系がよい。循環水量は2〜5 L/min・m²程度で，多いほうが冷却能力は高い。

・雨水利用

雨水をどのように集めるか，また，貯水槽をどこに設けるかがポイントになる。

集水時には，水質向上のために，初期雨水を貯水槽に入れない工夫が必要である。濾過の手法にもいくつかあるが，屋根の盛土層は雨水を非常によく浄化する。

貯水槽を地下に設ければ，周囲の地熱も利用して水温を低く保つことが可能となる。その低い水温の水を室内へ循環し冷房する試みも行われている。

また，夏に夕立が来ると一気に涼しくなるが，夏季の降雨時の雨水の温度は，東京都八王子市内の実測では17〜25℃であり，那覇でも22〜26℃でかなりの雨量（p.17補足事項 Fig-22）がある。工夫次第で，これらの雨水の顕熱も採冷に利用可能であろう。

* 「放射冷却・蒸発冷却」渡辺俊行，日本建築学会，第18回熱シンポジウム「住宅のパッシブクーリング」p.66, 1988年9月

Fig-6 雨水温度別雨量実測結果（東京都八王子市）
（1993年4月〜1994年3月）

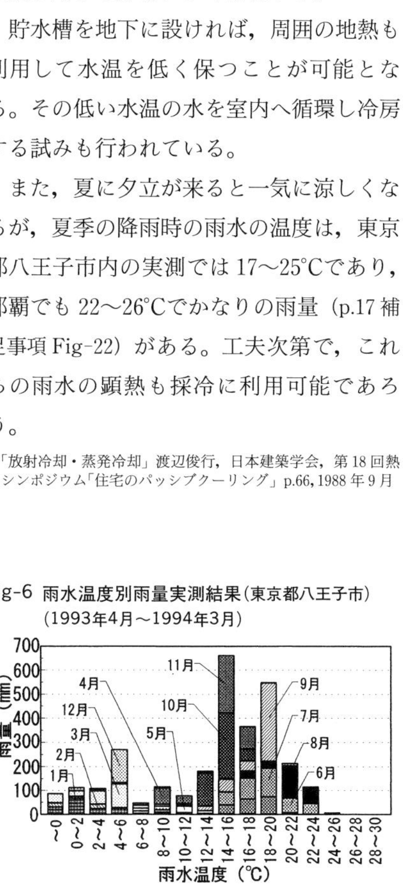

事例とその説明

◆空気熱媒，放射冷却

小茂根の住宅は，最近普及してきた空気集熱式太陽熱暖房システムを母体に，放射冷却による冷房システムを組み合わせた例である。冬季の太陽高度による集熱効率と夏季の放射冷却性能を考慮し，集熱用屋根は傾斜が急で面積は小さく，放射用屋根は傾斜が緩やかで面積は大きくなっている。

Fig-7 小茂根の住宅システム概念図
　　　（東京都，石田信男）

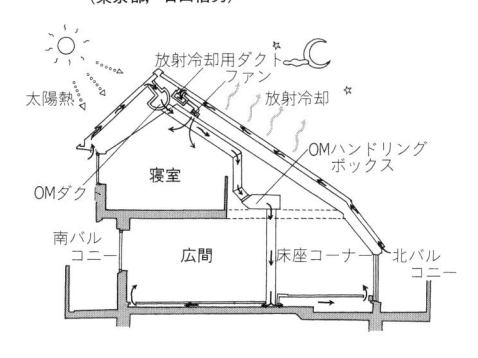

Fig-8 小茂根の住宅配置・屋根伏図

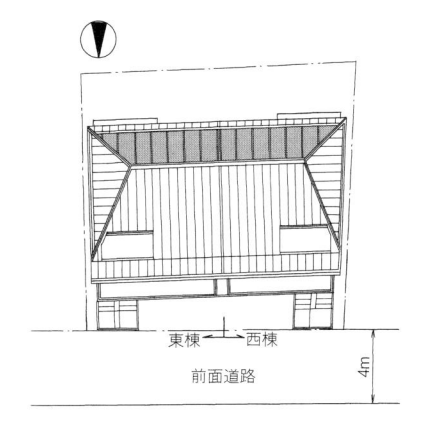

Fig-9 小茂根の住宅南側外観

◆ルーフポンド

スカイサーモハウスは，ルーフポンドの最も有名な例である。この家の断熱カバーは，室内温度，水温，相当外気温を感知するサーモスタットにより作動する電動モーターで自動的に開閉される。水槽の深度は最大で20.3cmであるが，必要によって変えられるようになっている。ルーフポンドの場合，窓は自由につけられるが，風除けの袖壁をつけて熱損失を減らすなどの細かい配慮もしている。外見上は，一般の陸屋根の家とほとんど区別がつかない。

Fig-10 スカイサーモハウス
　　　（アテスカデロ，H.ヘイ，K.ハガード）

Fig-11 スカイサーモハウス平面図

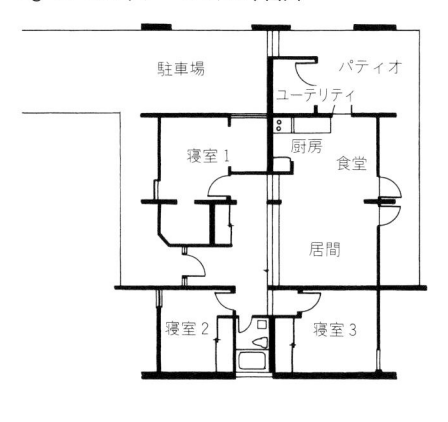

Fig-12 スカイサーモハウス屋根詳細図

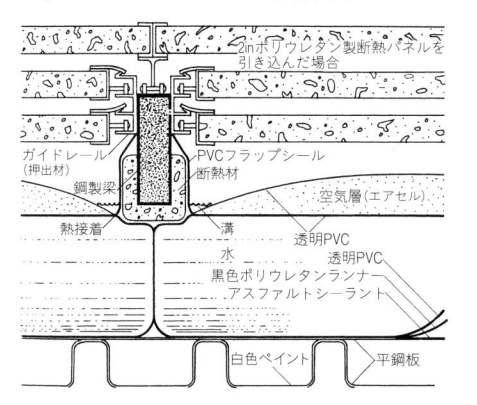

モービルモデュラーホームは，量産化できるモービルホームのソーラー化の試みの一つ。建築の熱容量が小さくならざるをえない工業化住宅に，蓄熱部位を負荷する一つの手段として開発された。

ルーフポンドは寒冷地仕様で，熱損失を防ぐためにウォーターバッグは小屋裏に内蔵され，のこぎり屋根の南側から集熱される。ポンドの可動断熱戸は回転式で，開けたときには反射板を兼ねる。室内との熱の授受をする天井は折板で白色ペイント仕上げ。

Fig-13 モービルモデュラーホーム（ロス・アラモス）

Fig-14 モービルモデュラーホーム断面図

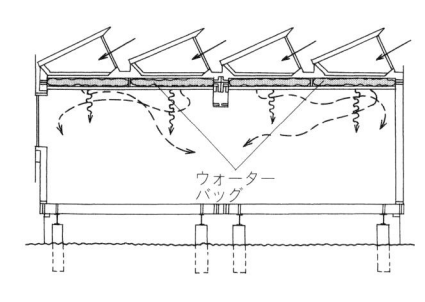

Fig-15 モービルモデュラーホーム集熱部
　　　断面詳細図

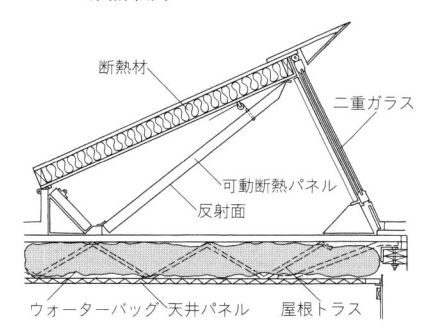

補足事項／コメント

◆屋根散水

膜構造屋根（テフロンコーティングしたグラスファイバー基布厚さ0.8mm 一重膜）をもつ体育館の例。この広島学院体育館では，膜屋根に散水を行うことにより，膜面温度が下がるとともに下降気流が生じ内部風速が増加しており，冷房効果の大きいことが実測により示されている。散水には，体育館の裏山からの湧水を利用。膜屋根面への散水量は，屋根面を均一にぬらすようスプリンクラーの半径を考慮したため，単位面積当り4.1kg/hでやや多めである。

Fig-16 広島学院体育館断面図（広島県，竹中工務店）

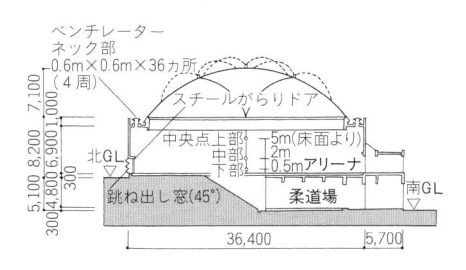

Fig-17 広島学院体育館外観

白竜ドームは広島学院体育館と同様，膜構造屋根での屋根散水の例である。散水システムは，冬季の融雪にも利用される。

Fig-18 白竜ドーム（広島県，竹中工務店）

◆屋根流下水による冷却

屋根に水を散水ではなく流下させ，日射熱を遮蔽するとともに，蒸発冷却により冷やされた水を室内放射パネルに循環し，放射冷房を行うシステムの実験例。なお，冬期は小屋裏で暖めた温水を循環し暖房する。外断熱されたコンクリートボックスを冷却する実験では，ボックス内の室温は循環しない場合より約5℃低い25～26℃になった。日中に水を屋根で循環使用した場合，屋根表面温度が常に小屋裏温度よりも低くなっており，日射熱を完全に遮断している。

Fig-19 屋根流下水による冷却実験モデル
システム概念図（東京都八王子市，須永修通）

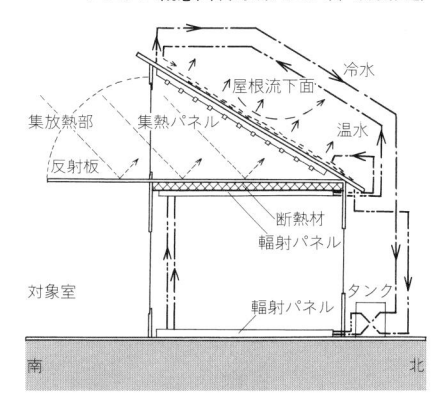

Fig-20 屋根面での水の流下状況

◆南・西アジアの加湿冷房

イランなどの南・西アジアには，風を室内に取り入れるための塔を備えた建物がある。塔から入った風は，室内にある噴水や池，水の入った素焼きの壺のそばを通るときに気化熱によって冷やされる。また，この風は室内の暖まった空気を室外へ排出する。

水が冷やされるとき，水の蒸発により空気は加湿されるが，これが室内に湿気を与えて極度の乾燥を防ぐことになり，肌にもよいとイラン出身の女性から聞いた。

Fig-21 加湿冷却の例（ヤブド，イラン）

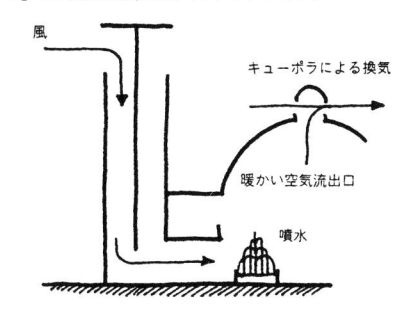

Fig-22 平均年気象データから計算した
雨水（湿球）温度別雨量

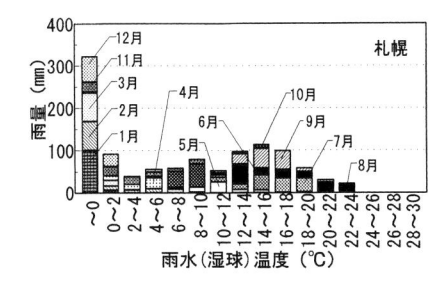

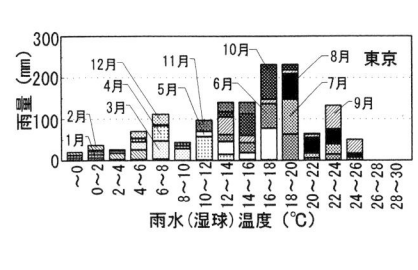

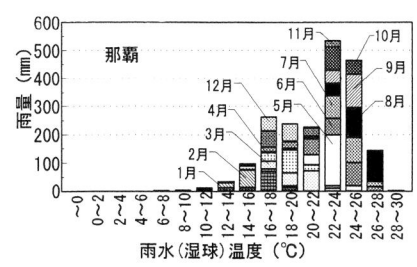

雨量は平年値（1961～1990年の平均値）を用いて補正した。
補正係数＝月毎の平年値／その月の総雨量

手法-5
壁の形と熱のコントロール

壁の少ないこと，また，仮にあってもヨーロッパの壁に比べると著しく貧弱であることがわが国の建築の特徴の一つとされている。

しかし，わが国の住宅でも地域によっては古い民家に，室内が薄暗いほど開口部が少なく，壁が多いものがある。それが次第に，壁が少なくなって開放的になってきた背景には，建築技術が進歩したこととともに，生活スタイルの変化に合わせて住まいの快適さが求められたためであろう。雨露や寒さをしのぐことに精一杯の状態から，積極的に住まいの快適さを求めた結果だとも言えるのである。

壁の目的はまず，室内を外界から遮断することである。夏の快適さのためには，壁が少ないほうがよいとしても，冬の寒さは防がなければならない。これに加えて，防犯，プライバシーの保護，遮音や汚染空気の侵入の防止といった社会的な意味合いの遮断の要求が強まっている。

従来の壁のイメージは，おしなべて，あらゆるものの要素の遮断であるが，時に応じて必要な要素は導入し，好ましくない要素は遮断するという選択的な性格をもたせることが望まれる。ここでは，主として，日射のコントロール機能について述べる。

手法-6，8，9，22など，他の壁に関する項目を併せて参照されるとよい。

手法の原理

壁面がどのような性質をもっているか，すなわち集熱面であるか，日射を遮断すべき面であるか，あるいは蓄熱面であるか，断熱すべき面であるかによって壁の構成が異なる。具体的な壁の設計に入る前に，そこに求められている熱的な特性を設定しておかなければならない。

壁に求められる熱的な特性には，壁の形態によって決定されるものがある。相互に矛盾する特性が同時に求められる場合もある。壁の形を決める時には，次のような項目について考察する。

- 壁の向いている方向
- 壁面の傾き
- 壁の配置
- 壁の熱特性の可能性

◆方位の考慮

日射が入る方向を考慮した壁の配置，壁の形の決定が必要である。

高温乾燥のコートハウス

暑い地域では，遮熱が壁の主要な役割となる。コートハウスもその一例である。

Fig-1 高温乾燥のコートハウス

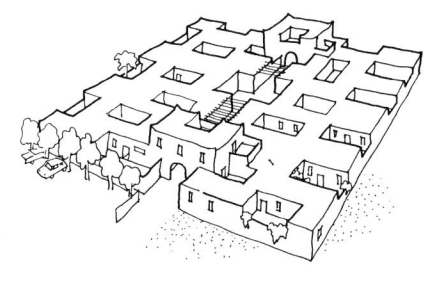

回転する家（R.フォスター）

壁の特性を変化させる目的が，移動する太陽に対応することであるとすれば，家自体を回転させることも一つのアイデアである。常に望みの眺望を得ることもできる。

Fig-2 回転する家

R.ノウエルのプロジェクト

建築の壁面が受ける日射は，方位とともに壁の形によって異なる。建物の形や壁の形によって，ある程度方位の影響を小さくすることができる。このオフィスビルでは，光の入射角度を変え，どの面も均等な日射条件となるように計画された。図は，東南側から見たところ。

Fig-3 R.ノウエルのプロジェクト

◆傾斜した壁

壁面の受ける日射量は壁面の傾きによって変化するが，日射を必要とする寒冷地と日射を遮断しなければならない暑い地方とでは，傾斜が逆になる。

マウント・バーノン・カレッジの家

寒冷地の例。壁面を上向きにする。

Fig-4 マウント・バーノン・カレッジの家

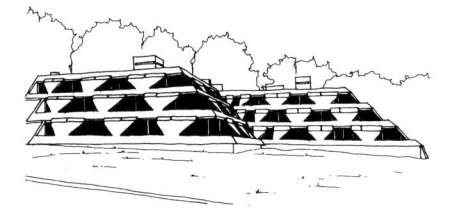

テンベ市庁舎

日射を遮断する。天空光は採光のためには必要である。

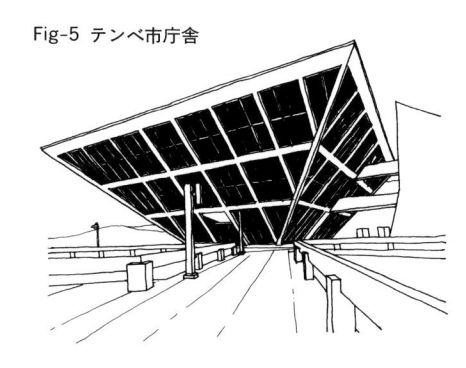

Fig-5 テンベ市庁舎

設計の要点

◆壁の配置

壁面に求められる特性（集熱，遮熱，蓄熱，断熱，保温）は，壁の位置によって異なる。壁の位置を考えて，性格を設定し，設計することが望ましい。建物内の熱の流れは一般に南から北へ向かう。南面を集熱面とし，他の面からの熱損失を最小限に抑え，その間に蓄熱部位を置くのがパッシブソーラーハウスの原理である。

Fig-6　建物を流れる熱の流れ

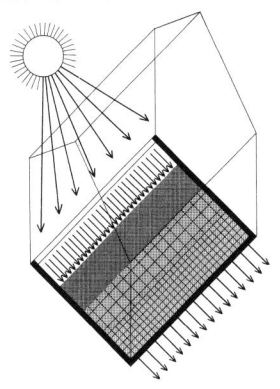

◆機能の複合

日射熱をとらえ，室内に伝える仕組み。
- ソーラーウォール（集熱器としての壁）
空気層の空気を温め，自然循環させる。
- トロンブウォール
日射熱は，ガラスの内側の蓄熱壁を貫流してゆっくり室内に放出される。
- 透明断熱材を使った壁。
コンクリートやれんが壁の外側に透明断熱材を張って外に逃がさない。トロンブウォールの改良ともいえる。

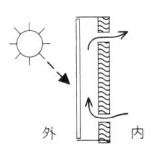

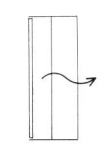

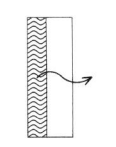

Fig-7
ソーラーウォール　トロンブウォール　透明断熱材使用壁

◆熱特性が変化する壁

日中の日射を取り入れようとガラス窓にすれば，夜間の熱損失がつきまとう。夜間断熱戸のように，開口部の工夫のほかにも壁自体の特性を可変的にすることも考えられる。

事例とその説明

壁を埋める

・D.ライト自邸は，北側の窓を厚くし，さらに土盛をして断熱性を上げている例である。南面は吹抜けに面した集熱面（二重ガラス）となっている。

Fig-8　D.ライト自邸

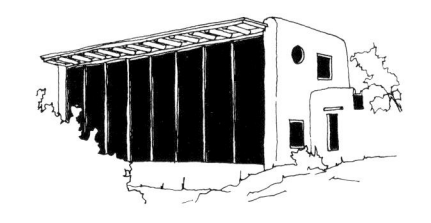

Fig-9　D.ライト自邸平面図

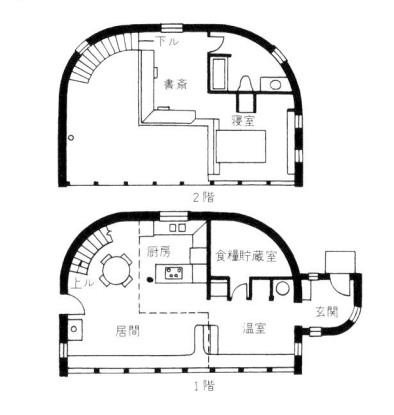

風をそらす

飯田川小学校では，強い冬の季節風をそらすため，北西側を盛土し，屋根の形が決められた。

Fig-10　飯田川小学校（秋田県，小玉祐一郎）

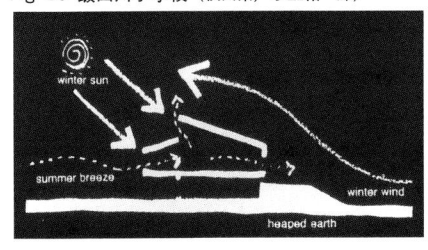

Fig-11　飯田川小学校西側外観

クリマティックエンベロープ

材料自体の物理的特性を利用した例。一種の選択的透過膜で，日射の透過率が温度によって自動的に変化し，断熱効果もあるという夢の素材。

Fig-12　クリマティックエンベロープの応用（D.チャルーディ）

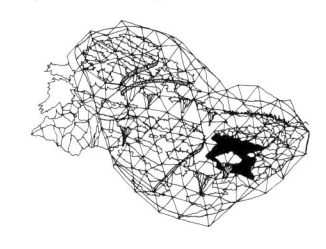

ダブルスキン

二重のガラス・カーテンウォールの間に空気を循環して集熱し，全面に仕組まれた可動ブラインドで日射制御している。

Fig-13　京セラ本社ビル

透明断熱材

ゼロエネルギー実験住宅では，円形曲面の壁全面に透明断熱材を施して集熱壁としている。

Fig-14　ゼロエネルギー実験住宅（ドイツ，フライブルグ）

ビーズウォール

壁の熱的特性を変える装置を付加した例。二重のガラスの間にプラスチック粒子を充填して夜間の断熱性を高め，日中は粒子を吸引して日射を透過させる。夏は逆のモードで使うことも可能である。

Fig-15　ビーズウォール

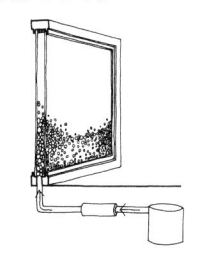

手法-6
壁の表面と熱のコントロール

壁の表面も，屋根の表面と同様に，シェルターとして建物の外被を構成する重要な部分である。屋根に比べて直接目に触れ，また手に触れることができる部分であるため，視覚的にも，日常生活に直接的に大きな影響を与える。視覚的には壁の表面の色彩やテクスチュアは，建物のイメージをつくり出す主要素であり，集合としては街並みを構成する要素ともなる。熱的には照返しなどが生じることを考えなくてはならない。ここでは，これらのことも十分踏まえて，材料の表面のみにとらわれることなく，建物外表面とその周囲も含めて，熱的問題を考えてみることにする。

壁は，多様な機能をもつ層によって構成されるのがふつうである。二重壁，三重壁などがそれである。層が多くなれば，外表面の問題は相対的に小さくなるといえるが，経済的には外表面の工夫によって層を減らすことも工夫の一つであろう。

手法の原理

◆**外表面の仕上げ**
日射の反射

白い漆喰で仕上げると，日射の反射率は90％近くにも達する。狭い路地は日陰をつくるが，明るさは反射光で十分である。同じ断面構造をしていても，表面の日射吸収率によって日射の遮蔽効果が異なる。白色系のペイントで仕上げられた表面（日射吸収率小，長波長放射率大）は，暗色系（日射吸収率大）に比較して遮蔽の効果が大きいほど，表面の日射吸収率による侵入熱量の差が顕著である。

Fig-1 サントリーニの住居

◆**ファサードを考える**
ファサードの形態

太陽光線を調整する方法は数多いが，日除けがフォサード（ブリーズソレイユ）の形に直接取り入れられて建築的表現の手法となったのはコルビュジエ以後であり，それが国際様式として一般化していった。それは，機能と表現の合体を目指す建築観と合致したからであろう。ブリーズソレイユとは，フランス語で日除け（太陽をこわすもの）の意。日本では建築化された日除けを指す。

Fig-2 アーメダバドのオフィスビル
　　　（ル・コルビュジエ）

回廊を利用する

壁の前面の開放的な廊下（回廊）や格子が，建物のファサードの形に反映されている。砂漠的気候のために木陰つくる木さえ育たない亜熱帯にある国では，開放的な回廊玄関と涼み廊下が樹木に代わる。

Fig-3 モスクの回廊

◆**植物を這わせる**

両面のコンクリート打放しの上につたを這わせる。夏は，繁茂して西日を遮断する。道に面しているので，四季の変化を映し，街並みの修景ともなっている。

葉と壁面との間の数十センチの空気層によってさらに遮断する。

冬季には葉が落ちて蔓だけになるため，日中は壁が直接日射を吸収し，また，つたが残っているときには，平滑なコンクリート面に比べて表面付近の対流熱伝達率は小さくなると考えられる。

Fig-4 久が原の家（清家清）

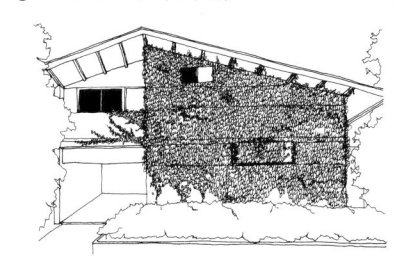

設計の要点

◆壁の構造と表面

耐震性は外壁表面の第一の条件だが，壁の断面構成によって「表面」の役割が異なる。

1. RC両面打放し。夏の焼け込み，冬の冷え込み，結露など熱容量がマイナスに作用することが多い。
2. 断熱壁。十分な断熱によって，夏の遮熱，冬の保温ができる。
3. いわゆる内断熱構法。コンクリートの熱容量を生かすことができない。熱容量の影響を受けない利点もある。
4. いわゆる外断熱構法。冬，夏とも熱容量を生かした蓄熱，蓄冷が可能。
5. いわゆる通気構法。湿気を排出して結露を防ぐとともに，日射遮蔽の効果もある。
6. 日射遮蔽の効果はあるが，冬の保温の効果は期待できない。
7. 4と5の双方の特性を併せもつ。
8. 北欧など寒冷地に多く見られる。外側の熱容量は日射や気温変化の影響を遅らせ，ピークカット効果もある。

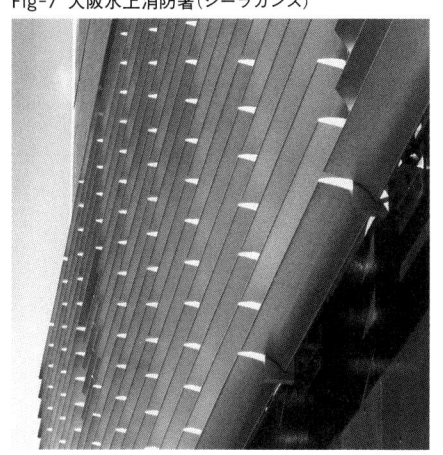

Fig-5 壁の断面構成と「表面」の熱的な機能

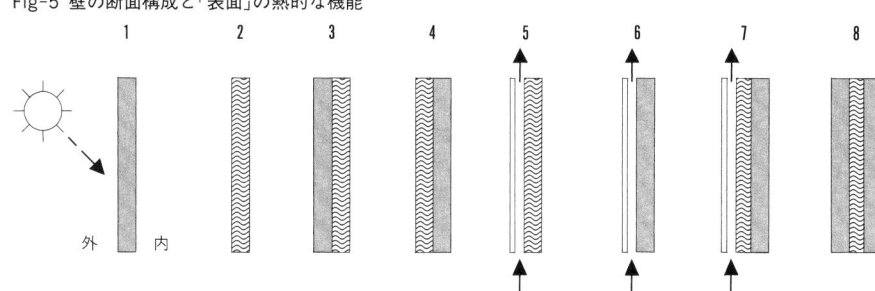

◆装置化

壁の装置化

ルーバーと壁の組合せによる一種の二重壁である。冬の寒い夜間にはルーバーを閉じて空気層をつくって外の再放射を防ぎ，昼はルーバーを開けて，太陽光から蓄熱する。一方，夏の夜間は壁から外気へ熱を逃がすためにルーバーを開け，日中はルーバーを閉じて太陽光を反射させるとともに，空気層内の対流を利用して熱を排出する。

Fig-6 ルーバーと壁の組合せ

外周を可動式のアルミルーバーで囲み，その開閉で日射と風を制御する。

Fig-7 大阪水上消防署（シーラカンス）

外周全面を可動のガラスルーバーで覆い，その開閉で日射，風，熱の流れを制御する。

Fig-8 デイビス社（R. ピアノ）

◆緑化

壁の緑化は，熱的な意味でも夏は遮熱，日射遮蔽，空気冷却，冬は風や天空放射の影響の緩和など，熱的な効果も得られる。Fig-9は，建物の一部となったような常緑のつた。

Fig-9 緑化された壁（ベルリン）

南向きのガラス窓トレリスの落葉つた植物は，全自動の日除け装置である。

Fig-10 つくばの家-1（小玉祐一郎）

Fig-11 繁茂したつたに覆われた，つくばの家-1

手法-7

壁の断熱・保温

建物の高断熱化および気密化を図ることは，パッシブデザインの基本である。冬季に太陽熱や室内発熱などを利用して暖かく過ごせ，また夏季に蒸発冷却や地中熱等を利用して涼しく過ごせる室内環境をつくるには，冬季は室内からの熱損失を，夏季には日射や外気からの熱取得をできるだけ減らすことをまず最初に考えねばならない。断熱はその最も有効な方法である。

また，（補助）暖房や冷房を行うときのエネルギー消費量を削減するためにも，断熱は不可欠である。

しかしながら，夏季においては高断熱化が逆に暑さを助長するという説もある。断熱を強化するということは，夏季の外部からの熱の侵入を防ぐとともに，内部から外部への熱の放散も妨げるということでもある。つまり，夏季に窓から不必要な日射熱が入る場合や室内発熱が多い場合に十分な排熱が行われないと，断熱化は室内環境を悪化させることに加担してしまう。しかし，このような場合には，日除けを設けたり，積極的に通風を図るなど室内に熱がこもらないような工夫をすればよいのである。

つい最近まで，夏を旨とする「開放型」住宅とすべきか，冬を旨とする「閉鎖型」住宅にすべきかという議論，あるいは西日本などの比較的温暖な地域でも高断熱化は必要かという議論があったが，パッシブデザインでは上述のようにその答えは自明である。すなわち，わが国ではほとんどの地域で暖房が必要なことや，補助暖冷房を行うことを考えて閉鎖型を基本とし，夏季や春，秋の必要なときには，十分な通風・排熱が図れる開放型になるように計画するのである。

手法の原理

十分な厚さの断熱材を壁体に用いることの効果として，次の三点が挙げられる。
・冬季の熱損失，夏期の熱取得が大幅に削減される。
・室内表面温度が冬季は高く，夏季は低く保たれるため，熱的快適性が高まる。
・また，冬季の表面温度が高くなり結露しにくくなる。
また，パッシブソーラーでは，
・熱容量の大きな壁体の室外側に断熱（外断熱）し，コンクリートなどの熱容量の大きな壁を蓄熱体として利用する。
という意味もある。壁の室内側に断熱する内断熱では，壁を蓄熱体として利用できず，一般的に室温の変動が大きい。

◆冬季の考え方

十分に断熱することによって，壁からの熱損失を極力少なくする。建物全体が十分に断熱・気密化されると，窓面透過日射と内部発熱だけで，快適な室温を保つことが可能となる。また，結露の危険も少なくなる。結露については，**手法-16** 参照。

◆夏季の考え方

冬季を考えて壁に十分な断熱がされている場合には，窓面からの日射熱の侵入を極力抑えるとともに，日射熱や内部発熱などがスムースに排熱されるように計画する。

また，断熱されているとはいえ，屋根とともに強い日射を受ける東西壁では，さらに日射遮蔽も考慮する必要がある。このような場合には，方位によって断熱厚を変える方法もある。

なお，透過してくる熱量を除去する工夫については**手法-11，13**を，壁の遮熱の工夫については**手法-5，6，28**参照。

設計の要点

◆断熱の程度

どの程度断熱すればよいかの目安として，1999年にいわゆる「次世代基準」(Fig-3)が出されている。1992年の「新省エネ基準」を改訂したもので，諸外国の断熱基準とほぼ同等の水準になっている。今回の基準では，従来の熱損失係数による基準値とともに，年暖冷房負荷による基準も示され，パッシブデザインによる太陽熱利用等の効果を考慮する（断熱性能を減じる）ことができるようになっている。しかし，パッシブデザインでは，次世代基準を「最低基準」と考え，より省エネルギーを図りたい。

また，次世代基準では，地域区分を暖房度日（D_{18-18}）に基づき市区町村単位で区分し，Fig-1のように，より実際の期間暖房負荷に近い区分になっている。しかし，同じ地域でも微気候は異なるため，計画地の気候に合わせる必要がある。

Fig-1 次世代基準による地域区分

補足事項／コメント

◆壁体内結露防止

壁体内結露の防止は大変重要である。これを防ぐためには、壁の断熱材の室内側に防湿層をきちんととって透湿抵抗を大きくし、反対に外気側は小さくして、湿気の発散を促す。外断熱の場合には、断熱材の外側に意識的に通気層をとり、湿気を逃がす工夫をする (Fig-4,5)。壁体内結露の詳細については、**手法-16** 参照。

◆断熱層内の気流防止

空気の熱伝導率は非常に小さい。断熱材は熱伝導率の小さな材料でこの空気を動かさないようにし、熱伝導を小さくするものである。ところが、空気はひとたび対流を起こすと非常に多くの熱を運ぶようになる。したがって、グラスウールのような繊維系の断熱材では、何かの原因で気流が起きると断熱効果が低下してしまう（独立気泡で空気が閉じこめられている発泡系の断熱材ではこの心配はない）。

これを防止するためには、Fig-2のように、壁体内に気流が起こらないようにきちんとした配慮、施工が必要である。外壁のみならず、間仕切り壁の壁内気流を防止することも必要である。

◆ヒートブリッジの防止

コンクリートや組積造の外壁に外断熱する場合には、外装材の取付け金具などによるヒートブリッジに注意する必要がある。

Fig-2 壁体内気流の防止（鎌田紀彦）

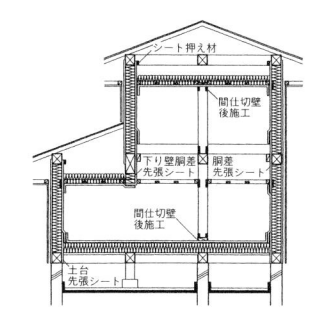

◆外断熱の例

Fig-4 外断熱の例①（荒谷邸）

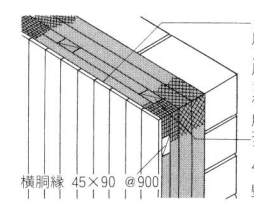

コンクリートブロック 厚190
スタイロフォーム 厚75 二層
グラスウール 厚90
松板張 厚15
胴縁スタイロフォーム押え
アンカーボルト止 45×90 @900
横胴縁 45×90 @900
壁 0.15W/m²·k

Fig-5 外断熱の例②キャビティウォール（後藤邸）

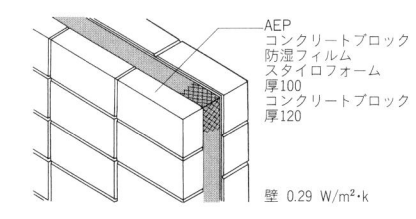

AEP
コンクリートブロック
防湿フィルム
スタイロフォーム 厚100
コンクリートブロック 厚120
壁 0.29 W/m²·k

◆空気層を利用した排熱

外断熱をした場合、断熱材とこれを保護する表面材との間にできる空気層の役割は主として結露防止にあるが、夏季の排熱にとっても効果的な役割を果たす。

Fig-6のアルジェリアの家は、熱を遮断するための数々の工夫が壁になされている。白く塗られた表面、厚い石積みの壁に加えて、構造壁の外にもう一つの壁をつくり、その空隙の通気を図っている。壁を中空にして空気を流し内部空間を冷却させる試みは、わが国のような気候下でも取り入れられる。山脇厳自邸、奈良国立博物館（吉村順三）など。

Fig-6 二重の外壁をもつ家

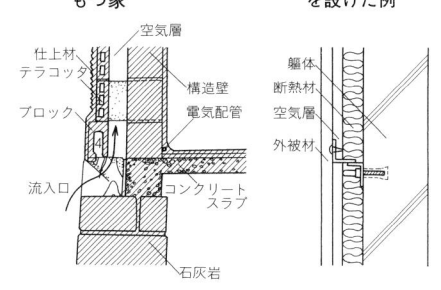

Fig-7 外断熱に空気層を設けた例

◆断熱材は健康に害がある？

断熱材として用いられていたアスベストに発癌性があるとして問題になったことは記憶に新しい。現在多用されているグラスウールも健康によくないと言われており、ドイツでは使用禁止になったとも聞く。

また、発泡系の断熱材の製作には最近までフロンが使用されていた。フロンがオゾン層を破壊することは周知の通りである。地球環境を考えるパッシブ建築を計画する際には、材料の性質まで深慮したい。

◆型枠兼用外断熱建材

厚さ30mmの発泡ポリスチレンが裏打ちされたモルタル成形板を型枠として用いた例である。この材料を用いた分だけ従来の木製型枠が不変になり、森林資源の保護に役立つ。この場合は、外壁取付材によるヒートブリッジの心配はない。

Fig-8 田園調布のメーソンリー（石橋徳川建築設計所）

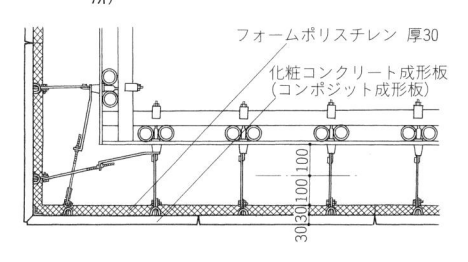

フォームポリスチレン 厚30
化粧コンクリート成形板（コンポジット成形板）

◆ダイナミック・インシュレーション

最近の気密化に伴う換気の必要性を考慮し、北欧で試行、研究されている手法で、熱貫流率の向上と換気を同時に考えるものである。基本的な考え方は、外気を壁体内の断熱材を通して室内に導入することにより、壁体からの熱損失を回収するとともに導入外気を暖めようというものである。

Fig-9 ダイナミック・インシュレーションの実施例

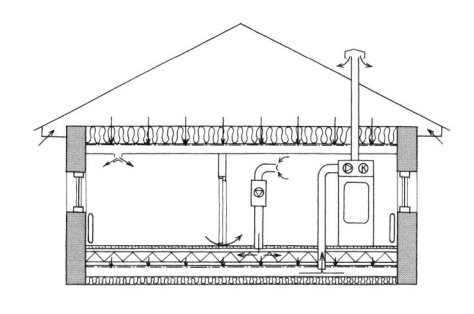

Fig-3　省エネルギー性能判断基準 ［1999年（次世代）基準］

地域の区分		I	II	III	IV	V	VI
熱損失係数	W/m²K	1.6	1.9	2.4	2.7	2.7	3.7
	kcal/m²h°C	1.376	1.634	2.064	2.322	2.322	3.182
年間暖冷房負荷	MJ/m²·年	390	390	460	460	350	290
	kWh/m²·年	108.3	108.3	127.8	127.8	97.2	80.6
	Mcal/m²·年	93.2	93.2	109.9	109.9	83.9	69.3

手法-8

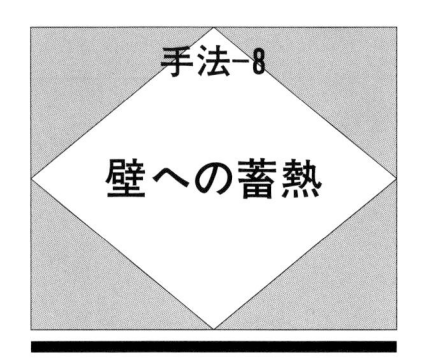

壁への蓄熱

建物のなかに熱容量の大きな蓄熱部位を設け，その部位の蓄熱・放熱をコントロールすることによって，外界の日変動を緩和し暖房効果，冷房効果を得ることが，パッシブデザインの基本的な考え方である。

壁での蓄熱では，コンクリートなどの熱容量の大きな材料が顕熱として多くの熱量を蓄えることができることに加え，厚い熱容量の大きな壁体を熱が通過しようとするときに時間的な遅れ（タイムラグ，手法-15参照）が生じることを利用する。ここでは，このような壁蓄熱の原理を踏まえて，壁を蓄熱体として活用する場合について，具体的な手法を述べる。

冬の日射は，低い位置から射す。この点，壁のような垂直面は効果的に熱を受けるので，蓄熱のために壁を利用することができる。しかしながら，日中に日射を受けて暖まった壁も，放置すれば日没後に急激に冷却され，熱の多くは再び外気へ逃げてしまう。いかに効率よく日射を壁に当て，それを吸収・蓄熱させるか，そして，いかに屋外への熱損失を少なくするかが問題であり，窓や断熱計画との巧妙な組合せが必要となるのである。

手法の原理

◆壁蓄熱のバリエーション

壁蓄熱の基本的な原理は左記の通り，壁体の熱容量と伝熱のタイムラグの利用であるが，蓄熱型は，どのように配置し，蓄熱・放熱させるかという観点から，直接型，間接型，混合型の三つに分類される。

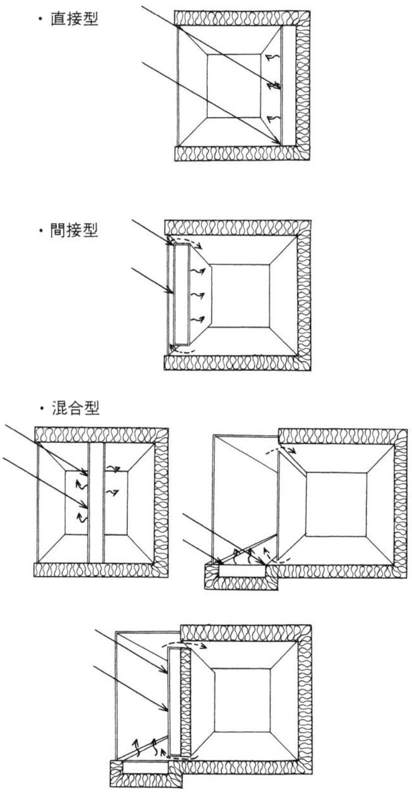

・直接型

日射を室内に直接導入し，室内の壁面や床面に蓄熱させるタイプで，ダイレクトゲインシステムと呼ばれる。床面と壁面が主要な蓄熱部位となり，外壁では室内側表面が受熱面と放熱面を兼ねる。

・間接型

南面するガラス面のすぐ内側に蓄熱壁を設けるタイプで，トロンブウォールやウォーターウォールなどがある。日中，蓄熱壁のガラス面側で吸熱し，厚い壁体の伝熱タイムラグを利用し，夜間に室内側表面から放熱する。また，朝方の室温上昇を早めるため，壁の上下に空気循環口を設け，日中，ガラスと蓄熱壁の間の暖まった空気を室内に循環させる場合が多い。

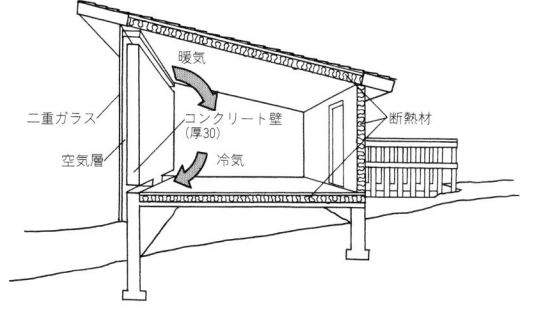

トロンブウォールシステムは，フランスのトロンブとミシェルによってピレネー山中のオデイヨに建てられた実験住宅が最初で，考案者の名前からこの名が付けられた。

コンクリートやれんが壁の代わりに水を入れたタンクを用いるものが，ウォーターウォールと呼ばれる。また，二重れんが壁の外側を黒色塗装してその上をガラスで覆い集熱部とし，れんが壁の中間の暖まった空気と室内の空気を循環させるものもある。これは，考案者の名前からローレンスウォールと呼ばれている。

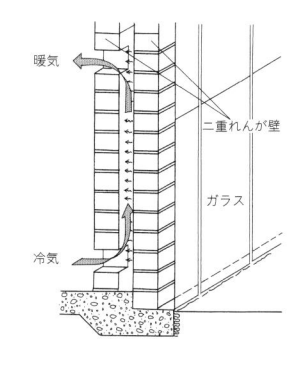

・混合型

直接型と間接型を混合したタイプ。付設温室などがある。

Fig-1　壁蓄熱のバリエーション
・直接型
・間接型
・混合型

Fig-2　オデイヨの実験住宅

Fig-3　ローレンスウォール概念図

設計の要点

◆全般的留意点

蓄熱部位のデザインで重要なことは，集熱（室内に入射する日射熱量）と建物の断熱（外部への損失熱量の抑制）および熱容量の3者のバランスで考えることである。断熱を強固に行うことは言うまでもないが，断熱が十分にされていても，集熱量に対して蓄熱体の熱容量が多すぎれば室温は低温で安定してしまい，少なすぎれば日中のオーバーヒートと夜間の室温低下を招く。

Fig-4 熱容量の大小による室温変動の違い

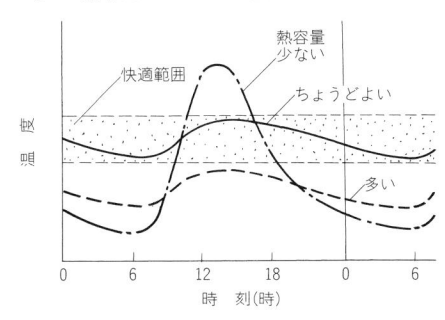

また，同じ蓄熱体であっても，直接日射が当たるか否か，表面の日射吸収率が高いか低いか，厚さがどれくらいか，などにより蓄熱体の有効性が異なる。蓄熱部位を検討する際には，この蓄熱体の有効性にも注意する必要がある。

- **集熱** 蓄熱壁には，直達日射が直接，長時間当たるように計画する。
- **蓄熱壁の表面** 受熱面の日射吸収率と長波長放射吸収率は，蓄熱壁の性能に大きく影響するので，これらをできるだけ大きくする。蓄熱壁の上に木造仕上げをしたり，蓄熱床の上に絨毯を張ることなどは蓄熱・放熱を阻害するので避ける。
- **蓄熱体の材料** 熱容量の大きな材料がよく，建物の構造材料であるコンクリートやれんが，石，コンクリートブロックなどがよく用いられる。ウォーターウォールには，密閉容器に水を封入したものが用いられる。水の熱容量はコンクリートの2倍，れんがの3倍程度と大きい。また最近では，氷と水のように固体と液体との相変化に伴う溶解熱・凝固熱を利用した潜熱蓄熱材を用いた建材も市販されている。木造建築などで，壁の軽量化を図るためには有効であろう。ただし，目的にあった融点のものを選ぶ必要がある。

Fig-5 主な蓄熱材料の物性値

材料	日射吸収率/長波放射率			熱伝導率 W/mK (kcal/mh°C)	熱容量 (容積比熱) kJ/m³K (kcal/m³°C)
	白色ペンキ	生地	黒色ペンキ		
コンクリート	0.2/0.9	0.6/0.9	0.93/0.87	1.6 (1.4)	2,200 (483)
れんが		0.55/0.92		0.62 (0.53)	1,380 (330)
水		—		—	4,180 (998)
潜熱蓄熱材（硫酸ナトリウム系）		—		—	潜熱蓄熱量 150 kJ/kg (35kcal/kg)

- **蓄熱体の厚さ・量** 建物全体の熱バランスを考慮して決める。十分な日射量が得られる場合には，蓄熱壁の厚さは厚いほうがよい。一般に，コンクリートでは15〜30cm，土壁で20〜35cm，ウォーターウォールで15cm以上がよいとされている。厳密には，建物全体での熱収支，蓄熱面のタイプと配置，日射の受熱量などを考慮して決定する。熱容量がある値以上になると室温の変動幅はほとんど変わらない。

Fig-6 熱容量と室温変動幅の実測例

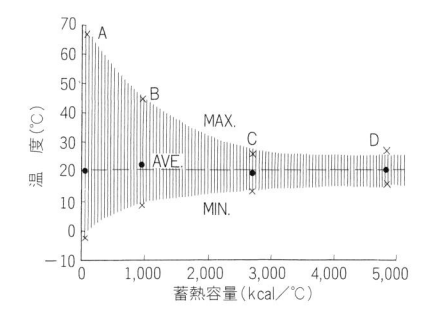

- **蓄熱壁の面積** 蓄熱壁の面積はなるべく広いほうがよい。これは，夜間の室温低下の抑制に対して，蓄熱体の厚さよりも面積のほうが有効なためである。ダイレクトゲインシステムの場合，床などを含めた蓄熱体の表面積を室内全体の表面積の1/2以上とするのが好ましい。
- **夏季への対策** 集熱面には，日除けなど夏季への対策を忘れてはならない。

◆タイプ別留意点

直接型

窓は太陽熱の集熱面であり，その方位と，面積は集熱量を決める。窓の計画は，前述のようなオーバーヒートの危険性や，ガラス面からの熱損失を考慮して行わなければならない。複層ガラスや二重，三重サッシ，夜間断熱戸などの使用が望ましい。（手法-11およびFig-8参照）。

Fig-7は冬のある1日における窓のプロポーションによる直達日射が当たる位置の違いを示したものである。横長の場合，比較的小さい面積に集中して当たるが，縦長の場合は広い面積に分散して当たる。

Fig-7 直達日射が当たる面の時刻別変化

横長のプロポーションの場合

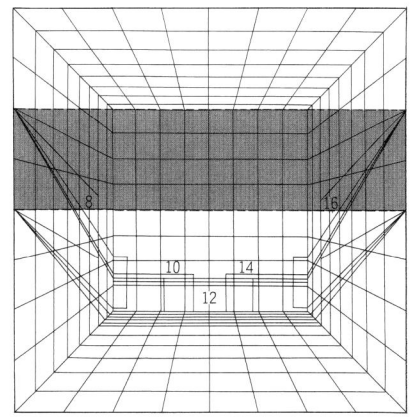

縦長のプロポーションの場合

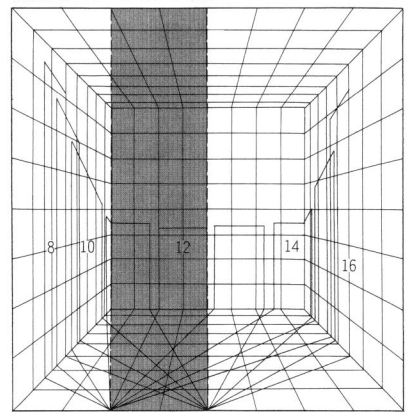

事例とその説明

Fig-8 冬季のガラス窓の方位別取得日射量（東京）

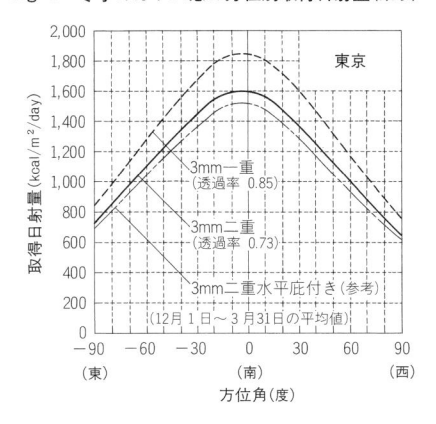

間接型

間接型では，採光や眺望のために，蓄熱壁の一部を切り取って窓にしたり，蓄熱壁の位置を下げることなどを考える必要がある（Fig-17，18）。

自然対流のための壁上下の空気循環口の大きさは，おのおの蓄熱壁の1/100程度とされている。また，夜間の逆循環による熱損失を防止するため，ダンパーを設置するか冷気だまりを設ける必要がある。夏季の対策として，日除けや排気口を設けることなども重要である。

Fig-9 トロンプ壁下部断面詳細図（中島康孝）

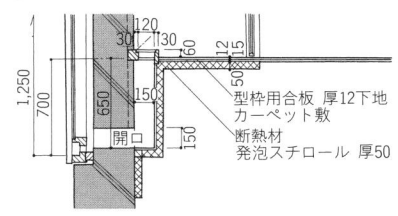

混合型

間接型と同様に，空気循環口を設けることは効果的であり，さらにファンを取り付け強制循環させる場合もある。また，温室を付設した場合，温室と居室との間仕切りは，ガラス戸と断熱戸の組合せが好ましいとされている。

◆直接型

高断熱・高熱容量の例

・荒谷邸は，寒冷地に建てられた高断熱・高熱容量のダイレクトゲインシステムの建物である。南面の大きな開口からの太陽熱および室内発熱を，非常に大きな熱容量をもつコンクリートブロックの壁と床に蓄熱させている。窓ガラスは三重である。

Fig-10 荒谷邸平面図（北海道札幌市，荒谷登）

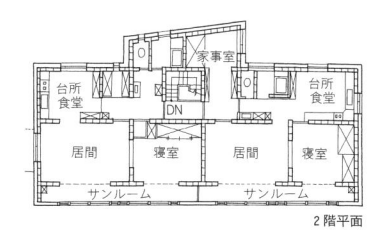

・つくばの家(3)でもコンクリートブロックが蓄熱壁として用いられている。日本の伝統である夏を旨とする開放的な空間構成に，熱容量をもたせ，断熱を十二分に行って快適な居住環境をつくり出している。

Fig-11 つくばの家-3（茨城県つくば市，小玉祐一郎）

クリアストーリー（高窓）

壁に蓄熱させる場合，クリアストーリー（高窓）や天窓が有効となる。高窓から入る太陽日射は家の奥深くまで差し込み，北側（南半球では南側）にある蓄熱体を直接暖める。オーストラリアのキャンベラには，高窓のあるパッシブソーラーハウスが数多く建てられている。ラサム邸もそのうちの一つであるが，夕方であるにもかかわらず，高窓からの日射が南側（日本の北側）の寝室に強く差し込んでいる。

Fig-12 ソルディン邸断面図（G. スター）

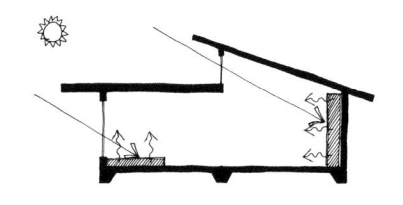

Fig-13 プリチャード・コーワン邸（オーストラリア，キャンベラ，R. Wombey）

Fig-14 ラサム邸（オーストラリア，キャンベラ，W. S. Latham）

天窓

アメリカの有名なデービスソーラービレッジのいくつかの家では，間接型に用いられるウォーターウォールを壁際に後退させ，可動断熱戸をもつ天窓を設けて直接型とした。間接型に比べ，南の窓を遮るものがなくずっと開放的になる。また，夏季の日射遮蔽も容易なので，開放感を好むわが国での応用も可能な方法であろう。

Fig-15 コルベット邸システム概念図（アメリカ，カリフォルニア州，M. Corbett）

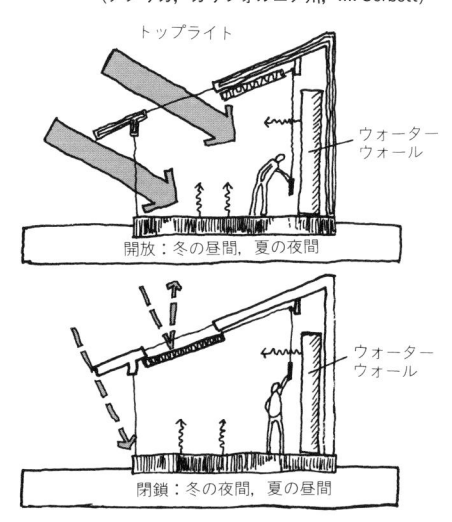

Fig-16 バールマン邸外観

◆間接型
トロンブウォール
・ケルボー邸は，トロンブウォールの例として有名である。1階の東南のコーナーに温室がある。南面全体がRC 40 cm厚のトロンブ壁で，居室の採光，眺望のために窓が切られている。また，コンクリート壁のなかにガスファーネスのダクトが打ち込まれており，補助暖房としている。

Fig-17 ケルボー邸外観（アメリカ，ニュージャージー州プリンストン，G.ケルボー）

Fig-18 ケルボー邸システム概念図

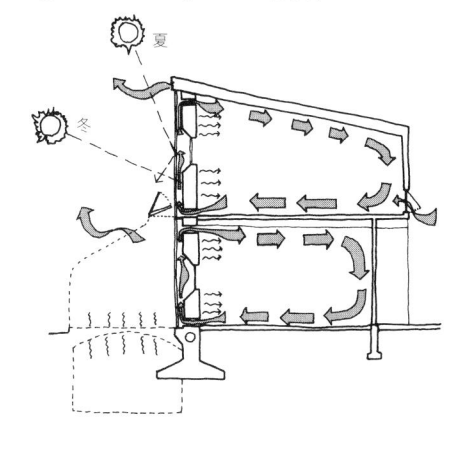

ウォーターウォール
・ドラムウォールハウスとも呼ばれるこのスティーブ・ベア邸は，このシステムの先駆けである。南面のガラスの内側に，水を封入したドラム缶が置かれている。ガラスの外側には，反射板と断熱板を兼ねたスタイロフォームをサンドイッチしたアルミパネルが設置されている。また，室内側のカーテンで，ドラム缶からの放熱をコントロールする。

Fig-19 スティーブ・ベア邸（アメリカ，ニューメキシコ州 Corrales, S.バエル）

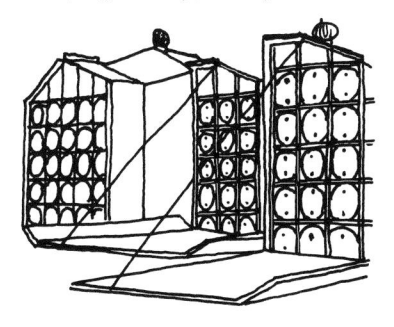

・アメリカ，デービスのソーラービレッジでコルベット邸とともに注目を集めたこのハント邸では，2階吹抜けの南ガラス面に，直径60 cmほどのスパイラル間を少し間隔を置いて垂直に立て，ウォーターウォールとしている。吹抜け上部の暖まった空気を北側の部屋へ送る装置や，日除けなどの夏季への対策も考えられている。

Fig-20 チゲペン・ハント邸外観（アメリカ，カリフォルニア州デービス，G. Acker）

Fig-21 チゲペン・ハント邸断面図

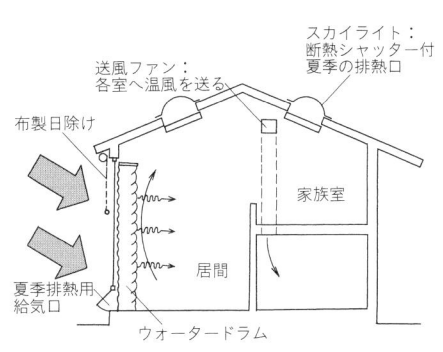

・別名ワインボトルハウスと呼ばれるウィコム邸では，賞味したワインの空き瓶に水を入れ，窓際に積んで蓄熱壁としている。

Fig-22 ウィコム邸外観（アメリカ，ニューメキシコ州ロス・アラモス）

Fig-23 ウィコム邸内観

◆混合型
・アドーベと呼ばれる日干しれんがでできているバルコム邸では，南面を向いた温室を取り囲むように部屋が配置されている。温室と部屋の間の間仕切り壁が蓄熱壁となっている。また，温室上部の暖まった空気は冬期はファンにより1階床下のロックベッドへ送られて蓄熱・暖房に利用され，夏期は温室上部の排気口より排出される。

Fig-24 バルコム邸（アメリカ，ニューメキシコ州，S.ニコルス）

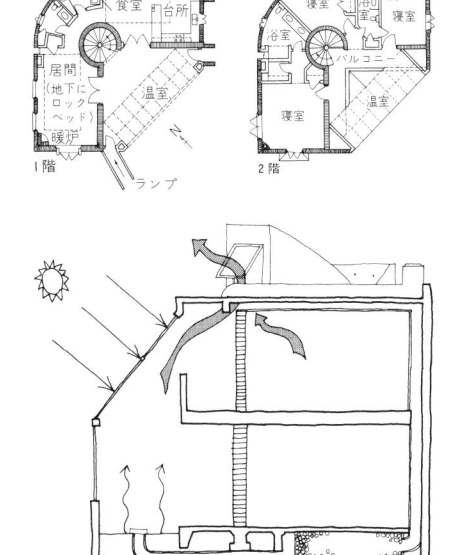

手法-9 床の断熱・保温

居室の温熱環境は，外部条件ばかりでなく，隣接室の設定条件にも大きく影響を受ける。それにもかかわらず，隣接室が非居室である場合には，あまり注意が払われていないというのが実状である。

居室は生活活動に支障がないように温湿度を保つ必要がある。同様に，小屋裏や床下空間等の非居室であっても，温湿度管理に心がけるべきである。例えば，水道管の凍結事故，土台の凍上，ナミダ茸による土台床組の腐朽や朽壊等々，これらは床下空間の保温と防湿の徹底や通気の計画を怠ったために生じてしまったのだ。

現状は，目立った被害に気が付かない場合，保守は放置され，建物の耐用年数はいたずらに短くなっているのではなかろうか。

それを避けるためには，非居室といえども，計画の当初からその空間を温熱環境的に，①外と見なす，②半戸外空間とする，③内と考える，のいずれかに明確に区別する必要がある。そして，その作業があってはじめて，外壁（基礎）で断熱するか，間仕切り壁（床）で断熱するか，という断熱の位置（閉鎖型の温熱環境計画においては温湿度的に内と外を区別するところ）が設定されることになる。

手法の原理

床下地盤面の温度は，夏に外気温よりも低く，冬に高くなる性質がある。床面（あるいは基礎壁）の十分な断熱によって，床下空間（地盤面）の時間遅れ効果と熱容量は積極的に利用することが可能となる。

◆温熱環境的に外に開放

断熱層から外気側は室外として考えることになるので，湿気（水分）も外に開放（放湿）することを原則とする。この構法は，凍上現象のない地域あるいは基礎深さが凍結深度以下に設定されていることが条件。

・床下空間のない土間床断熱

北欧の住宅には，床暖房を併用したこの構法事例が多い。断熱層の下（外気側）に防水防湿層を設けるとともに基礎回りの排水が必要になる。床下空間がないと半戸外的な曖昧な部分がなくなり，土間床の熱容量を利用した蓄熱や室温変動の緩和が可能になる。しかし，冬には非暖房室の床面凍結や夏には床面結露が生じることに注意しなくてはならない。

・床下空間をとった床暖房

束基礎の場合は完全な屋外と見なす。布基礎の場合は，冬に換気口を閉じて換気量を減らし，床下の低温化を防ぐ。夏には工夫次第で床下通風を上階に取り込む涼房も可能になる。一般に，1年を通して湿度が高い。特に，外気温と床下地盤面温度の差が大きくなる春先には高湿となるので注意を要する。ナミダ茸などによる被害を避けるためには，地盤面の防湿シート押さえ砂による結露水の吸収や，地盤面の防湿シートを用いた地盤面からの水分の蒸散防止とともに，適度な気流の動きを確保できるようにする。

◆温熱環境的に内に開放

断熱層から室内側は室内として考えることになるので，湿気（水分）も内に開放（放湿）することを原則とする。床下の給湯管の保温断熱や給排水管の防露断熱は必要となるが，暖房管の断熱は不要。全室連続暖房であれば，水回りの凍結の心配は全くない。

・床下空間のない基礎断熱

日射の蓄熱や室温変動の緩和などに土間床地盤面の熱容量を積極的に利用することができるが，全室暖房であることを原則とする。土間床に板敷きや畳敷きとした場合，転び根太の腐朽防止のために室内側との通気を維保。

・床下空間を考えた基礎断熱

床下空間を考えた場合，床面に受照した日射は直ちに室温を押し上げるので，居室と床下空間との間の交換換気を積極的にとって，冬は窓面透過日射（余剰熱）の蓄熱を行う。全室暖房が原則。夏は同じく交換換気によって床下地盤面による採冷が可能になる。

床下空間と居室間の交換換気を計画した場合，基礎の換気口は不要。床下地盤面の防湿対策は床断熱の場合と同様に行う。

・基礎壁を外断熱（半地下，地下室を含む）

床下空間を居室として有効に活用できる。地下室の熱容量を利用した冬の蓄熱，

Fig-1

	冬対策	夏対策
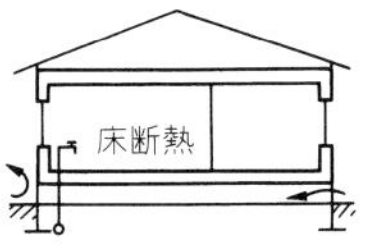 床断熱	換気口を閉じ，上階への換気を減らす	床下通気を利用する
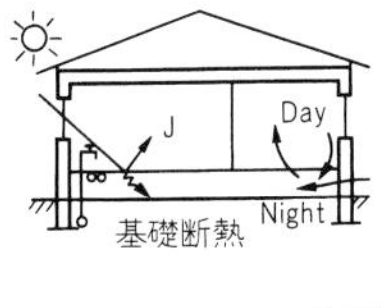 基礎断熱	日射余剰熱を床下へ送り，室温変動を減らす	床下との交換換気 夜間換気
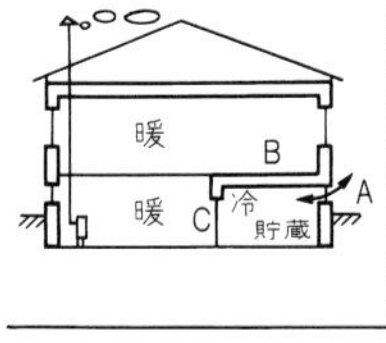	半戸外空間での貯蔵ストーブ室とする（乾燥）	冷蔵空間に夏型結露の対策（湿潤）

設計の要点

夏の涼房計画は非常に容易。冬季の温度保持の目安は17℃にして暖房を行い，夏型結露の防止に保険をかける。

熱の流出入を減らし，結露などが発生しないようにする点では，床に求められる断熱と保温の基本も，屋根や壁のそれと変わらない。しかし，床は居住者と直接接触すること，および床付近の温度環境が体感温度に与える影響が大きいことに配慮する。また，その背後に熱容量が大きく，熱を通しやすく，一般に湿気も多い床下地盤面が控えているので，それと熱的に連続させるか，させない（断熱・防湿をする）か，が大きな設計上の要点となる。

寒冷地の床下は，原則として，凍結防止のために0℃以下にならないように保温計画する。

◆床と地盤面が不連続の場合
・床下空間がある場合

木床の場合，床面に受照した日射はすぐに室温を上昇させるが，接触時の感触は柔らかい。RC床にすると，敷物の工夫次第で日射熱の蓄熱が可能になる。

・床下空間を考えた基礎断熱

床下空間は温熱環境的に室内になるので積極的に床下空間との間の交換換気を行う。その結果，床下空間の湿度調整も容易になる。

◆床と地盤面が連続の場合
・土間床

非暖房室や暖房室の隅角部では結露しやすいので，断熱の厚さを増したり，全室暖房とする配慮が必要となる。厚めの敷物，椅子式の生活をするなどの工夫が必要。

・地下室を設けた基礎断熱

初夏の高湿度化が避けられない。その間は除湿器を使用するなどの配慮をしなければ，例えば作業場や居間，書斎などとしての使用は難しい。

Fig-2

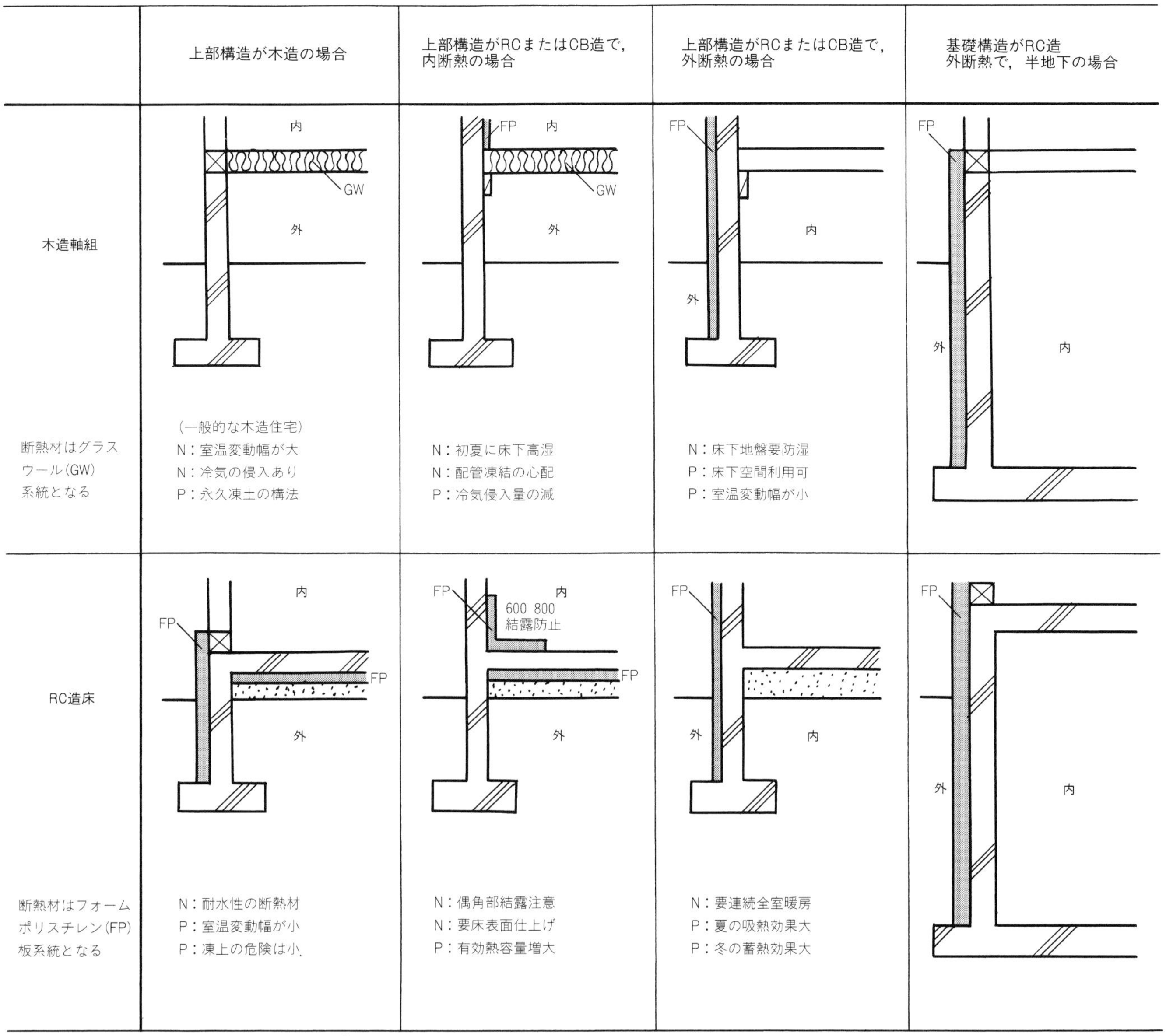

	上部構造が木造の場合	上部構造がRCまたはCB造で，内断熱の場合	上部構造がRCまたはCB造で，外断熱の場合	基礎構造がRC造外断熱で，半地下の場合
木造軸組 断熱材はグラスウール（GW）系統となる	（一般的な木造住宅） N：室温変動幅が大 N：冷気の侵入あり P：永久凍土の構法	N：初夏に床下高湿 N：配管凍結の心配 P：冷気侵入量の減	N：床下地盤要防湿 P：床下空間利用可 P：室温変動幅が小	
RC造床 断熱材はフォームポリスチレン（FP）板系統となる	N：耐水性の断熱材 P：室温変動幅が小 P：凍上の危険は小	N：偶角部結露注意 N：要床表面仕上げ P：有効熱容量増大	N：要連続全室暖房 P：夏の吸熱効果大 P：冬の蓄熱効果大	

事例とその説明

◆床＋基礎回りのディテール

・継立の家は，高断熱，高気密を基本にした寒冷地住宅の典型例。低温水（約35℃）パイプを土間床に付設し，ダイレクトゲインと床暖房を併用している。全室連続暖房で日中の室温の設定を20℃にして，日中の太陽熱の有効利用率を上げている。基礎の外断熱，土間床，木造壁の断熱・気密構法に注意。

・栗山町の家のようなコンクリートブロック二重積みは，寒冷地の高断熱・高気密型住宅の代表的構法。コンクリートブロックはポーラスで吸水性・透水性が高いゆえに断熱材（FP）の外側に25mm程度の空気層を設けて排湿と排水の工夫をする。

Fig-3 継立の家（夕張郡，藤島喬・谷岡一規）

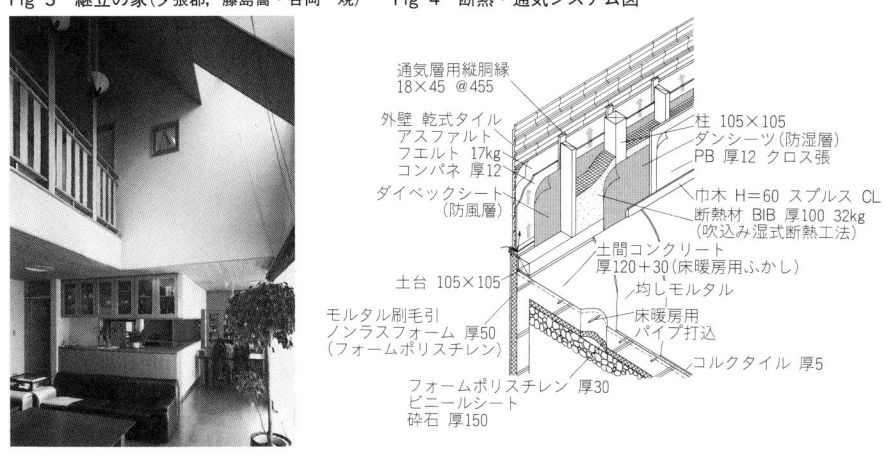

Fig-4 断熱・通気システム図

Fig-6 栗山町の家（夕張郡，藤島喬）

Fig-7 コンクリートブロック二重積み壁と床の構成アクソメ

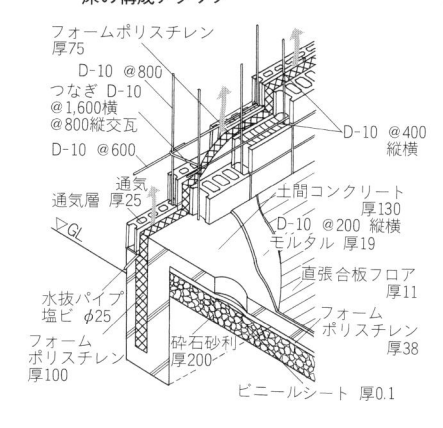

・このOMソーラーのシステムでは，床下チャンバーに送風することによって，居室の温度変動の緩和と床スラブの蓄放熱が期待できる。床下チャンバーは居室との間で常時換気されることになるので，高湿になる恐れは少ない。土台回りの防湿と気密に要注意。

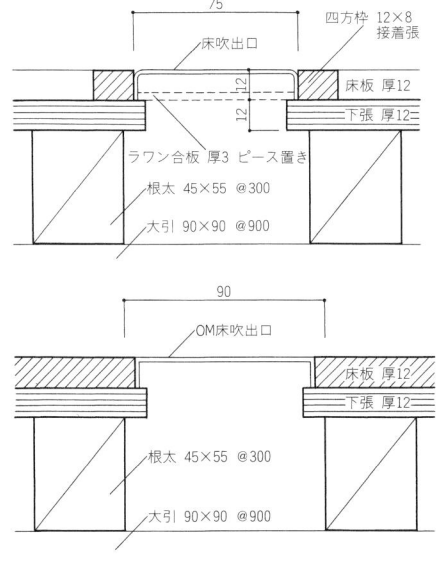

・宮の森の家では鉄筋コンクリート造の外断熱構法を採用。外装材にコンポジットユニットと称されるFP板が裏打ちされた小型PC版を化粧型枠にしてコンクリートが打設される。室内は和室と2階の浴室以外はすべてコンクリートの打放し。今のところ，厚い断熱施工が難しいこと，役物の精度，出隅・入隅の確実な処理，浸入水の確実な排水などの問題点がある。

Fig-5 OMソーラー床吹出し標準詳細図

Fig-8 宮の森の家（札幌市，藤島喬）

Fig-9 コンポジットユニット構法躯体システム図

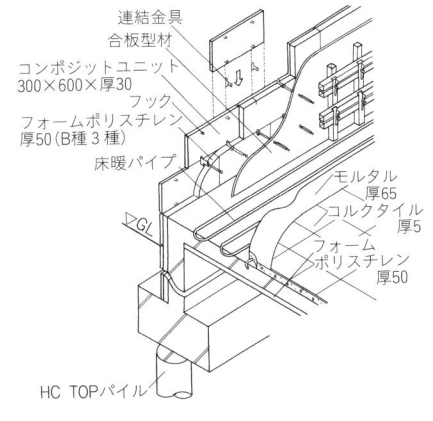

補足事項／コメント

◆地下室床＋基礎壁回りのディテール

Fig-10

Fig-11 地下室

Fig-12 窓面の下降冷気を床下（地下室）で処理

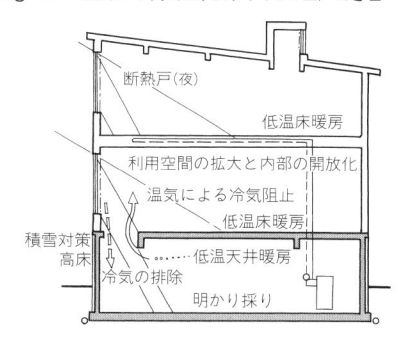

Fig-13 FP板二重張り構法

Fig-14 地下に住む家断面（札幌市，藤島喬・谷岡一規）

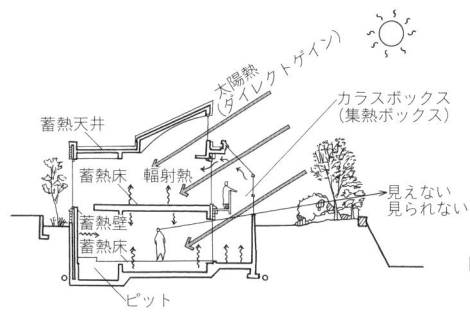

Fig-15 地下に住む家

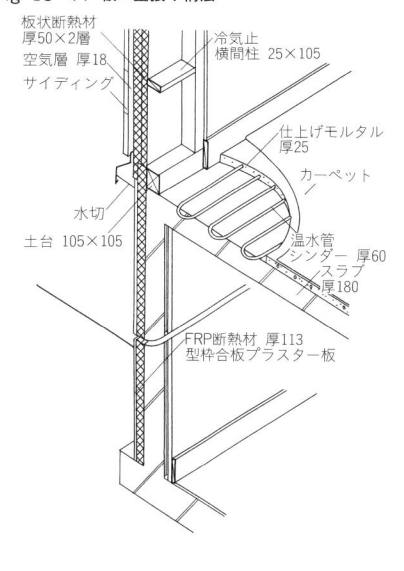

Fig-16 コンクリートブロックとセラミックれんがのキャビティウォール

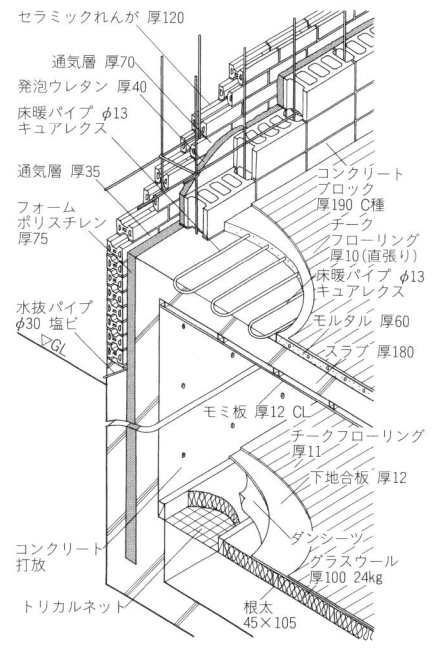

・豊かさは時間的・空間的な余裕から

　不幸なことに今はお金さえあれば，昔の王侯貴族以上に好きな季節（温度環境）も食べ物も，四季に関係なく手に入る。しかし，食べ物のストックならばたかだか冷蔵庫の容量が限度であり，エネルギーもフローが前提で個々人のレベルで備蓄しているわけではない。これは豊かさではなく単に便利になっただけ。フランス人の住宅概念は3層構成になっているという。[*] 1層目は普通の生活を営む日常の生活空間で，2層目は蓄えのための空間（多くは地下室）で，ワイン，自家製ジャム，ソーセージ，チーズを貯蔵する場所。3層目は自分の時間を自由に使える夢の空間（多くは屋根裏部屋）で，星を観るなど好きなことをして過ごす場所という。これは豊かさが社会基盤のフローではなくストックから生まれ，生活空間の時間・空間的な余裕から醸成されることを暗示している。

・寒さに対処した余裕，寒冷地の地下室

　凍結深度が1m前後になる地域では，その深さまで掘削するだけで半地下室をつくることができる。寒冷地ゆえに凍上の防止と同時に生活空間の余裕も生まれるわけで，冬はフランス人がいう2層目の活用ばかりでなく，スキーの手入れや日曜大工の作業場等々，その有用さには事欠かない。保温も焼却炉を併設すれば十分に暖がとれる。冬は外気の絶対湿度も低く，結露の心配も皆無である。

　ところが，夏には事情が一変する。非暖房空間にして放置すると，土間床結露に泣くことになる。夏場に涼しい地下室は，それだけ結露の危険も高いのだ。地盤面に接し，時間遅れの大きい空間では，夏場は換気をすればするほど，結露量は増大し，除湿の決め手がない。樺太アイヌは夏の家と冬の家（竪穴住居）をもっていたという。地盤面に連続した空間の夏季の高温多湿に手を焼いた証でもあろう。冬の間も室内と考えて保温してはじめて，地下室は"冬に暖かく夏に涼しい"という生活空間向けのパッシブシステムが機能する。

[*]「建築教材 雪と寒さと生活 I．発想編」日本建築学会編，彰国社

手法-10 床への蓄熱

床を暖めることが，暖房の方式として最も好ましいものの一つであることはよく知られている。部屋の温度分布から見ても，人間の生活行為から見ても，下のほうから放射熱で暖める方法が有効だからである。

このことは，放熱面が室内空間の低面にあればよいということであるが，一方，太陽熱を利用するに当たって何らかの蓄熱をしようとするとき，1階床下は一つの有力な場所となる。とりわけ，アクティブシステムでは比較的規模の大きい蓄熱槽を必要とするので，その適当な置き場所として考えられている。

その材料としては，空気循環の場合には岩石（ロックベッド），水循環の場合には蓄熱槽がよく知られている。これらの蓄熱槽は断熱保温されるのが一般的であるが，大地の特性を生かして大地と一体化させる場合もある。なんといっても大地は考えうる最大の蓄熱体といえるからである。この場合には，建築面積を増やさない適当な場所という消極的な理由でなく，大地の熱利用するという積極的な理由をもつことになる。

床もしくは床下への蓄熱は，床面からの直接の放射（床暖房）のほか，動力を用いないで重力によって空気循環を行わせることを可能とする。暖房をするうえで最も好ましい放射面をも併せもたせることができるのが，パッシブシステムにおける床蓄熱の大きなメリットである。

手法の原理

◆蓄熱／蓄冷

床の熱容量を大きくすることは，室温の変動を小さくすることのほかに，日射を当てて蓄熱されるという積極的な目的もある。コンクリートスラブのような固体材料では熱拡散率が小さいので，日中蓄熱，夜間放熱というサイクルでは，スラブ厚を極端に大きくしても効果は小さい。1日サイクルの有効な厚さは最大20cm程度である。長期蓄熱の場合はこの限りでない。

Fig-1 床蓄熱のバリエーション

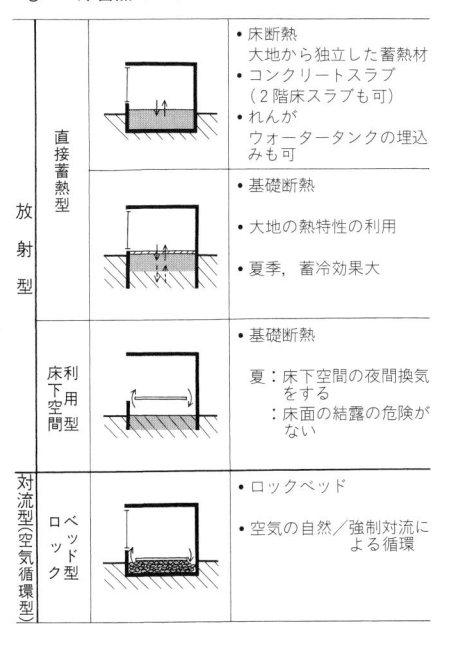

放射型	直接蓄熱型	・床断熱 大地から独立した蓄熱材 ・コンクリートスラブ（2階床スラブも可） ・れんが ・ウォータータンクの埋込みも可
		・基礎断熱 ・大地の熱特性の利用 ・夏季，蓄冷効果大
	床下空間利用型	・基礎断熱 夏：床下空間の夜間換気をする ：床面の結露の危険がない
対流型(空気循環型)	ロベッド型	・ロックベッド ・空気の自然／強制対流による循環

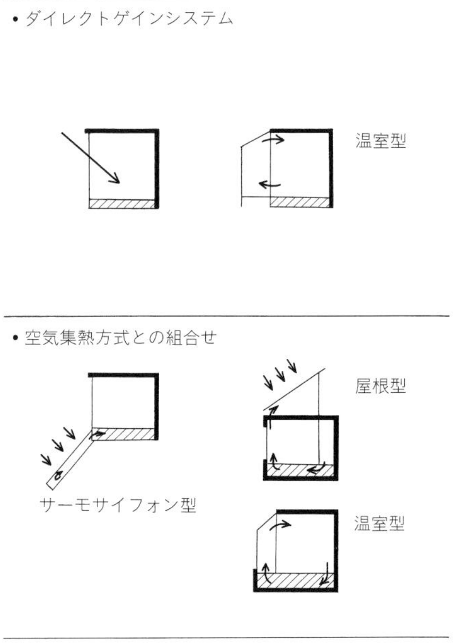

◆サーモグラフィによる床蓄熱の効果

赤外線写真で蓄熱効果を見る。Fig-4は，日中，Fig-3と同じ場所を同じ時刻に赤外線フィルムで撮影したもの。日の当たっている面の温度上昇が著しい。

◆床断熱

1階床の場合，床下を断熱するか，基礎断熱のみにするかの良否は一概にいえない。後者の場合，夏の蓄熱効果などメリットを得る可能性も大きいが，冬の熱損失増大などの危険性も大きいのが一般的である（手法-9参照）。

Fig-2 パッシブ暖房の方式

・ダイレクトゲインシステム

温室型

・空気集熱方式との組合せ

屋根型
サーモサイフォン型
温室型

Fig-5は，夜間，同じ場所を赤外線フィルムで撮影したもの。日の当たった床は暖かさを保持している。床の蓄熱が顕著で室温の低下を防止する。写真右上の高温部はスタンドの電球。

Fig-3　Fig-4 　Fig-5

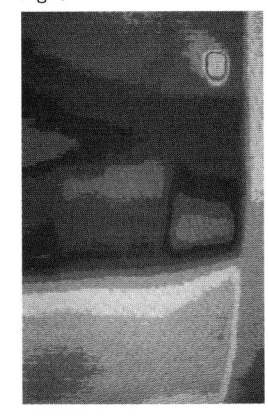

設計の要点

◆仕上げと蓄熱効果

Fig-6は、南向きの開口部を有する一般的な部屋でのシミュレーション例。冬の2日間の室温変動が示されている。蓄熱部位の熱容量の大きさによって、自然室温の変動が影響される。床の仕上げによって特熱効果が左右され、蓄効果が大きいほど室温は安定することが分かる。床のほかに壁、天井にも熱容量があればさらに安定する。

◆蓄熱の形式

古代の竪穴式住居は、北方地域のものと思われる。冬季の熱損失は少ない。夏季の土間面での結露は、水はけさえよければ障害にならなかったのではないだろうか。

Fig-6　仕上げの違いによる蓄熱効果

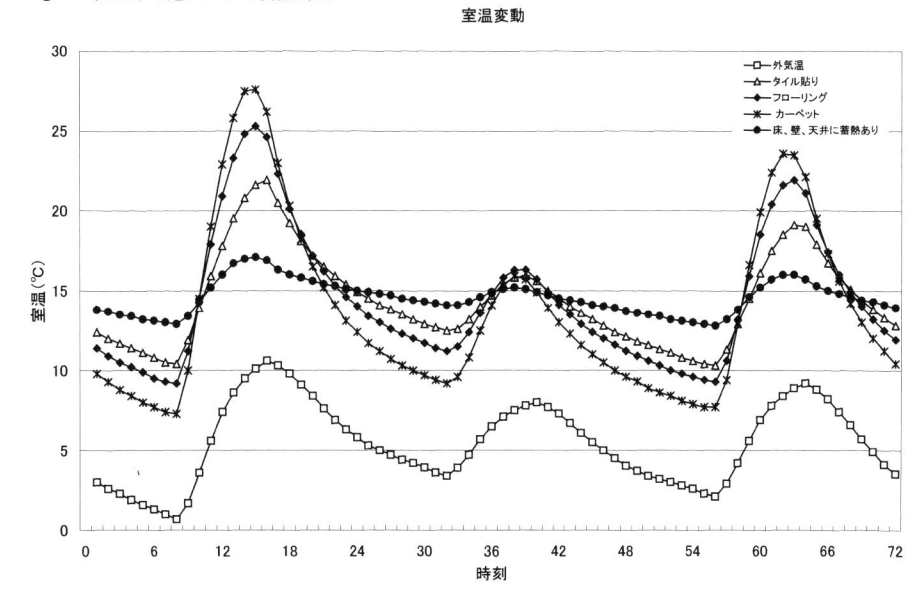

Fig-7　登呂の竪穴住居

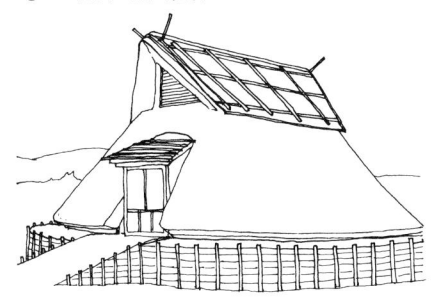

床への蓄熱

集熱効率を上げるために傾斜させたガラス面からの日射が、厚い砂層の上に敷かれたれんが床に当たり蓄熱する。砂とれんがの双方が蓄熱材である。砂層の下面は断熱され、必要な部分のみにラグが敷かれている。

Fig-8　サンダウンハウス(D.ライト)

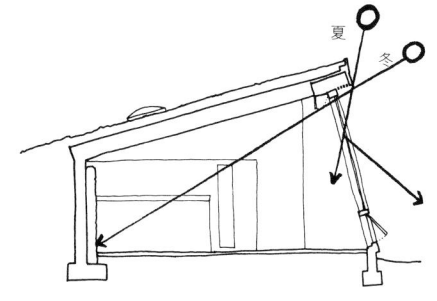

Fig-9　サンダウンハウス

床下への蓄熱

屋根を屋根一体型の集熱装置とし、軒先から取り入れた外気を暖め、ファンで室内へ送り込む。屋根面は十分な日射が得られる利点がある。温風は床下へ送られ、コンクリート床を暖めたあと室内へ放出される。

コンクリート床が蓄熱部位である。一般に気密化、断熱化の進んだ住宅では必要な換気の確保に工夫を要するが、常に新鮮外気を導入するこの方式では問題がない。

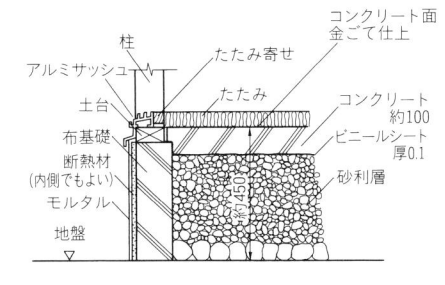

Fig-10　柏の住宅（千葉県柏市, 石田信男）

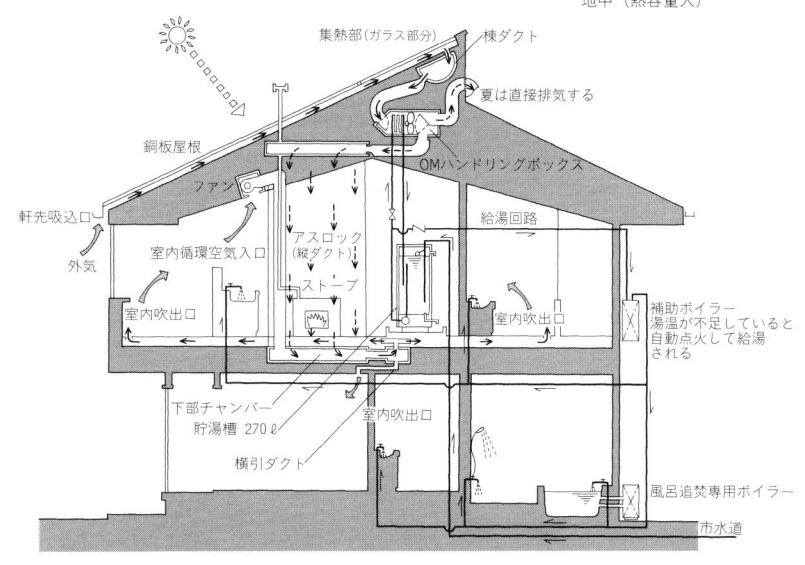

砂利床

冬暖かく夏涼しい土間床の効果を利用するアイデアに砂利工法と呼ばれる方法がある。熱的な効果を得ながら結露を防ぐには、大きな熱容量とともに微妙な断熱性が必要となるが、砂利床がうまく機能しているのであろうか。

Fig-11　砂利床の断面

事例とその説明

◆ダイレクトゲイン（直接蓄熱）型

RC軀体の熱容量を活用したダイレクトゲインシステムで，吹抜けの居間の南側全面が集熱窓である。居間の北，東西側には個室群を配置して熱損失を減らすとともに，居間からの熱の供給を容易に行う。最大の集熱と最小の熱損失を意図した平面計画で，冬の効率的な集熱ができる。また，庇と両翼の壁によって夏の日射が完全に遮断される。

Fig-12　坂戸の家（井山武司）

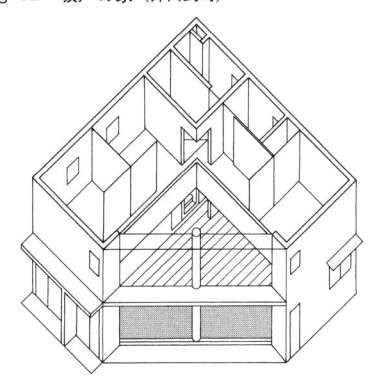

RC壁式構造の外側を断熱施工し，壁・床・屋根を蓄熱部位とするダイレクトゲインシステム，室内はほぼワンルーム形式で部屋の間の熱の移動が容易であり，高断熱と蓄熱の効果により室内温度分布は均一である。暖房の太陽依存率は70%。

Fig-13　つくばの家-1（小玉祐一郎）

夏は，南集熱窓前面のトレリスのつた植物が日射を遮蔽する。開放的なプランは，通風に有利で夜間換気による蓄冷効果も顕著。

Fig-14　つくばの家-1

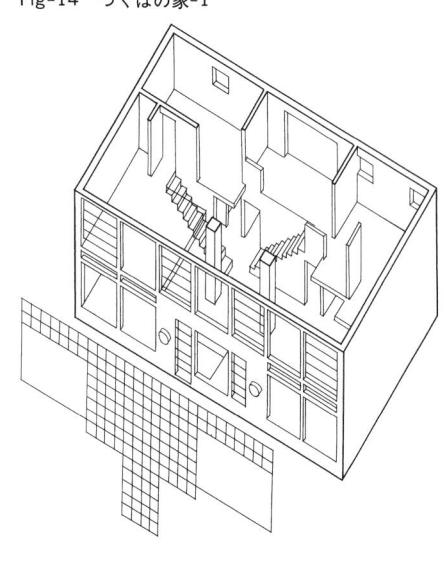

2階上部の大きな連窓から日射を取り入れコンクリートデッキに当て，そのタイムラグを利用して，ゆっくり室内へ放熱させる。他の床や壁も蓄熱用である。

Fig-15　荒谷邸（荒谷 登）

Fig-16　荒谷邸におけるヒーティングシステムとクーリングシステム

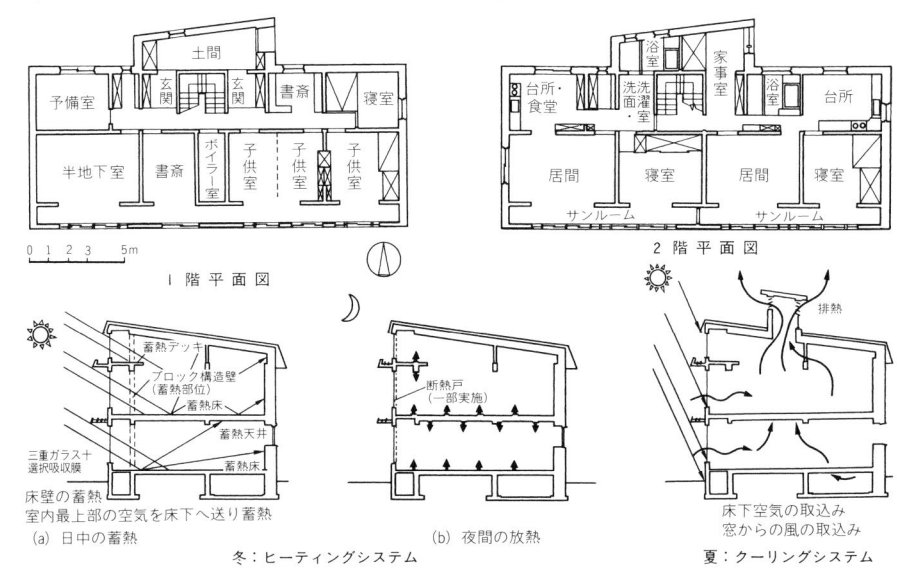

1階平面図　　2階平面図

(a) 日中の蓄熱　　(b) 夜間の放熱　　床下空気の取込み　窓からの風の取込み

冬：ヒーティングシステム　　夏：クーリングシステム

補足事項／コメント

◆**温室利用型**

Fig-17 は，温室で熱せられた空気を床下のロックベッドへ循環して蓄熱する。室内の床からの放射によって暖房する。循環空気を直接室内へ出さないので臭気やかびの心配はない。

Fig-17　バルコム邸（D. バルコム，S. ニコラス）

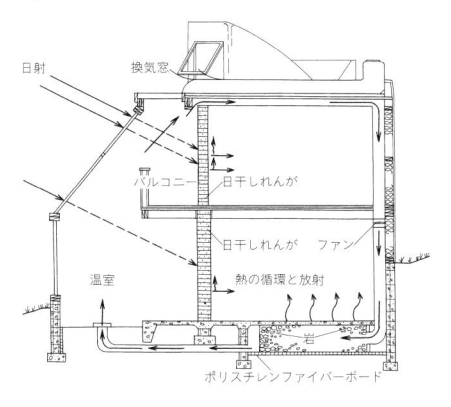

◆**床下空間利用型**

Fig-18 は，小屋裏が集熱室で，ここで生じた温風を地下室へ循環させ，地下室の壁と床へ蓄熱する。壁は外側断熱だが，床は断熱しておらず，大地と一体化されている。居室との熱交換は自然対流で行われる。

Fig-18　地下室への蓄熱（鈴木憲三）

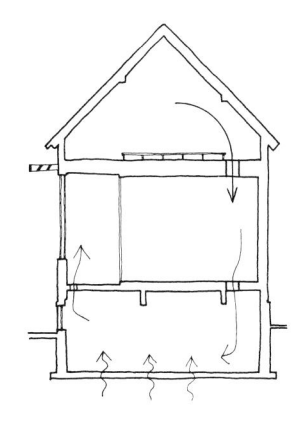

Fig-19, 20 は，家全体が二重壁構造で，壁の間の空気層の空気を自然循環させ，保温効果を得ると同時に，南側のサンルームで集めた熱を床下空間（地下室を含む）に蓄熱する。夜間の空気の流れは日中とは逆になり，熱が放出される。

Fig-19　ダブルエンベロープハウス

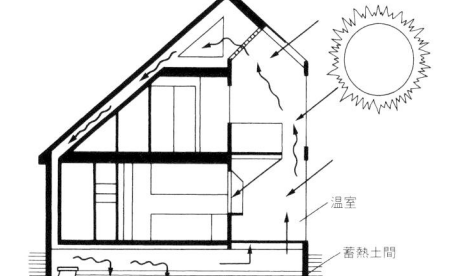

Fig-20　ダブルエンベロープハウス断面

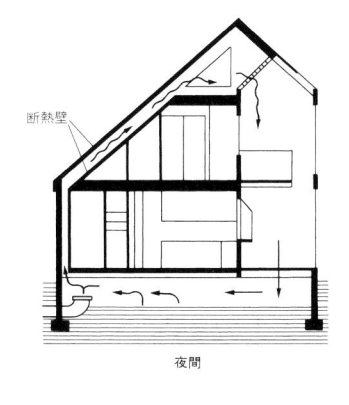

◆**床暖房の歴史**

朝鮮半島の伝統的な民家にはオンドルという暖房方式がある。床下に煙を通して床暖房をする方式である。同じような方式は古代ローマにも見られるが，普及度から見ればオンドルには遠く及ばない。この地方の民家は，夏の開放的なマルと呼ばれる空間と，床暖房を組み込んだオンドルと呼ばれる冬のための閉鎖的な空間を，必ずセットにして平面計画がされるところに大きな特徴がある。オンドル部屋は木造であるが，高床の床は石と土でつくられ，大きな熱容量がある。朝夕の食事の支度に使われる炉の煙道を床下空間につなぎ，煙の廃熱を床に蓄えて終日の暖房効果を得る仕掛けである。床は，土をコテで均した後，油紙を張って煙が漏れないようにする。

オンドルの起源は，中国東北地方の炕（かん）と呼ばれる暖房装置にあるといわれる。それが次第に南下してオンドルとなり，朝鮮半島の最南端の済州島まで普及している。さすがに済州島まで来ると，オンドルのシステムはややおろそかになる感は否めない。南方系の囲炉裏と共存していたりする。

しかし，この暖房装置は日本では普及しなかった。日本の冬は結構寒いにもかかわらず，ついに本格的な暖房システムをもたなかった。オンドルが日本で普及しなかった理由に，地震が挙げられることがある。地震で揺さぶられると地面から持ち上げられている土の床にクラックが入って，そこから燃焼ガスが漏れ出し，一酸化炭素中毒の事故が多発したためだというのである。

戦後になって，石油ファーネスと組み合わせた温風床暖房システムが吉村順三や奥村昭雄によって開発された。清家清らの温水床暖房システムとともにわが国の床暖房の先駆けとなり，ブームを引き起こした。吉村らの方式は今日の温風床暖房の基礎となった。

手法-11 窓の断熱・保温

ガラスは，コンクリートや鉄と並んで近代建築を支える三大建築材料の一つとされる。雨や風を保護しながら，視覚的には室内空間と屋外を連続させることができる，そんなガラスの特性はさまざまな建築形態を可能にしてきた。とりわけ寒冷地では，外気を遮断しながら広い眺望が得られることは画期的であった。室内でありながら，室外でもある巨大な温室に対して情熱をもつ中部・北方ヨーロッパ人は，水晶宮のような建築物をいくつもつくった。

ガラスは，外気を遮断しながら光を透過させることを可能にしてくれるが，その一方でガラス面を通しての熱損失が大きな問題となる。より広い床面積を暖房するようになるとともに，窓からの熱損失が無視できなくなった。暖房の省エネルギーのために，ガラス面積を小さくしようとした動きは，その端的な例である。

ガラス面を光が透過することは日射エネルギーの透過であり，その熱的利用を考えることが大切である。ガラス窓は暖房の熱源なのであるとすれば，その面積は取得する日射エネルギーと損失する熱のバランスによって決めなければならない。窓の熱的性能といえば，窓の断熱性だけが考えられがちである。しかし，問題はいかに多くの日射エネルギーを取得しつつ，熱損失を防ぐかである。日射エネルギーの取得量と熱損失量の関係は，地域の気候特性によって異なるから，最適な窓の大きさは多様である。加えて窓は通風のための主要な部位であることも忘れるわけにはいかない。

手法の原理

◆窓の断熱・保温

窓はほかの部材に比べて熱貫流率が大きいため，ガラスを通して出入りする熱エネルギーも大きくなる。窓ガラスから得られる日射は床などに吸収されて熱源となり，特に冬季には自然暖房としての重要な役割を果たす。その一方で，窓ガラスを通して熱が逃げて行くため，それをいかにして抑えるかが重要な課題となる。

◆ガラスの断熱手法

建築物の窓で用いられる窓ガラスの厚さは約5～10mm程度であり，ほかの壁体に比べると非常に薄い。ガラス自体の熱伝導率はそれほど大きくないが，建築部材として使用されるときの厚さは薄いため，断熱性の向上には複層化が基本となる（Fig-1,2）。

透明ガラスが1枚の場合に比べ，複層ガラスにすることで，熱の逃げやすさを約半分にまで減らすことが可能となる（Fig-3）。また複層ガラスの内側に低放射率膜を施すことで，断熱性はさらに向上する。

Fig-1 複層ガラスの構造

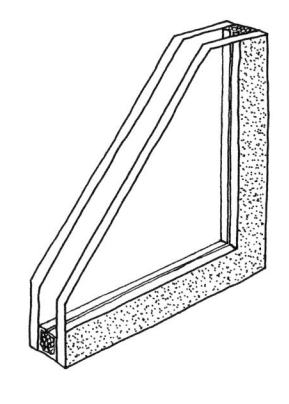

Fig-2 日射熱取得と窓の断熱

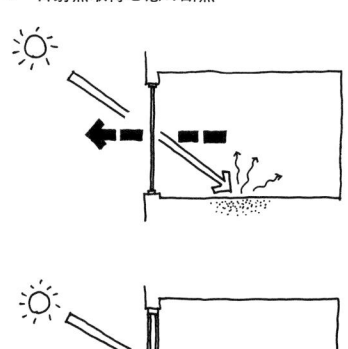

Fig-3 ガラスの種類と断熱性能

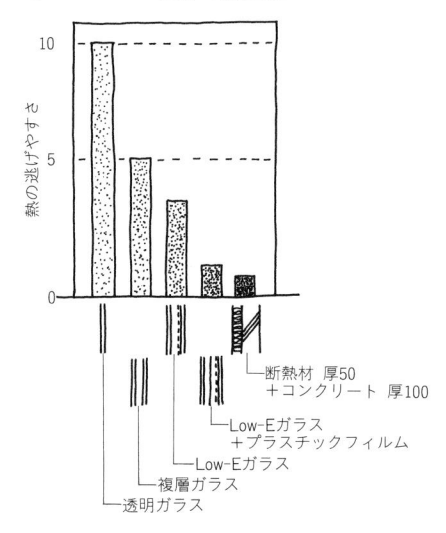

断熱材 厚50＋コンクリート 厚100
Low-Eガラス＋プラスチックフィルム
Low-Eガラス
複層ガラス
透明ガラス

◆窓全体の断熱手法

窓における各要素の挙動を，季節別，昼夜別に，促進させるもの，抑制すべきものに分けて考えると，要求される性能を理解しやすい（Fig-4）。昼間は日射を積極的に室内に取り込み，夜間は室内からの熱を逃がさないように断熱戸（Fig-5）で覆う方法がある。

Fig-4 窓における熱移動のコントロール

--→：抑制すべき要因
—→：促進すべき要因

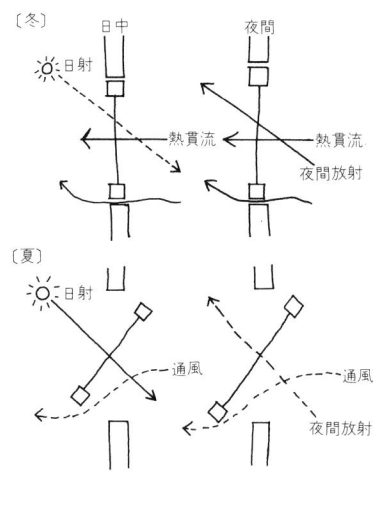

Fig-5 断熱戸

設計の要点

◆窓枠の断熱性

一般に，ガラス部分を除いた窓枠の面積は，窓全体の面積の約10〜15％を占めており，窓全体の断熱性を向上させるためには，ガラス全体の熱貫流率を抑えるばかりでなく，窓枠の断熱性にも配慮する必要がある。

アルミサッシは気密性に優れているが，アルミニウムという素材は熱伝導率が大きいため，ガラス自体の断熱性が増すと，サッシ部分での熱損失が相対的に大きくなり結露が生じやすくなる。

木製サッシは断熱性に優れているため，耐久性・気密性に対する問題を解決することによって，窓全体の断熱性はさらに高まる。また木製サッシではアルミサッシにはない独特の温かみが感じられるため，室内を暖かく過ごすための心理的な効果もあるのではないだろうか。

Fig-6　木製サッシとアルミサッシ

◆窓の断熱と建物の断熱

窓の断熱性に着目する場合，外壁の断熱性についても考慮する必要がある。建物側の断熱をしっかり行うことによって，断熱性の高い窓ガラスの性能を十分引き出すことが可能となる。Fig-7に示すように，窓の断熱性が良くても外壁の断熱が悪いと熱損失は抑えられない。

Fig-7　壁の断熱の大切さ

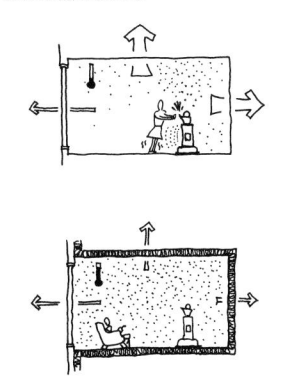

◆断熱戸の効果

窓の断熱性を高めるには，窓ガラス全体をふさいでしまう方法がある。断熱戸を設けることによって，窓からの冷放射や，窓側から床表面にかけての温熱環境を改善できるだけでなく，床表面と天井部分との温度差も小さくすることができる。

Fig-8　断熱戸の効果

Fig-9　可動断熱戸のバリエーション

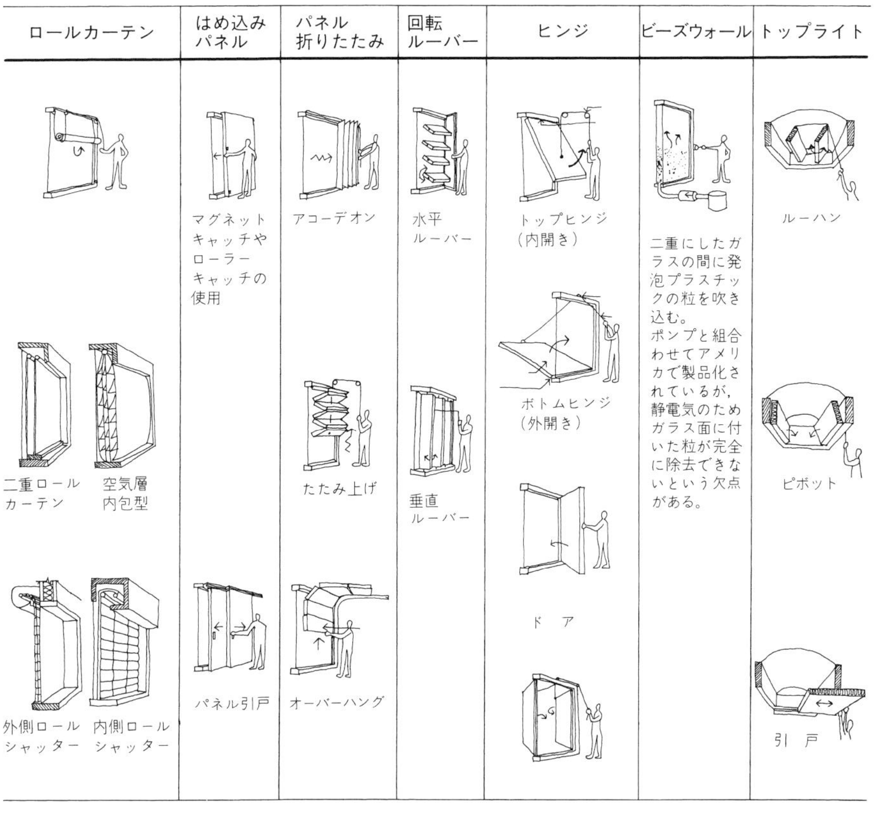

ロールカーテン	はめ込みパネル	パネル折りたたみ	回転ルーバー	ヒンジ	ビーズウォール	トップライト
	マグネットキャッチやローラーキャッチの使用	アコーデオン	水平ルーバー	トップヒンジ（内開き）	二重にしたガラスの間に発泡プラスチックの粒を吹き込む。ポンプと組合わせてアメリカで製品化されているが，静電気のためガラス面に付いた粒が完全に除去できないという欠点がある。	ルーハン
二重ロールカーテン　空気層内包型		たたみ上げ	垂直ルーバー	ボトムヒンジ（外開き）		ピボット
外側ロールシャッター　内側ロールシャッター	パネル引戸	オーバーハング		ドア		引戸

◆可動断熱戸の工夫

冬季で外気温が低く日射の少ない日や，日射が多く得られる日でも外気温が特に低くなる夜間などは，特に断熱戸を併用することによって室温の低下やコールドドラフト・冷放射を抑えることができる。

厚手のカーテンや障子などは，窓からの冷放射を抑えるのに多少の効果があるが，複層ガラスと比べると断熱性は良くない。より断熱性の大きな材料を組み合わせて用い，また気密性を高めることができれば，窓からの熱の逃げを抑える効果は大きくなる。

夏の日射を適度に遮るためには，外壁の外側を反射性の高い仕上げとする必要がある。

断熱戸のなかには電動式や熱感知式といった自動の開閉装置を備えたものもあるが，パッシブ建築では断熱戸の開閉も人の手で行うべきでなかろうか。そのためには，室内側から操作のできる単純な仕組みの断熱戸が望ましい。

◆特殊な断熱戸

シリンダーのなかにフレオンガスを封入し，熱によるその膨張・収縮力を利用してルーバーの開閉を行う。開閉は，熱を感知して自動的に行われる。

このような自動装置は，温室の排熱窓の開閉用などとして開発されており，その応用範囲は広い。

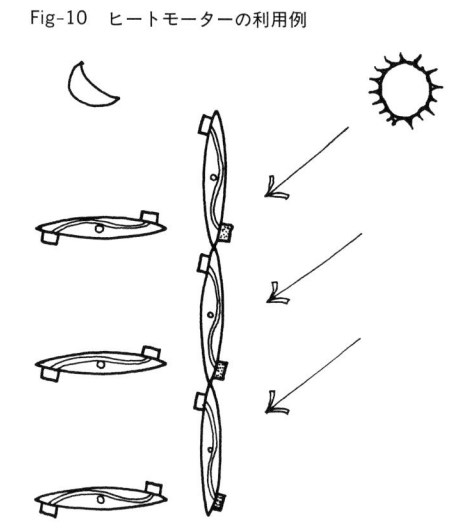

Fig-10　ヒートモーターの利用例

◆パッシブヒーティングと窓

日射を室内に積極的に取り入れることによって自然暖房を行うパッシブヒーティングシステムでは，窓は日射コレクターの働きをする。自然暖房の熱源とするため日射をたくさん取り入れつつ，窓を含めた建物からの熱損失を極力小さくすることが求められる。

太陽からの熱の取得は昼間に集中して行われるから，室内の熱容量が不十分である場合，日中はオーバーヒートを起こし，夜間に必要な熱を十分に蓄えておくことができない。日中のオーバーヒートを避けて，昼間に蓄えた熱を夜にもち越すためには，開口部の面積や日射の透過率・断熱性ばかりでなく，蓄熱する部位の熱容量とを併せて検討する必要がある（Fig-11）。

Fig-11　パッシブヒーティングにおける開口部と蓄熱部位の関係

事例とその説明

◆透明断熱材

　日射に対する透過率が高く断熱性に優れた材料として、エアロジェルと呼ばれる透明材料が開発され、一部で実用化されている。

　これは高温でゲル状のシリカを超臨界乾燥と呼ばれる特殊な方法で乾燥させてつくられる。体積の約98％が目に見えない小さな気泡で構成されているため、日射の透過性が高く断熱性に非常に優れている。エアロジェルは複層ガラスの間に密閉して用いられる。透明ガラスの熱の逃げやすさを10とすると、厚さ2mmのエアロジェルのそれは約1.5程度で非常に小さい。

Fig-12　エアロジェルガラス

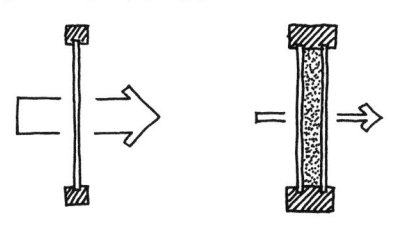

　エアロジェルを用いた窓ガラスは曇って見えるため、眺望を考慮する必要がある場合には不向きであるが、採光のための外壁材と考えれば、応用範囲は広がるであろう。

　Fig-13は、透明ガラスとエアロジェルガラスを併用した例。窓の上下にエアロジェル入りのガラスを設け、中央部にはブラインド内蔵の複層ガラスが用いられているため、断熱性を損なわずに採光を確保することができる。また、木枠の窓が暖かみを感じさせてくれる。

Fig-13　エアロジェルガラスと複層ガラスの併用

◆三重ガラスと木製建具

　寒冷地における窓は、1980年代の後半に急速に進歩し、複層ガラスの内側にさらにガラスを1枚設けた三重窓が一般的になりつつある。Fig-14は、三層ガラス入りのスウェーデン製の木製建具である。

Fig-14　木製三重ガラス窓

Fig-15　木製三重ガラス窓詳細図
　　　　（北海道建築工房）

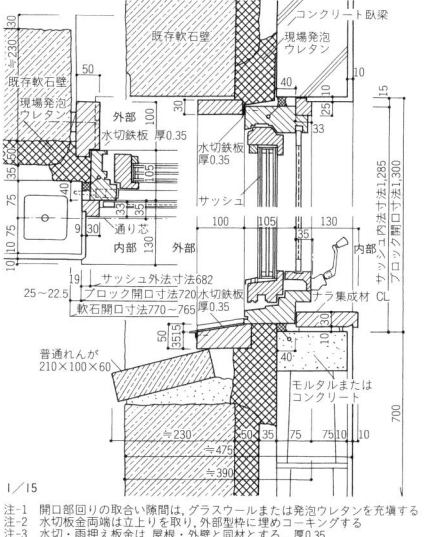

注-1　開口部回りの取合い隙間は、グラスウールまたは発泡ウレタンを充填する
注-2　水切板両端は立上りを取り、外部型枠に埋めてコーキングする
注-3　水切・雨押え板金は、屋根・外壁と同材とする。厚0.35
注-4　サッシュは、木製トリプルガラス
注-5　∥はコーキング施工部位を示す

◆窓の配置計画

　太陽から受け取る日射量は方位によって大きく異なるから、窓の配置をどのように行うかは、建築的手法の基本となる。どの程度の日射がどれだけの時間得られるのかを把握することが重要である。その後に窓の細かなディテールを検討する。

　Fig-16は室内の全面がガラスで覆われている例である。すべての面を覆うことのできる伸縮自在の可動断熱壁を設けることができれば、窓を任意の位置に設置することが可能となる。

Fig-16　可動断熱壁

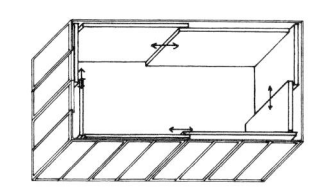

　室内に光を拡散させて積極的に昼光照明を行うのは、ブラインドの特徴の一つであるが、Fig-17は、断熱性も考慮した例である。気密性を上げるためにブレードの断面に工夫が見られる。

　Fig-18は、天井材を蓄熱体とし、ルーバーからの反射光を蓄熱し、夜間放熱させる。天井パネルに蓄熱材（溶融塩）を充填している。

Fig-17　反射・断熱ブラインド

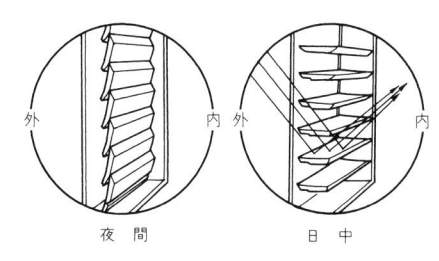

Fig-18　反射・断熱ブラインドの使用例

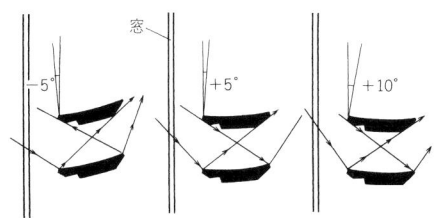

太陽高度に応じたブラインドの角度

手法-12 出入口と熱のコントロール

　出入口は人の通行を前提にしているので，開閉時には必然的に室内外との空気の入換えが伴い，換気による熱損失が生ずる。したがって，通行をスムーズに行いながら最小限の換気にとどめることが熱損失を最小限に抑えることになる。可動部分では，扉が閉まっているときでも隙間があるので，そこからの漏気による熱損失もできるだけ防ぐようにしなければならない。

　換気量は手法-24で述べるように，外の風の条件に大きく左右されるから，風向きと出入口の関係は大きい。

　一方，夏には通風を促進するために，ドアが開放される場合もある。ドアのディテールを工夫するのも一つの方法であるが，原則としては，専用の通風用開口部を設けたほうがよい。

手法の原理

◆ドアの開閉に伴う換気量

　一般に扉の開閉に伴う換気量は，扉が閉まっている場合の隙間による換気量の約2～3倍程度である。一般的な1.8×0.9 mの扉では，1回の開閉で約1.4 m³の換気が行われる。

Fig-1　扉の開閉に伴う換気量

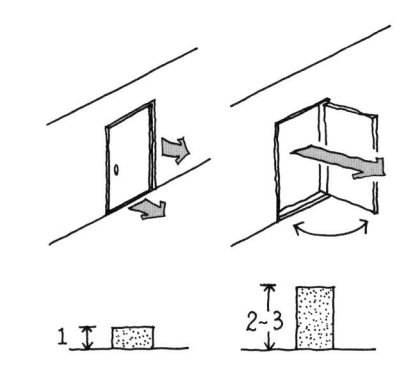

◆玄関の配置を考える

　玄関に直接風が当たるのを防ぐために，入口を季節風の方向からそらして設けるのが一般的である。季節風の影響を受けやすい方角に入口を設けなければならない場合には，風除けなどの工夫が必要である。

　外廊下式の中高層アパートでは，玄関の開閉時に風の吹込みを避けるための風除けが設けられる。

Fig-2　玄関を季節風から守る

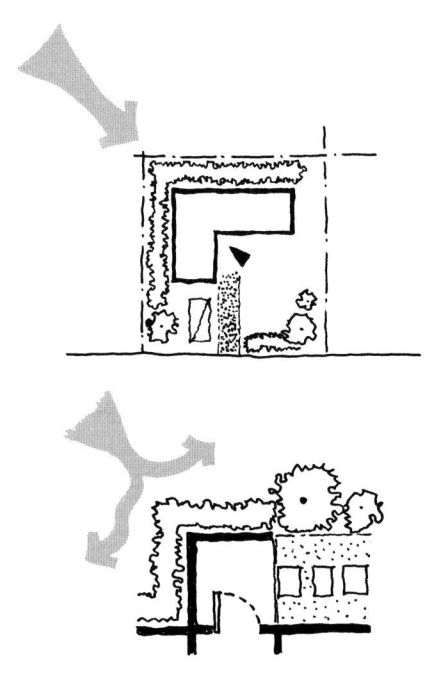

設計の要点

◆出入口を二重にする

　室内と室外との間に緩衝地帯を設ける方法として風除室を設け，出入口を二重にする方法がある。寒冷地では一般的な手法である。比較的大規模な建築や公共建築においても用いられることが多い。双方の扉を同時に開ける頻度は小さいため，開閉に伴う換気量を小さくすることができる。

Fig-3　出入口の風除けの工夫

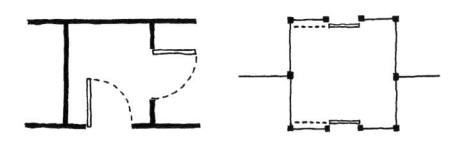

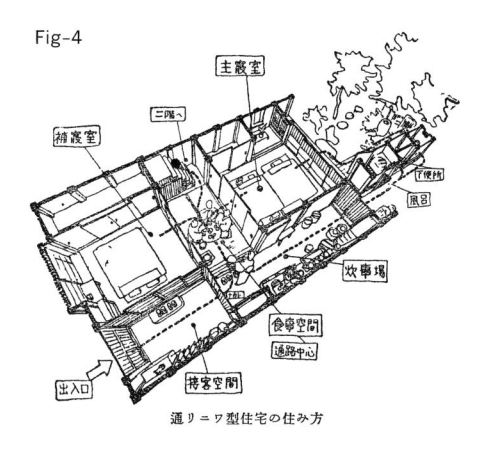

Fig-4　通り二ワ型住宅の住み方

◆断面計画を考える

　玄関を居室の高さよりも下げることによって，冷気が居室に入ることを防ぐ方法もある。風の吹込みを避けるための風除けとの組合せが大切である。

　玄関の開閉による影響は，基準の床高を約1 m上げるなどのレベル差を設けることによってほぼ解決できる。

Fig-5　冷気留まりを設ける

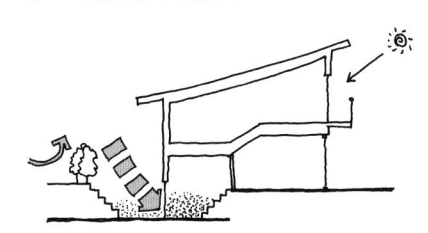

事例とその説明

◆出入口を風雪から守る

厳しい風雪から玄関を守るため，風除室ばかりでなく，玄関前の軒下に十分な空間を確保した山荘の例。倉庫を隣接させることで玄関の気密性や断熱性はさらに高まる。

Fig-6 山荘に設けた風除室
（ヴィラ・大黒柱，野村加根夫）

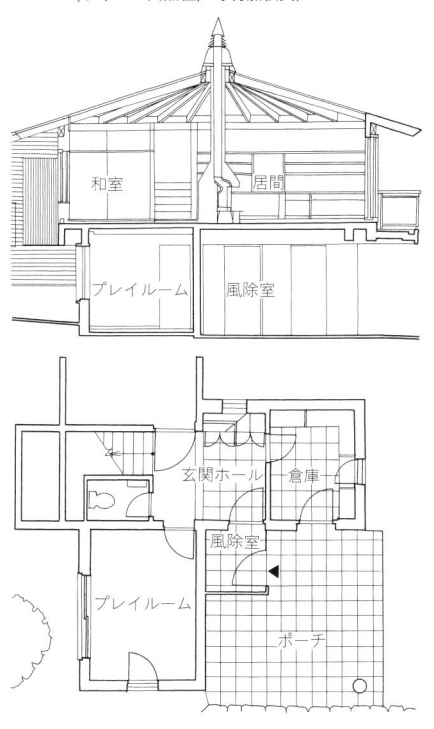

日本の伝統的な曲り屋の玄関は，冬の北からの季節風を避け，同時に雪の吹込みや，落雪などの影響を受けない位置に設けられている。

Fig-7 出入口の風雪からの保護

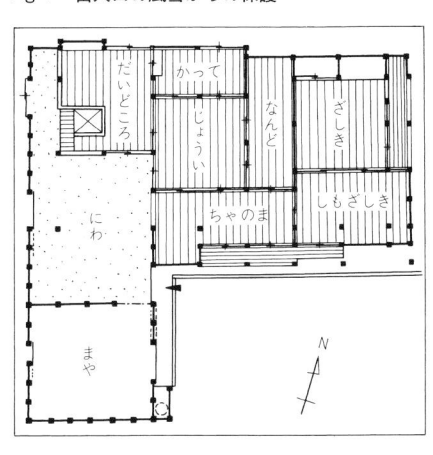

◆風除室を兼ねた回転扉

風除室は，不特定多数の人たちが利用する建物に多く用いられる。二重の扉によって気密性が高められるために，外気が侵入することによる暖房負荷の軽減が図られる。また遮音性能を高める効果もある。寒冷地では，吹雪や強風対策としても用いられる。

Fig-8 回転扉
（横浜ランドマークタワー，三菱地所）

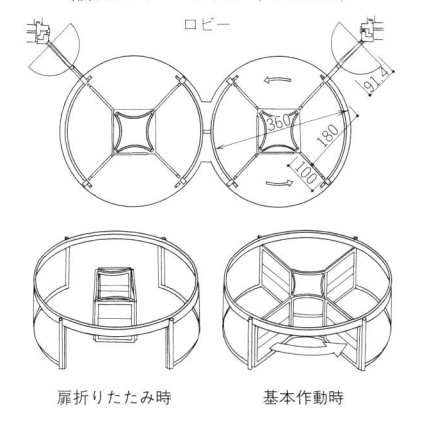

◆風の流れをコントロールする

出入口には，建物内部と外界との緩衝空間として風除室などが設けられることもあるが，その一方で室内に風を取り入れる開口部としての利用も考える必要がある。玄関と他の開口部との間に風の道をつくることにより，外気温が比較的高くても，通風効果により涼しさを得ることができる。

風向きと開口面が平行している場合，扉の開ける角度を適宜調整して，風を取り込むような工夫を心掛けることも自然とうまく付き合う方法である。

Fig-9 風を呼び込む

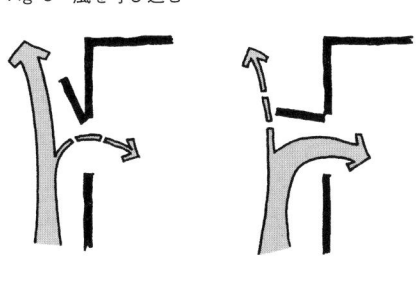

補足事項／コメント

◆水中にある玄関

建物の閉口部，特に出入口は建築としての顔の一部であり，そこに住まう人の暮らしぶりがうかがえる部分である。また訪れる人とのコミュニケーションの場となり，町並みの一部を形成することになる。

動物たちのすみかの出入口をみると，そこには敵に発見されにくいように，できるかぎり目立たない工夫がされている。

例えばカワウソのすみかの特徴は，出入口が水面下に設けてあることである。これはカワウソに限ったことではなく，ビーバーなども水中に出入口をつくる。このおかげで敵に捕まることなく安全な巣にたどり着くことができる。巣までの間には直径25cm程度の長いトンネルがあり，体に付いた水分は，ここを通る間に土の壁で拭き取られる仕組みになっている。巣室は水面よりも十分に高く乾燥した場所に設けてあり，出入口も水でふさがれているから，カワウソのすみかは外気温や日射の影響を受けにくい。巣の上部には敵に見つからないような小さな換気口が設けられている。

出入りするたびにわざわざ水中に潜らなければならない建物など，われわれ人間社会では考えられないことである。けれども敵から身を守るためにカワウソが考え出した水中玄関は，カワウソ自身にはなかなか快適な出入口なのかもしれない。これらの巣と玄関は何世代にも受け継がれるという。

Fig-10 カワウソの巣

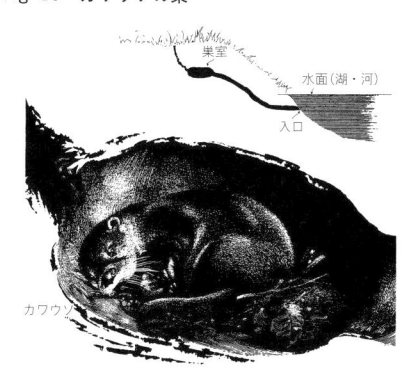

手法-13 日射のコントロール

地表面などに吸収された太陽の放射エネルギーは，最終的に熱エネルギーになる。太陽熱を熱の側面から見た日射のコントロールの方法は，熱の取得と熱の遮断という逆の立場がある。

手法-14 で述べるように，従来の昼光照明計画では，直射日光は考慮されていない。その背景としては，直射日光は変動が大きく，グレア（眩しさ）の原因となることである。また最近のオフィスビルなどでは，室内の温熱環境や光環境をできるだけ均一に保ちたいという要望から，日射の変動を「外乱」としてとらえることが多く，このような場合では，日射の存在が逆に邪魔であるかのようなとらえ方が一部でなされてきた。

これは空調技術の発達により，日射を建築的に遮蔽しなくとも，室内環境をある程度自由にコントロールできるようになったからであり，特に大規模な建物では，内部を年間にわたり完全に空調するということが主流となったためである。

しかし，日射量が一日や季節，年間を通して変化するのは，むしろ自然が豊かであることを意味し，われわれは窓を通じて天気の移り変わりや時間の流れを知ることができるのであるから，建築の設計においては建物の内と外を切り離して考えるのではなく，それらを結び付けるようにすることが大切である。

手法の原理

◆日射のコントロール手法

日射を遮る方法は，窓ガラス自体の材質による場合と，日除けを用いる場合とに大別され，日除けはさらに，内付け型と外付け型に分類できる。

日射による自然暖房を目的とする場合には，室内の温熱環境や光環境を損なわないように日射を適度に制御しながら，できるだけ多く取り入れることが大切である。

Fig-1 日射のコントロール手法と室内の温熱環境

◆日除けの種類と日射遮蔽効果

日除けにはさまざまなものがあるが，日射を効果的に遮るためには，室内側に日除けを設けるよりも外側に設けたほうがよい。可動式の日除けであれば，太陽の動き・日射量の変化に応じて室内に入る日射量を調整することもできる。

Fig-2 は右側の日除けほど日射の遮蔽効果が高いことを示している。

◆日除けの種類と室内の温熱環境

日射を適切に遮蔽することで，室内の温熱環境は改善され，無駄な冷房による化石燃料の消費を抑えることができる。

また日射を積極的に取り入れて自然暖房を行う場合には，熱容量の大きな部材に日射ができるだけ多く，また長時間当たるような工夫をすることが大切である。

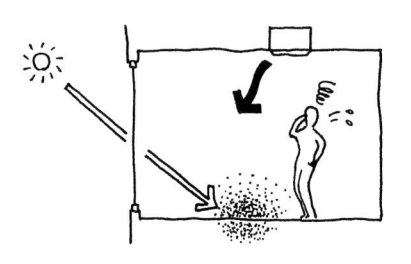

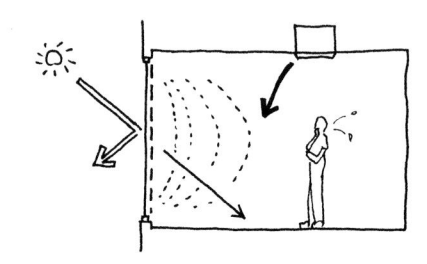

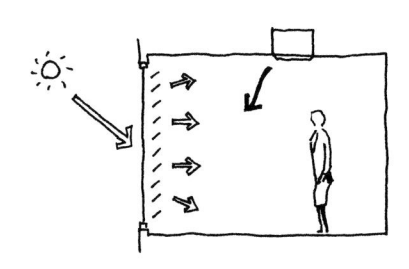

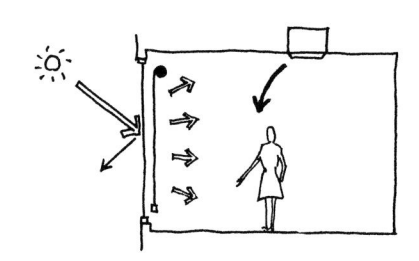

Fig-2 日除けの種類と日射遮蔽効果

透明ガラス
ロールスクリーン（明）
ロールスクリーン（暗）

設計の要点

◆太陽の位置と日除けの種類

日射を有効に遮蔽するためには，対象とする窓面に対して太陽が正対しているときには，水平型の日除けを用いるのが望ましい。また，格子型の日除けは日射の遮蔽効果が高く，眺望も比較的得られやすい。簾やロールスクリーンなどは，夏の早朝における東からの日射や夕方の厳しい西日を遮るのに有効である（Fig-4）。

◆熱線反射ガラス・熱線吸収ガラス

熱線反射ガラスや熱線吸収ガラスは，外部日除けほどではないが，日射をある程度遮ることが可能で，さまざまな建物に用いられている。これらのガラスは日射透過度が低いため，室内に入る日射量を削減することができる。しかし，これらのガラスは日射の吸収率が逆に高く，特に高性能熱線反射ガラスのそれは約80％近くにもなるため，ガラス自体の温度が高くなり，室内への再放射によって窓近くの温熱環境が損なわれることがある。

Fig-3　吸熱による再放射

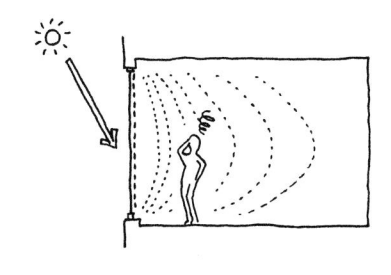

Fig-4　日除けの分類

凡例　○：適　⊗：不適

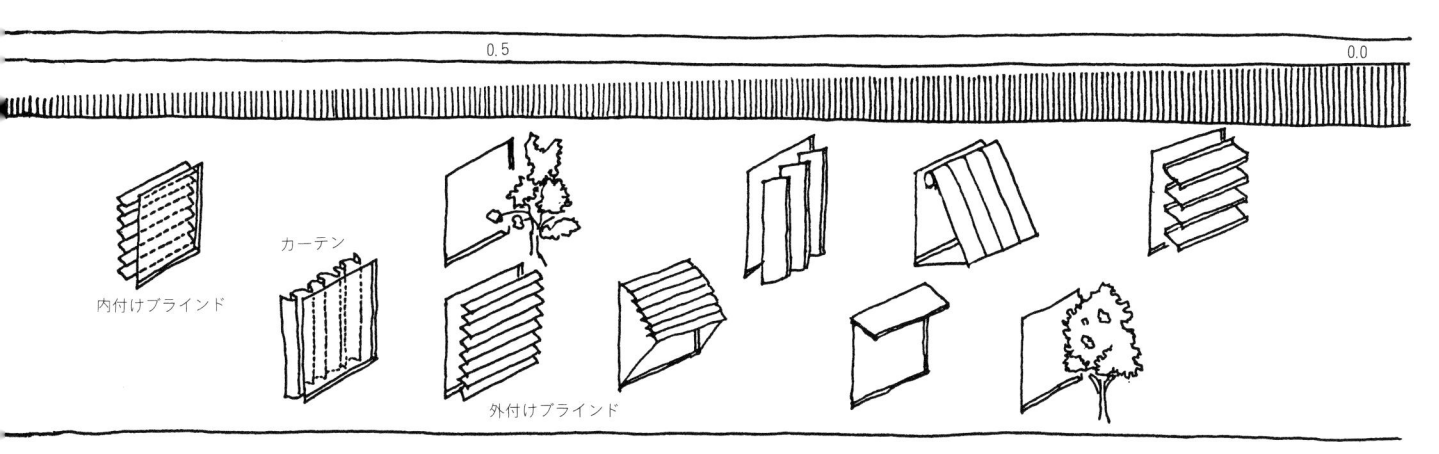

事例とその説明

◆**窓の形によるコントロール**

ガラス面を壁体より後退させて設けることによって（Fig-5），入射する光を制御することが可能となる。Fig-6はその一例である。

Fig-7，8は，東西の壁面に袖壁を設けることで，東や西からの日射を避けながら採光を行うことができる例である。

Fig-5 日射を遮りながら採光する

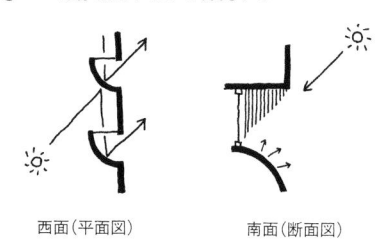

西面（平面図）　南面（断面図）

Fig-6 ガラス面を後退させて日射を遮る

Fig-7 西日を避けながら採光する工夫（ドイツ，ワイマールの市立博物館）

Fig-8 西日を避けながら採光する工夫

◆**庇によるコントロール**

Fig-9は，ガラスで覆われた建物の上に巨大な庇を設けた例。大きく張り出した庇は，太陽高度に応じて日射を適切に遮蔽するための機能は持ち合わせていないが，日中の太陽高度が高くなる夏季にはその効果が期待できる。

日射を適切に遮蔽するためには，一つの日除けに多くの機能をもたせるのではなく，複数の日除けを組み合わせ，季節や時間によって使い分けができるようにすることも大切である。

Fig-9 巨大な庇をもつ劇場（ドイツ，マインツの州立劇場，K. モビウス）

◆**中庭によるコントロール**

中庭を立体化する

Fig-10は，伝統的な中庭（パティオ）を中層の建物に応用した例である。各階ごとに交互に配置されたパティオは，階下の庇を兼ねている。

Fig-10 ローコスト中層高密住宅（G. キャンディリス）

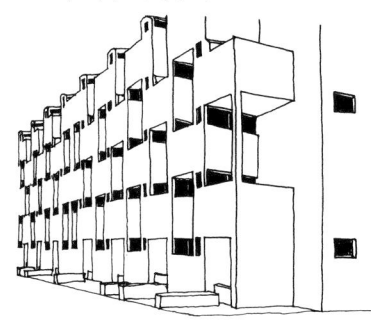

◆**外付けルーバーによるコントロール**

Fig-11は，外付けルーバーによる日射調整の例である。下段のルーバーは，窓面に対して左右に動かすことができるため，太陽の位置や室内の状況に応じて日射を適度に遮ることができるとともに，外部からの視線を防ぐ役割も果たしている。

適切な日射遮蔽機能と優れた意匠を併せ持つルーバーや日除けは，建築と自然の結びつきを強める。

Fig-11 外付けルーバーによる日射調整（ドイツ，カッセルの事務所，HHSプランナー）

Fig-12 外付けルーバーによる日射調整（ドイツ，フルダの事務所）

比較的大規模な建物で，日射遮蔽を目的とした外付けルーバーや日除けを設けた例は残念ながら多いとは言えないが，それらの効果をもう一度見直すことによって，適切な機能と優れた意匠を併せ持つ建築が可能になるのではないだろうか。

Fig-13 大規模建築の日除け（ドイツ，マインツの事務所兼住宅，マウアー・ウント・パートナー）

補足事項／コメント

◆格子ルーバーによるコントロール

日射のコントロール手法には，日射を完全に遮るだけではなく，光と影を巧みに利用する方法もある。

格子ルーバーを屋根面に設けた場合，太陽高度が高くなると，直射日光はルーバーをそのまま透過するが，日射を適度に和らげる効果もある。ルーバーの奥行を深くすれば，太陽光が格子をすり抜けて透過する時間を短くできる。適度な隙間のある格子状の庇を用いることで，外壁には太陽の動きに合わせた光と影が表れる。日射とうまく付き合える建築が求められる。

Fig-14　庇に設けたルーバー（ドイツ，ウルムの事務所兼倉庫，SGPストローエカー，グーター・ウント・パートナー）

◆サンスクリーンによるコントロール

ヨクトウ族は屋根の上にパーゴラを組んで直射光を遮断しながら通風を図っている。Fig-15，Fig-16の可動格子は，パーゴラになったりスクリーンになったりして，太陽熱のコントロールのみでなく，通風に対しても有効である。手で操作できることが，この空間への親近感を強くさせている。

フロリダのような，高温高湿ではあるが穏やかな気候をもつ地域のもとでは，厳寒や酷暑を防ぐための堅固なシェルターはイメージされない。

Fig-15　パーゴラの下に住むヨクトウ族

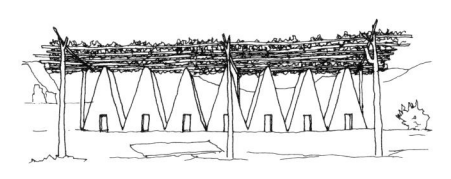

Fig-16　可動格子パネル（F.オットー）

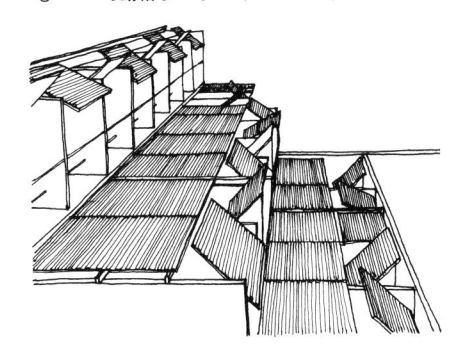

下の二つの別荘はきわめて開放的で，構造も軽快である。Fig-17，18がその例。外部の環境をごく自然に室内へ流入しているところなど，伝統的なわが国の家屋と共通するところが多いといえよう。

Fig-17　まゆの家（P.ルドルフ）

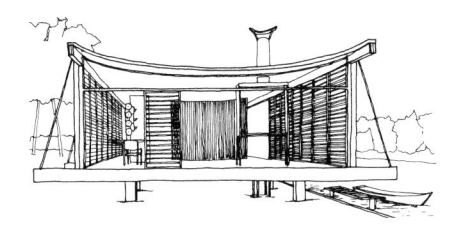

Fig-18　可動垂直ルーバー

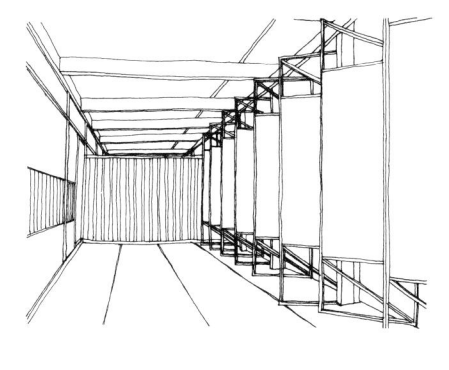

◆トンボの日射コントロール

わが国の焼けつくような日差しのもとでは，われわれは木陰で休んだり，建物の影を選んで歩いたりする。冷房の利いた建物のなかに入れば，照りつける日射と蒸し暑さを忘れることさえも可能である。しかし動物たちは炎天下のなかでも懸命に生きてゆかねばならない。特に変温動物である昆虫たちは，夏の厳しい暑さによって自らの生命を脅かされる可能性さえある。

例えばトンボは太陽や気温に応じてさまざまなポーズをとることがある。外気温が比較的低いときには，体を温めるために日射が全身に当たるような姿勢をとり，体温が徐々に上がりはじめて限界に近づくと，腹部を天頂に突き出したり，頭を太陽に向けたりして，日射の当たる面積が最小になるようにする。

Fig-19

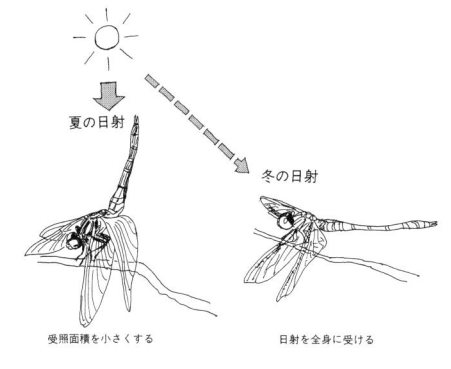

子供の頃の記憶をたどれば，誰もがこのような話を本で読んだり，図鑑で見たことがあるのではないだろうかと思う。これらの本にあらためて触れ，動物の暮らしを見直してみると，彼らの行動の一つ一つが理にかなっていることがわかる。それらはパッシブ建築や環境共生建築の基本的な考え方に通じていて面白い。

生き物の生活をじっくり観察することで建築・人間・環境を結びつける何かを新たに発見できるにちがいない。

手法-14
昼光の有効利用

今日普及している電灯照明が利用されるようになって100年足らずであるのに比べて、採光や昼光照明は人知の歴史とともにあったといえよう。古今東西を問わず、採光のために工夫されてきたいろいろな建築的手法がそれを物語っている。

昼光照明には、電灯照明には及ばない優れた特色がある。それは、太陽と空とがつくる微妙な変化を電灯照明で再現することがいかに大変であるかを考えればわかる。省エネルギー対策が国策の一つとして取り上げられ、昼光照明も再認識されているが、昼光照明を単なる電灯照明の代替と考えたり、単に均質で安定な光環境を求めるのではなく、変化しつつも調和のある光環境をつくるという視点が大切である。

昼光照明によって快適な光環境を得るためには、次のことに留意すべきである。
・いかに必要な光量を確保するか。
・いかに電灯照明に依存する割合を減らすか。

また太陽エネルギーの熱利用と関連して、
・冬に十分な日射を取得しながら、いかに眩しさを処理するか。
・夏に十分な明るさを昼光によって確保しながら、いかに余分な日射エネルギーの侵入を防ぐか。

手法の原理

◆昼光の有効利用

昼光を照明に利用するということは、地球上に降り注ぐ太陽からの光を、建築的な仕掛けやさまざまな材料の巧みな性能を利用して建築内部に導き、電灯照明とうまく組み合わせながら快適な光環境を実現し、かつ電灯照明による化石燃料の消費を削減することである（Fig-1）。

Fig-1 電灯照明と昼光照明の共存

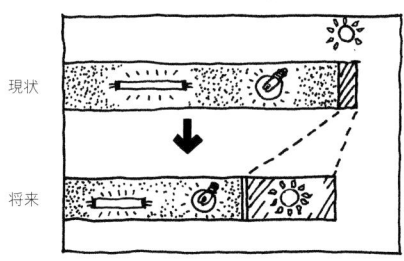

◆採光手法

直射日光を照明に利用する手法は、そのまま取り入れる方法と反射光を利用する方法に大きく分けることができる。

天窓や光庭、アトリウムなどによる採光は、光を室内に直接導き入れる方法である（Fig-2）。

Fig-2 建物と昼光利用

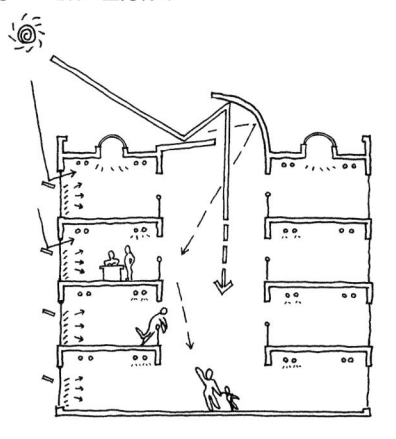

反射を利用する方法としては、ブラインドを用いるのが一般的な方法であるが、ライトシェルフを設けたり、窓の上部を外側に傾斜させ地物からの反射光を利用する方法もある（Fig-3）。この場合、天井面で光を一度反射させることが基本となる。また屋根に集光器を設置し、光の伝送ダクトを通して光を室内に導くことも可能である。

Fig-3 採光の手法

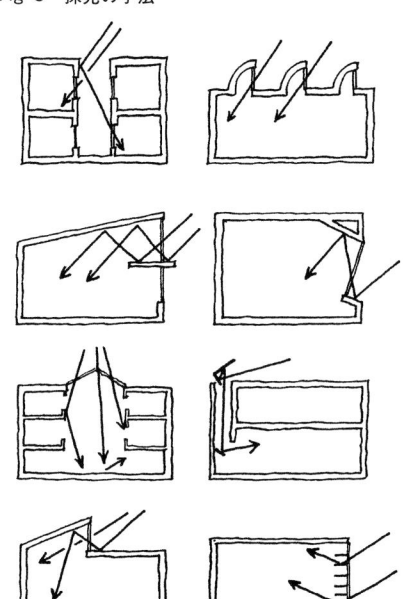

ロールスクリーンなどのように窓に設けた日除けを利用して、直射日光を拡散光に変えて室内に取り入れる手法もある。また簾なども日射の遮蔽ばかりでなく直射日光を適度に和らげつつ導入するのに役立つ。

最近では、光の方向をある程度変えることのできるプリズムガラスなどの材料も開発されている。その方向を自由に変えることはできないが、ブラインドなどを用いなくとも、光を室奥へと導くことができる（Fig-4）。

Fig-4 採光の手法

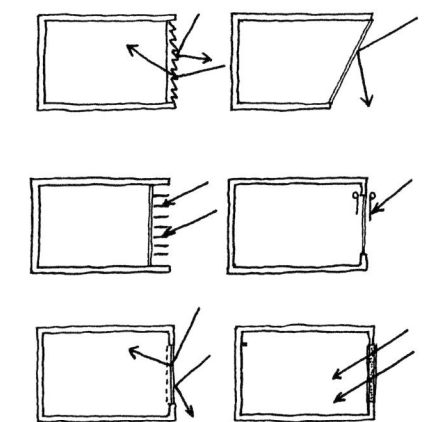

設計の要点

◆照明の方法

照明の方法は，大きくは天然照明と人工照明に分けられる。人工照明といえば，暗に電灯照明を指すことが多いが，昼光照明もまた建築の窓が適切に計画・施工されることによって得られる照明手法であるから，人工照明の一つに含まれると考えられる。

Fig-5 照明方法の定義

照明の方法	光の制御装置	光源	エネルギー源（現象）
天然照明	地球／雲	太陽／空	太陽（核融合）
人工照明 ― 昼光照明	窓・日除け	太陽／空	太陽（核融合）
人工照明 ― 電灯照明	照明器具	蛍光灯／白熱電灯／その他	火力発電所（燃焼）／水力発電所（落水）／原子力発電所（核分裂）
人工照明 ― その他	行灯	ろうそく／その他	植物油（燃焼）／動物油（燃焼）

◆暴露照度の大切さ

昼光を有効に利用するためには，昼光の導入ばかりでなく，明るさと暗さの双方を共存させることも重要である。

適切な昼光の制御があまりできていない室内は，窓側だけが明るく室の奥が暗いために，明るい廊下から室内に入った場合，入室者に不快な印象を与えてしまい，電灯をつけてしまうことになる。

逆に，やや暗い廊下から，昼光が適切に制御され，照明されている室内に入った場合には，さほど暗さを感じることはなく，電灯をつけなくとも，不快に感じることはない。

Fig-6 昼光利用と暴露照度の関係

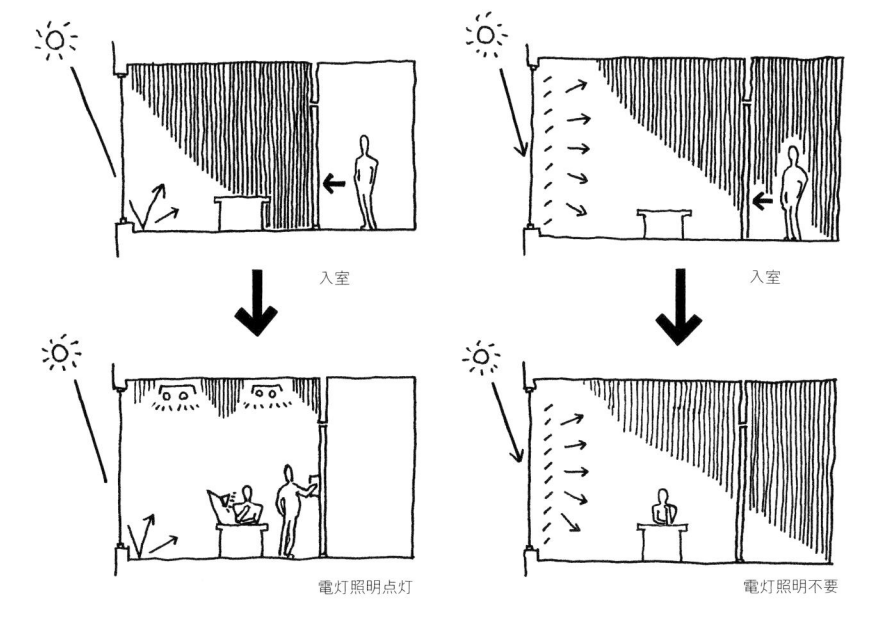

◆電灯照明と発電所の関係

電灯照明システムの評価に，エネルギーの質を考慮したエクセルギーの概念を導入し，発電所から電灯照明までのエクセルギー消費の流れを試算してみると，火力発電所に投入される化石燃料を100とすると，蛍光灯から得られる光は7であり，残りの93（100-7）は蛍光灯の光を取り出すために消費されてしまうことがわかる。この消費の結果，排熱・廃物が生み出されるが，それらを環境に捨てることが，環境問題の一因となっている。

Fig-7 電灯照明のエクセルギーの流れ

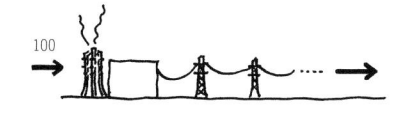

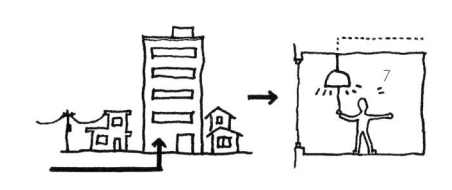

Fig-8 昼光照明のエクセルギーの流れ

太陽からの光のエクセルギーの概念を利用して同様に評価してみると，窓面に入射した日射を100とした場合で，そのうちの70が昼光照明として利用できる可能性があることがわかる。

電灯照明は，化石燃料がもつエクセルギーの大半を消費することによって成り立っているのであるから，太陽が顔を出している時間には，電灯のスイッチに触れているのと同じ感覚で昼光を適切に制御し，太陽の動きとともに時間の流れを感じ取ることができる余裕をもつことが，大切ではないだろうか。

事例とその説明

◆頂光

Fig-9が示すように，外壁側に設けたライトシェルフと天井につけた勾配によって，室内は昼光照明されている。利用されている光の90%は，高窓とライトシェルフから得られる。アトリウムは外気に面する外壁のほぼ半分ほどの光をもたらす。

Fig-9　ライトシェルフと勾配天井による昼光照明

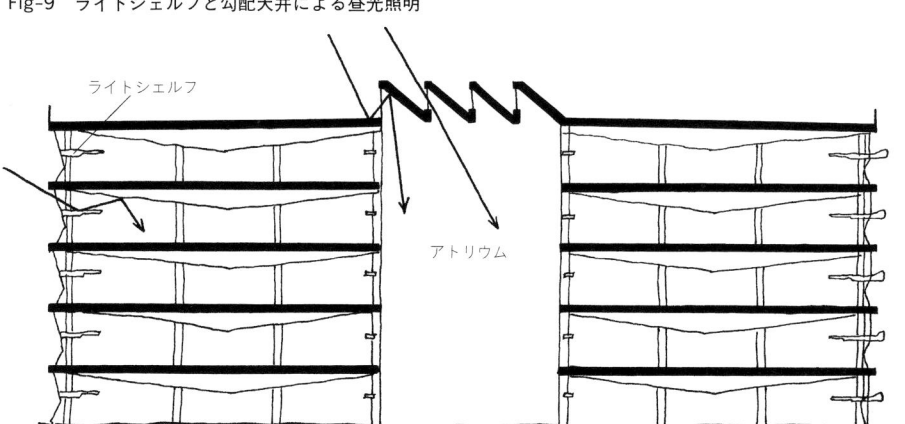

◆ライトシェルフ

特別な形のライトシェルフを設けることによって，昼光を積極的に利用した事務室空間をつくることができる(Fig-10)。

夕方になって直射日光が弱くなったり，天気の悪い日には，昼光照明はあまり期待できないが，晴れている日には積極的に昼光照明を行い，電灯照明は補助的に用いるような制御を行うことが大切である。

Fig-10　ライトシェルフの断面図

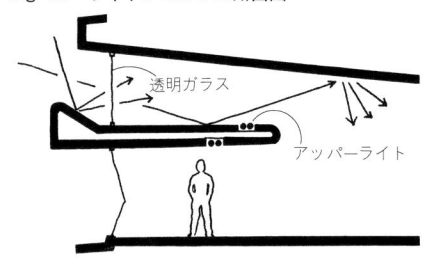

◆底光

地面からの反射光を取り入れる。直射日光は，外側に突き出た庇によって完全に遮られるとともに，地表面で反射した光が天井面に入射する。天井に反射率の高い材質を用いることで，室内は均一な明るさとなる（Fig-11)。

◆光を集めるための屋根の形

アトリウムに光を取り入れる場合，太陽高度にもよるが，直射日光をそのまま取り入れるのか，安定した天空光を取り入れるのかで，その手法は大きく異なる。また一年を通じて温暖で気温の変化の少ないところと，寒冷地や年較差の大きいところでも光の取り入れ方は大きく違っている（Fig-12〜14）。

Fig-11　サウスカロライナの工場（ロバート・アソシエーツ）

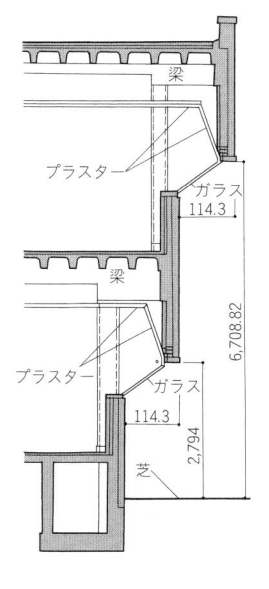

Fig-12　昼光の導き方と昼光を利用した大型店舗

直射日光を積極的に取り入れる

天空光を取り入れる

Fig-13　昼光の導き方と昼光を利用した大型店舗

Fig-14　昼光を利用した教室

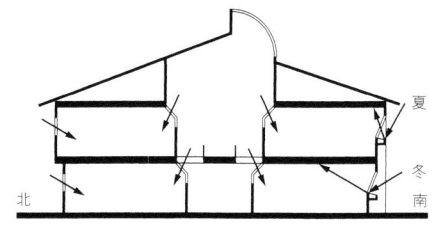

◆プリズムガラスと変形ブラインド

Fig-15は，その断面が三角形をいくつか水平に並べた形をしているプリズムガラスと，凸面を下に向けた変形ブラインドを組み合わせた例である。このプリズムは拡散光だけを屈折・透過させ，直射日光は反射させる役割を持ち，プリズムを透過した拡散光は，変形したブラインドの凹面で反射され，天井や室奥へと導かれる仕組みになっている。

Fig-15　プリズムガラスと変形ブラインド

補足事項／コメント

◆光と熱のアトリウム

このアトリウムは光を導き入れるためだけではなく、年間を通じて熱の緩衝地帯となる。夏は換気の経路として、冬は寒さを和らげる大きな中空層として活用する。

Fig-16　自然光を取り入れた例

◆遮光

細い木や竹を一定間隔で縦横に組んだ格子戸は、室内に取り入れることのできる光は少ないけれども、室内が外部から見えないようにするのに役立ち、かつ室内から外部へある程度見通せる優れた遮光材である。これはコントラストを巧みに用いた昼光利用の一つの方法である。

格子戸や障子などに見られるように、建物の内と外を完全に切り離すのではなく、適度な隔たりを確保しながら、光を取り入れることのできる部材を活用していることは、日本建築の特徴の一つである。

Fig-17　高山の町家

◆縁側や庇のある伝統的建物

縁側や大きく張り出した庇がわが国の伝統的建築の特徴である。これらは昼光を積極的に利用しようとする目的からすると、むしろ逆効果のようにも見えるけれども、室内に導入する光は天空からのみ得られるわけではない。地表面で一度反射した光を活用する方法もある。

白砂を敷いた石庭は、夏の強い日差しを受けると眩しいほどに輝く。深い庇は、直射日光を遮蔽し、石庭から反射した光だけを天井に導き入れる効果がある。

Fig-18　庇や軒のある伝統的建物

天井に金箔を施した伝統的建築を見るとき、われわれはその技術ときらびやかさだけに目を奪われがちだけれども、室奥にも光が届くように地表面からの光を天井に反射させ、自然光だけで室内を明るくすることにまで配慮した先人たちの知恵と技術に、われわれが見習うべきことは数多くあるように思われる。

Fig-19　天井面からの反射光の利用（三渓園臨春閣）

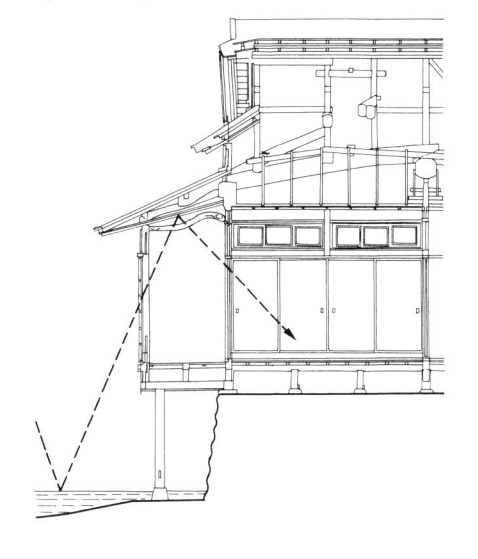

◆使い捨て可能な昼光照明

1980年代の終わりから、1990年代の初めにかけて、さまざまな分野で使い捨てをやめリサイクルを行おうとする動きが活発となった。ここでは昼光の有効利用を、使い捨てとリサイクルという二つの観点から見直してみたい。

電灯照明は、発電所に化石燃料を投入し、発生した蒸気でタービンを回し、それから得られる電力を使って成り立っている。この照明システムは、貴重な化石燃料を発電所に投入し、排熱・廃物を大気や海水に捨てて成り立っているから、電灯照明をどんどん使って化石燃料を使い捨てにしてもよいというわけにはいかない。

昼光照明もまた光としての太陽エネルギーを使い捨てにする照明方法である。なぜならわれわれが昼光照明として利用した光は、最終的にはどこかに吸収され、すべて熱になって環境に捨てられるからである。地球はこの熱を大気と水の循環によって宇宙へ捨てることのできる機能をもっているから、昼光照明は太陽からの光を使い捨てにしても何ら問題のない照明方法なのである。

使い捨てを維持するためには、原料資源とそれを製品に作り上げるための燃料資源を常に投入し続ける必要があり、それとともに生産過程で生じた廃物と排熱を捨てられるだけの環境が同等に必要である。使い捨てがさまざまな社会的弊害を生み出していることが少しずつあらわになり始めたので、われわれは、使い捨てに対する抵抗感を少しはもつようになってきている。その結果リサイクルを行おうとする機運が高まっているが、もしできることならリサイクルをせずに、どんどん使い捨てを続けたいというのが本音かもしれない。

窓に設けた仕掛けを使って、はるか彼方から届く太陽の光を巧みに利用した昼光照明は、窓に降り注ぐ光をそのまま使い捨てにすることができ、無理にリサイクルなどする必要のない素敵な照明手法である。

手法-15
伝熱タイムラグの利用

夏の暑さが冬にあれば，また冬の寒さが夏にあれば，それを利用して快適な環境が実現できる。半年間ずらして，夏に取得した熱を冬の暖房に使えるということがよい。また，1日のうちでは，昼の熱，あるいは高い温度を夜に移すことができればこれでパッシブなデザインができる。伝熱の変動にタイムラグを，しかも人間の望むラグを与えることができるのが理想である。外気温の年変動に対しては6か月遅れ，1日の変動に対しては半日遅れの室温変動が可能となれば，いうことはないのだが。

手法の原理

室温をどのようにコントロールするかは，断熱材と蓄熱材の寸法とともに，どの位置のどのように配するかによって，大きく異なる。それが建材に対して，外界の温度変動や日射変動からのタイムラグを生み出す。

◆断熱材の位置

コンクリート構造の場合，コンクリート自身の熱容量が大きいので，断熱材の入れ方によって外界温度の変動の影響が大きく異なる。すなわち，外断熱にするか内断熱にするかに依存する。Fig-1は，これを示したものである。冬の場合，外断熱ではコンクリート面の温度振幅は小さく保温性が高く，室内側は有効である。内断熱では，表面の変動は小さくなるが，内部結露のおそれがある。夏の場合，外断熱のほうが室内側でやや低い温度とすることができる。時間遅れは内断熱のほうが大きい。

◆断熱・熱容量と室温

暖房（加熱）の効果を断熱性の良否，熱容量の大小の組合せにより，室温はどう変動するかをFig-2に示している。断熱が悪いと変動が激しい。熱容量が大きいと，タイムラグが長くなる。熱容量が大きく断熱性がよいと室温の継続効果がある。

Fig-2 断熱・熱容量と室温変動

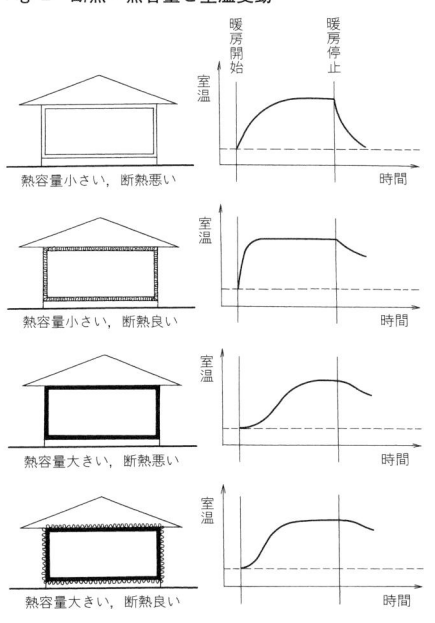

Fig-1 断熱層の位置とスラブ各部の温度変動

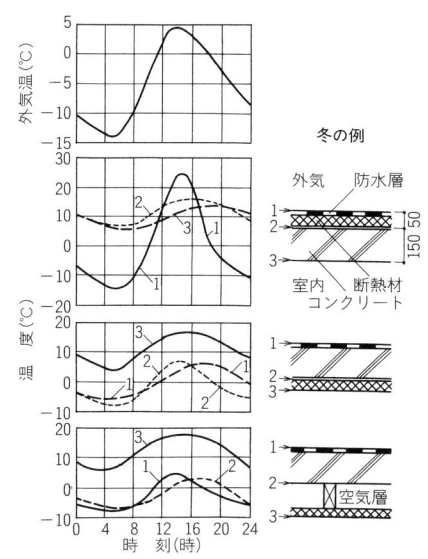

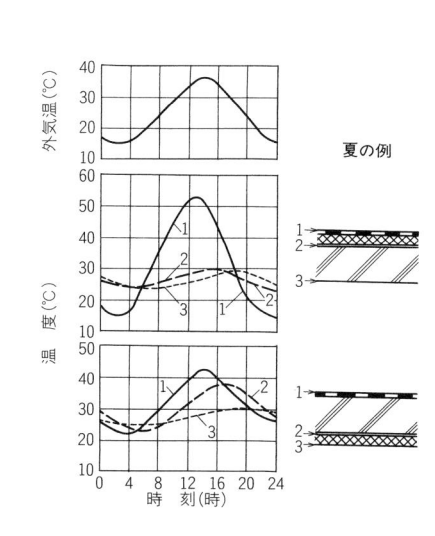

事例とその説明

◆半地下式の体育館

第1種住専のために半地下式でつくられた体育館である。外壁のほとんどが土で覆われていて断熱されている。熱損失がきわめて小さいと考えられる。また土とコンクリートの熱容量がきいてくるために，タイムラグもかなり大きいものと予想される。冷暖房は行われているものの，土による断熱と土とコンクリートの熱容量によって，室温が均一化され，負荷を大きく削減していると考えられ，アクティブパッシブの寄与と考えられる。

Fig-3 調布市総合体育館外観（久米設計）

Fig-4 環境調整手法の概念

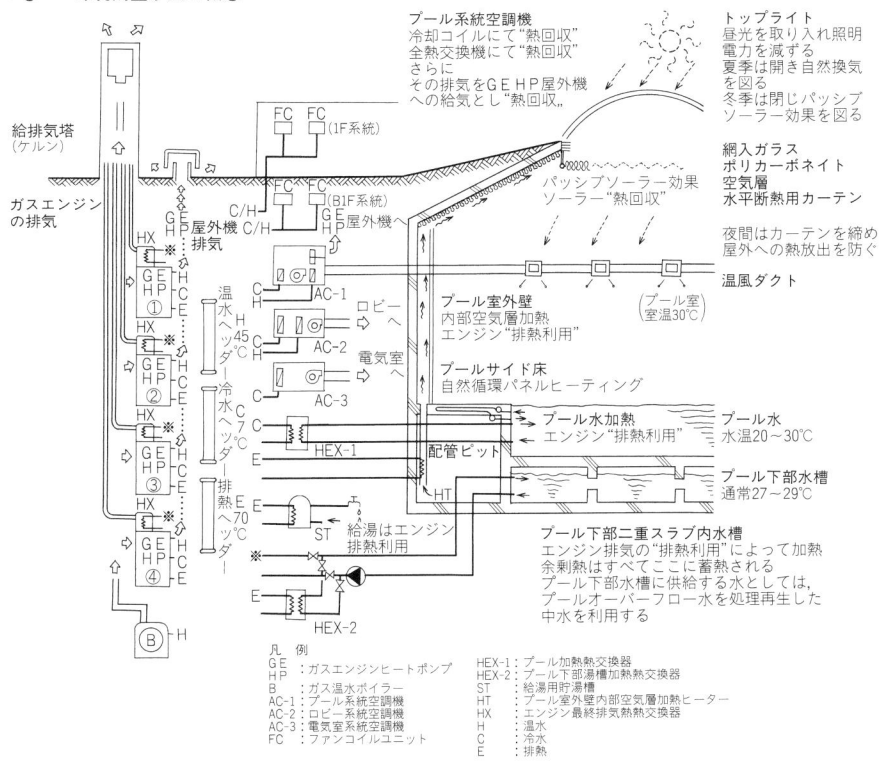

◆土蔵造り

土蔵は収容物の状態を一定にするため熱容量も大きく，結果的に断熱材も相対的によい。大きいタイムラグにより一定温度が保たれているといわれている。

Fig-5 川越の土蔵民家全景

手法-16

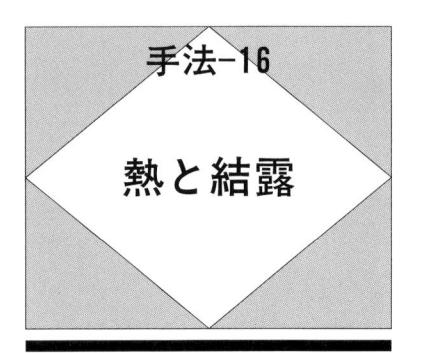

熱と結露

わが国は南北に長いため、暑さ寒さに対する対処も多様で、伝統的な住宅といわれているものの多くは、総じて冬の結露だけでなく夏の結露対策にも長じている。それは、夏型結露との共存という解決方法である。夏の結露は、水蒸気圧が高い状態で、ほんの少しの温度差（水上気圧差）によって生ずるので、解決策としてはその差を解消し、実害が出なければよしということになる。それゆえ、各部位は通気や換気による排湿、吸放湿性に富んだ材料の使用が主となり、断熱の目的は、室内側からの熱流失の阻止よりも外から侵入する熱の削減となり、開放型の遮熱になる。

寒さがある限界を超えると、その境界は不明確で判然としないが、冬型結露の防止に力点が置かれることになる。冬の結露は、外気と対象空間の気圧差、水蒸気圧（湿度）差や温度のむらが大きいために生ずるから、内と外の明確な区画（insulation and barrier）が肝要になる。それゆえ、構造軀体各部は、一方に開放、他方に閉鎖という通気と気密（断熱）化が計画の要点になる。冬型の断熱の目的は流出熱の縮減にあり、断熱の特徴は閉鎖型の遮熱になる。

手法の原理

◆保温処理と減湿処置

結露防止のための保温とは、該当箇所の温度を露点温度以上にすることをいう。
・断熱をして温度を上げる。
・暖房をして温度を上げる。
・高温・低湿空気を取り入れて温度を上げる。

結露防止のための減湿とは、該当箇所の湿度を飽和水蒸気圧以下にすることをいう。
・水蒸気の発生を減じて湿度を下げる。
・温度を上げて相対湿度を下げる。
・乾燥空気を取り入れて湿度を下げる。

◆防湿層の位置

冬型結露の場合、外壁の高温・高湿側（一般に室内側）の壁表面温度が露点温度以上になるように十分に断熱して表面結露を防止するとともに、高温・高湿側から壁内に湿気が侵入するのを防ぐために、高温・高湿側に防湿・気密層を設けて壁の内部結露を防止する。

常時冷房の場合は、外気側が高温・高湿になるので、冬型結露防止の壁構成と断熱層と防湿・気密層の配列が異なってくる。

冷暖房は、北米に事例が多いが、北欧の外壁のように厚い断熱層の間に防湿・気密層を設けると大変都合がよい。いずれにしても、防湿層の外気側は開放された空気層、室内側は透湿性の良い内装材による壁構成とし、断熱材の両側を透湿抵抗の大きい材料で被覆するのは湿気のトラップ効果を招くので避けなければならない。

Fig-1　防水層の位置

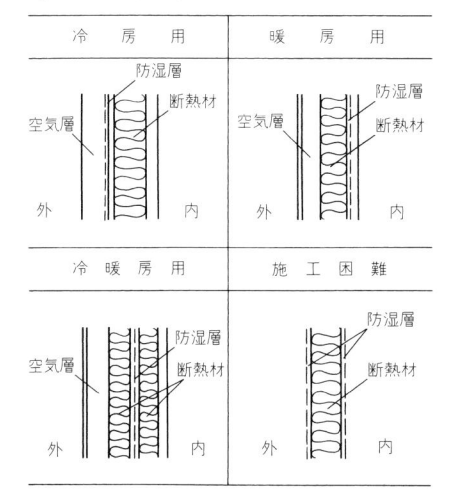

冷　房　用	暖　房　用
空気層／防湿層／断熱材　外／内	空気層／防湿層／断熱材　外／内
冷　暖　房　用	施　工　困　難
空気層／防湿層／断熱材　外／内	防湿層／断熱材　外／内

設計の要点

◆防湿と排湿の対策

・非居室（温度保持の必要がない最上階の天井裏、木造小屋裏）に対して、室内壁に断熱層がある場合（中空層のある外壁の場合もこれに準じる）。

非居室（中空層）の温度の低下が著しいので、水蒸気圧を下げる必要がある。

高温・高湿の室内側に防湿層を設け、低温・低湿の外気側に防水透湿材を用いる。

外気側も非透湿性の場合、小隙を設け除湿換気を図る。

Fig-2　非居室で内断熱の場合

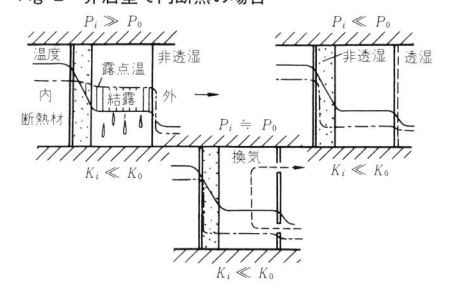

・非暖房室（温度保持の必要がない物置、折板屋根）に対し、出入口隙間があって湿気の流入がある場合。

室内側から湿気の流入があるので、外気側の徹底した開放化が望まれる。

空間の密閉化が高い場合、ファンによる外気導入を行って、湿気の流入を阻止して減湿する方法も一考に値する。

Fig-3　非暖房室で湿気の流入がある場合

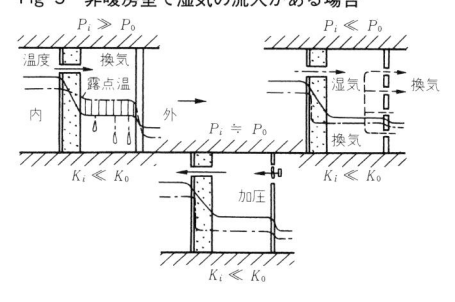

・非暖房の居室（温度保持が必要な押入、家具背面）に対し、室内側の透湿抵抗が無視される場合。

水蒸気圧の低下は望めないので、温度保持を心がける。外気側の伝熱面積を小に、熱抵抗を大に。室内側は伝熱面積を大に、熱抵抗を小に。換気や対流を促進し、外壁内表面温を高める。

事例とその説明

Fig-4 非暖房室で透湿抵抗が無視される場合

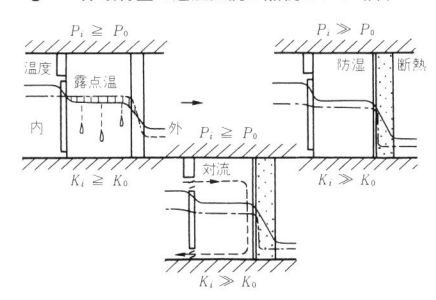

・非暖房の居室（温度保持が必要な一般居室，廊下）に窓や開口があって断熱だけでは保温が困難な場合。

断熱が弱い部位に集中して表面結露が生じる。それを解決するのは，弱点を緩和し，建物全体の保温に心がけること。

例えば，熱源を計画するか間仕切りを開放して非暖房室を解消する（部分暖房から全室暖房へ移行する）必要があろう。

Fig-5 非暖房居室で保温が困難な場合

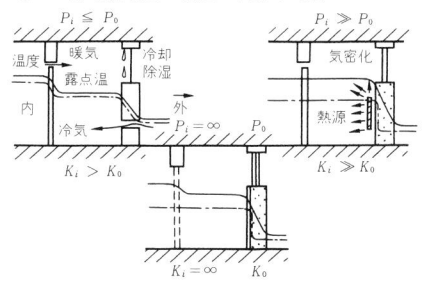

◆実害の防止

季節間の温度変動が大きく，その時間遅れを避けることのできない民家の土間では，吸湿性や潮解性に富んだ材料を混入させたたたき（三和土）にして，結露の実害を防ぐ。現代建築も吸湿材料を積極的に使用して，その調湿効果に期待したり，意識的に建物の一部に低温部分をつくり，夏の結露や冬の結露を集中させて調湿することも可能になる。もちろん，この場合は，結露水の処置のための事前の配慮が必要になる。

室内を負圧にして防湿層のない高密度の厚い断熱の壁を経由して新鮮外気を取り入れる考え方（dynamic insulation）も，一種の内部結露の実害防止手法であろう。

◆気密化が結露防止につながる

木造の場合，横間柱，先張り防湿層による気密化や床下地盤からの蒸散防止層の設置が結露防止につながる。

Fig-6 胴差しの先張り防湿
　　　――夏型結露の実害防止

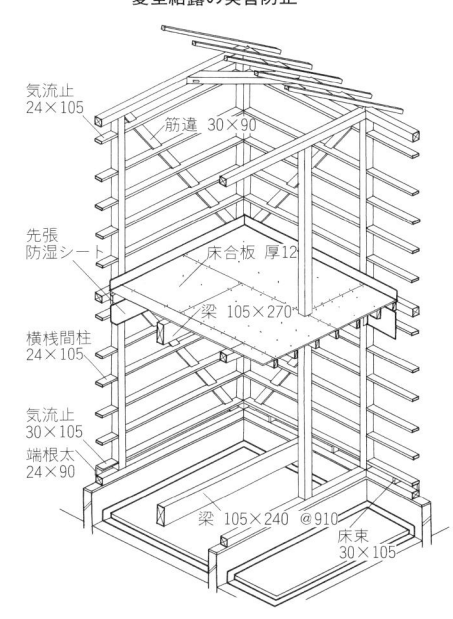

Fig-7 民家のたたき土間の吸水

Fig-8 石灰庫の外気取入れ管の結霜（陸別，高断熱公営住宅）

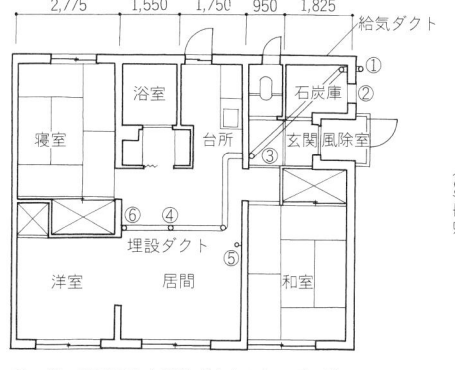

①→⑥：石炭庫から埋設ダクトになっている

◆透湿抵抗の配列順序を考える

透湿抵抗の大きい材料で構成されるガラス窓などは，高湿側から低湿側に構成要素の透湿抵抗を順々に低下させることが大切。

Fig-9 木製サッシ三重ガラス窓
　　　――結露除湿と結霜除湿（荒谷邸）

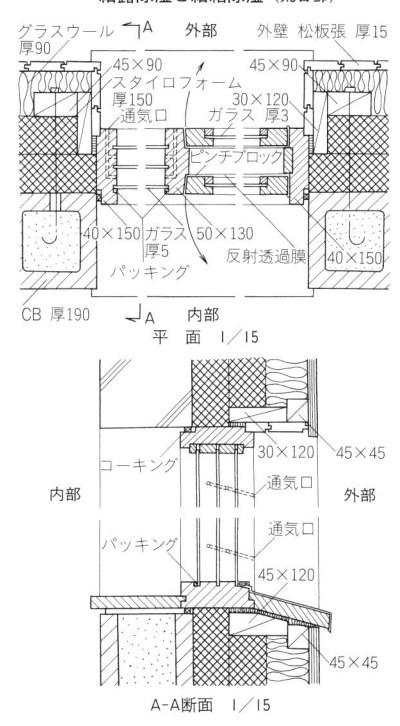

Fig-10 夏季の冷水循環による結露
（鬼清水：PSヒーター）

手法-17 建物の表面積と熱

建物の熱の授受は，そのほとんどが建物の表面を通して行われている。建物の規模は通常，その建築面積や床面積で表されるが，等しい面積であっても，取りうる形態は無限にある。形態を表す一つの指標として，表面積がある。建物の場合には，窓，外壁面積および屋根面積がこれにあたる。一方，室内と室外の熱の移動は，おもにこの部位でなされるから，等しい床面積であっても表面積の多少によって，その量は異なることになる。例えば暖房する場合，室内からの熱の損失は建物の表面積に比例するが，他方で日射を室内に導入する場合には，太陽高度，方位を考えて表面積を増大したほうが有利な場合もある。採光や視界の広がりといった点からみれば表面積が大きいほど良いのはいうまでもない。また，夏季に通風を図る場合でも，表面積が大きいほうが開口部を大きく取りやすいので有利である。風による建物全体の冷却という目的では，空冷エンジンの表面にフィンにみられるように表面積を大きくしたほうがよいが，日射による受熱も増えるから効果は相殺されるかもしれないし，冬季の熱損失の増大は避けられない。表面積が異なることによるメリット，デメリットを承知して形態を決定することが必要であるが，メリット，デメリットは，気候条件としての日射・風・外気温などによって異なってくる。

手法の原理

◆**建物表面積の大小による違い**

・建物の熱の授受は，そのほとんどが建物の表面(窓・外壁・屋根)を通して行われる。
・等しい床面積であっても，表面積の多少によって，熱損失，日射受熱量，採光や視界の広がり，日陰部面積，開口部の取りやすさなどが異なる。
・表面積を大きくした場合のメリット，デメリットについて Fig-2 に示す。
・夏季の冷却(放熱)を重視するか，冬季の熱損失を最小にするのか，通風・採光・眺望面のどれに重きをおくかにより建物のプロポーションが異なってくる。

Fig-1　表面積の増大に伴うメリット，デメリット

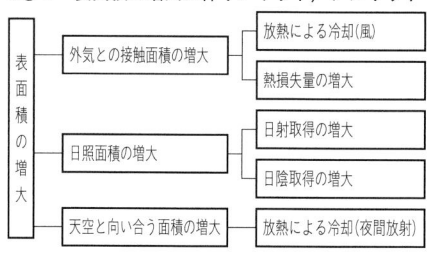

```
                    ┌─ 放熱による冷却(風)
       外気との接触面積の増大 ─┤
表                  └─ 熱損失量の増大
面
積                  ┌─ 日射取得の増大
の    日照面積の増大 ─┤
増                  └─ 日陰取得の増大
大
       天空と向い合う面積の増大 ── 放熱による冷却(夜間放射)
```

Fig-2　メリット，デメリットの対比

	メリット	デメリット
冷却効果(夏)	・放熱効果(ラジエーター効果) ・開口部の位置や面積が自在に取れる（通風・採光上有利） ・日陰部分を自在に取れる	
暖房効果(冬)	・太陽熱取得を増大できる	・壁・屋根を貫通する熱損失の増大

設計の要点

　表面積を大きくすることで，室内外での熱授受が増えることは，夏季においては，その工夫によって利点として作用する。

表面からの放熱を促進できる
例えば，
・6面とも外接する高床式住居
・れんがやブロックを使って外壁面や屋根面の凹凸を増やす手法がある。
・内部発熱が大きい建物において，放熱効果が期待できる。

開口部を自由に多く取れる
・表面積の増大は，取りうる開口面積の増大をもたらす。
・夏季の通風・採光の面での好ましい開口配置が可能となる。

日陰を多くつくることができる
・表面積を増やすことで，ひだの多い建物を可能とし，意図的に日陰部分を増大させることができる。
・パティオなどの中庭をもつ住居をはじめ，ミコノス島の集落などの大スケールの日陰利用の例も見られる。

Fig-3　日陰をつくる

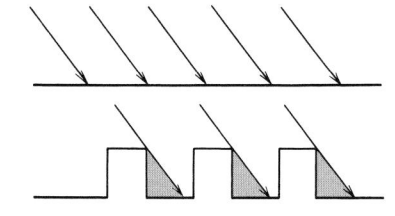

Fig-4　チズニの集落（大スケールの日陰利用）

Fig-5　ミコノスの集落

事例とその説明

・タイやインドネシアの高床式住居は6面が外気に接しており，表面積が大きい形をしている。開口部が取りやすく，通風に適している。床下空間にも十分な通風が確保できる。

Fig-6　タイの水上住居

◆**表面積の大きい超高層ビル**
・マレーシアの超高層ビル

Fig-7　メシニアガビル（ケン・ヤング）

◆**外壁面に凹凸を付けた民家**
・ドコン族の家/マリ
・ムースグースの農家/カメルーン

Fig-8　ドゴン族の家　Fig-9　ムースグースの農家

◆**パティオ（中庭）**
・アシャンティの家/ガーナ
・エル・ウェド/ナイジェリア

Fig-10　アシャンティの家　Fig-11　エル・ウェド

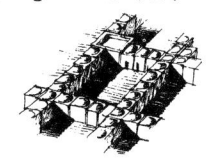

◆**屋上にベンチレーションブロックを敷き詰める**
小スケールの日陰利用で屋根日射受熱量の抑制に役立っている。
・那覇市立小禄南小学校

Fig-12　那覇市立小禄南小学校（末吉栄三）

◆**放熱器（ラジエーター）**
・TEPIA
建物屋上に設置されたヒートポンプの空冷自然冷却型の室外機
設備機器をデザインにうまく取り入れた例

Fig-13　TEPIA全景（槇文彦）

◆**半地下構造**
・大阪城ホール

Fig-14　大阪城ホール断面（日建設計）

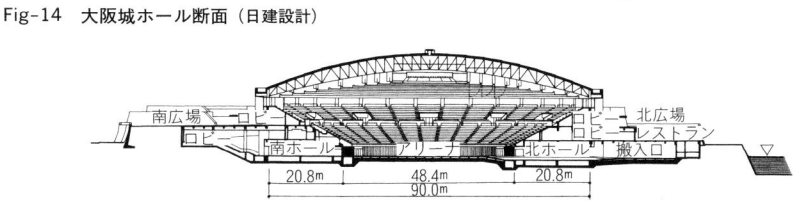

補足事項／コメント

集合住宅の場合，住戸ユニットを雁行配置したり，階段室をはさむ配置とすることにより，3面採光が可能となり，戸境壁面積が減少することで，騒音伝播などが抑えられて，プライバシーの確保が容易となる。南北に長い平面の住戸（長屋など）では，中庭や光庭を設けることにより，北側居室への採光が取れて，通風に有効な経路ができる。傾斜地に建つ建物は，凹凸面を上手に断面計画に取り入れることが可能である。積極的に自然との係わりをもつ「親自然型」の居住空間を志向するようなライフスタイルの流れに乗って，より開放的なデザインにシフトしていくと予想される。

（熱損失の減少）→手法-18
　球形，円筒形や八角形の建物も考えられるが，実際の使い勝手を想定すると，正方形平面の立方体が最も表面積は小さく，熱損失も小さい。
　半地下構造は外気に接する面が少ないので，熱損失が少なく，室温が比較的安定している。すべて地下に埋設するのではなく，建物北側のみ地中埋設する方法であれば，比較的良好な住環境を維持できる。

◆**イヌイットのイグルー**
最も表面積の小さい形である。熱損失は小さいが，半球状の室内空間の使い勝手には制約が多い。

Fig-15　イヌイットのイグルー

手法-18 空間形と熱負荷

熱負荷という尺度で室内環境を考えた場合，冬季に炬燵で十分しのげるのならば，それが最も少ない熱負荷ですむことになる。夏季については化石燃料を用いた機械式の空気調和に依存せず，十分な通風によって室内環境を調整するのなら，冷房の熱負荷はやはり最小となる。室温を無理やり一定にしたり，上げたり下げたりしないで，適当な幅で自然室温が変動するようにすることが，パッシブ的な熱環境調整手法といえよう。冬季について考えれば，一般的には平面・断面形をコンパクトにして，熱損失面積を少なくするのが有利である。日射を考慮して受熱壁面をなるべく多くしたり，相当外気温の上昇が期待できない非受照面については，断熱材の厚さを増すことが考えられる。暖房に関して熱負荷を論じる場合には，空間形だけでなく，暖房習慣などの住まい方との関係についても考えなくてはならない。例えば部分暖房の場合に空間形と熱負荷の関係は，外界環境との関係がどうなっているかが問題ではなく，ほとんどの場合，隣接する非暖房室との関係がどうなっているかが問題となる。

手法の原理

◆建物の高さと温度差換気

建物の高さと気密度が高くなるにつれて，温度差による換気量は増大する。建物の上部と下部に適切な開口を設けることによって，夏季における通風効果が期待できる。集合住宅の階段室・廊下・エレベーターシャフト・ダストシュート・集合排気塔の計画は慎重に行われるべきである。

Fig-1　建物の高さと温度差換気

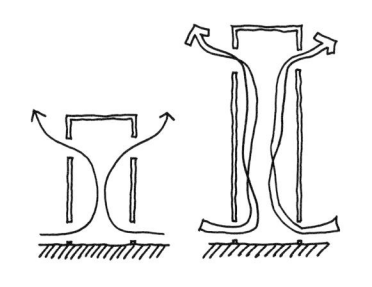

◆建物の形状と熱負荷

暖房時に建物から外気に流れ出て行く熱は，室容積もしくは床面積に対する外壁の面積が小さいほど少なくなる。したがって床面積が同じであれば，一戸建ての住宅よりも集合住宅のほうが外気に面する壁体面積は小さくなり，外気へ流れる単位床面積当りの熱量は小さくなる。

◆夏の熱負荷対策

窓面からの透過日射を減らすことを心がける。庇・軒，ルーバーや鎧戸など，できるだけ窓ガラス面の外側で日射制御をするような工夫をする。建物の外部の植生や，その他の工夫として，外壁面を後退させる方法なども考えられる（**手法-13 参照**）。

◆冬の熱負荷対策

単位床面積当りの外壁面積をできるだけ減らし，外壁面へ入射する日射が有効利用できるよう工夫する。建物の積層効果や暖房室の位置による工夫を行い，建物の方位・窓面開口部を日射ができるだけ得られる方位に設ける（**手法-17 参照**）。

◆1戸の熱損失面積を最小にする

切り出した氷のブロックでドームを構築する技術は周知の通りである。体積に比べて最も表面積の小さな立体は球である。それは外気に接触する面積が最も少ないことを意味し，外界の影響をできるだけ遮断する目的に適する形であり，最も少ない材料で大きな空間を覆う形でもある。砂漠地方に見られるドーム型建築もまたこの理由による。

Fig-2　イグルー

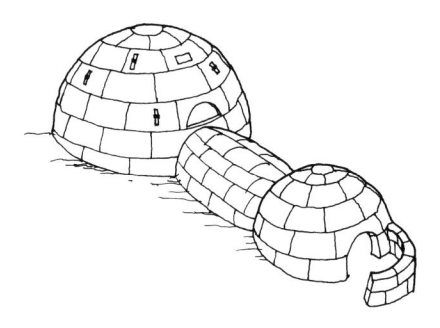

このような球状の空間の一つとして，釣鐘型の空間がある。積雪の処理，地吹だまりの解消にも役に立つと思われる。内部をワンルームとし，主居住域ほど上部へというようにすれば，垂直温度分布に応じた生活活動が可能になる。

熱損失を抑えるために，外壁の面積をできる限り減らす方法だけでなく，居室やそれ以外の用途の部屋をうまく配置して住み分けたり，建物の鉛直方向に生じる温度差を逆に利用する方法もある。

Fig-3　釣鐘形の住空間
　　　（野沢温泉ロッジ，U研究室）

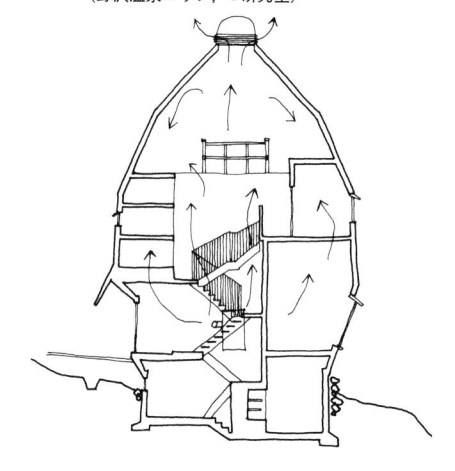

| 事例とその説明 | 補足事項／コメント |

◆集積の効果

　戸境壁を共有することによって熱容量は増大し，熱量の流出入を減ずることができる。

　プールのある中庭を囲んで，厚いコンクリート壁の展示室が配置されている。中小の空間を集めて大きなマスとするのは，高温乾燥地方の伝統的な手法である。外気を遮断し，日射を受ける面積を最小にして日陰を多くつくるためである。この中庭は，日陰と水および熱風の遮断によって，一種の緩衝空間を形成している。

Fig-4　シャンディガール美術館（B. マスーシ）

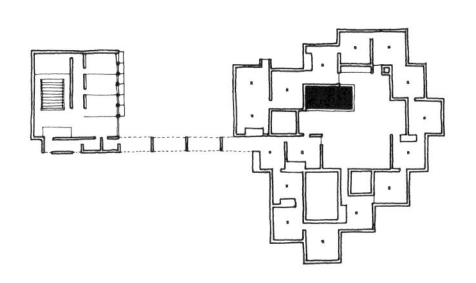

◆高床

　高床は夏季の湿気と照返しを防ぐうえで有効であり，床下からは適度な通風が得られる。また床下部分に日陰の空間をつくることができる。

Fig-5　奄美地方の高倉

Fig-6　アユタヤ（タイ）の住居

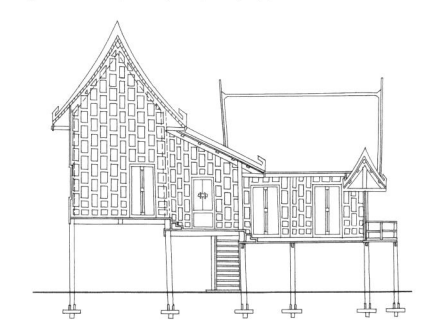

　タウンハウスの場合，独立住宅に比べて17%程度外壁面積を減らすことができる。

Fig-7　タウンハウスの例

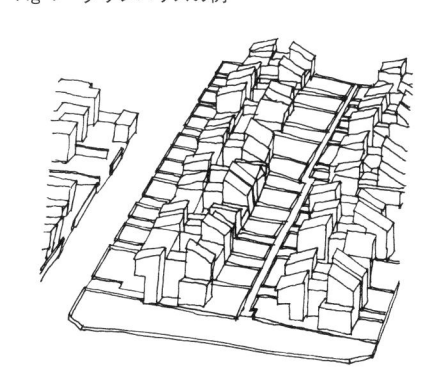

　同様の効果は積層長屋にも見ることができる。狭い敷地を，幾世帯かの合意のもとで分譲生活を営むとすれば，非暖房隣接室によるヒートブリッジ現象は減少する。

　蟻塚を思わせるタオス・プエブロ族の集合住宅。日干しれんがで出来ている。

Fig-8　日干しれんがの住宅

　屋根を土で覆ってしまった例。土には日射や外気温の変動を遮る効果がある。

Fig-9　土に埋もれた建築（世田谷区民健康村なかのビレジ，坂倉建築研究所）

◆巨大な巣を支える空調装置

　われわれが建物を建て，快適な環境のなかで生活したいと望んでいるように，動物たちもまた安全で快適なすみかを確保することに熱心である。彼らの巣のなかには巧妙でわれわれの想像を超えるさまざまな工夫を凝らしたものが少なくない。

　シロアリの中で最も大きな巣をつくるマクロタームの巣には，外気から新鮮な酸素を供給し，呼吸によって発生した炭酸ガスを排出する独自の空調装置が備えられている。この装置の心臓部は，巣の外壁に近い部分に上下に張りめぐらされた小さな管である。これらの管は，巣の表面に近いところにあるため，人間の皮膚呼吸のように外気との空気のやりとりが行えるようになっている。シロアリの活動によって発生した炭酸ガスは，巣の上部の空気だまりに一度集められたあと，これらの管を通る間に冷やされて下降し，シロアリが生活する下部の部屋には，新鮮な空気が供給される仕組みになっている。重力換気を巧みに利用したシロアリの生活空間は，この空調装置によって常に約30℃に保たれている。これらの機能を備えた巣をつくるシロアリが地球上に現われるまで，約1億年以上もの時間を必要としてきたという。

Fig-10　シロアリの巣

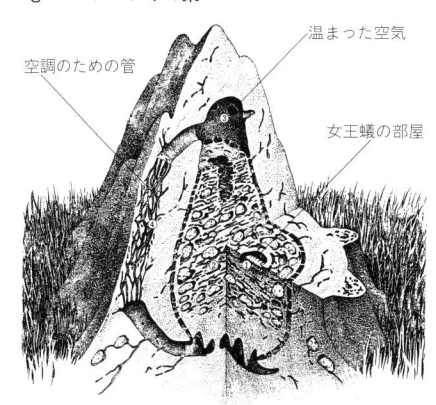

手法-19 空間構成と暖房方式

わが国の伝統的住居のあるものは茅葺き屋根，土壁，畳によって構成されている。湿気を外気側と室内側の双方に徹底して開放する建築材料の採用と，換気による積極的な排湿によって，夏型結露を防止してきた。それゆえ，建築材料自体に多少の断熱性があっても，気密性に乏しいという基本的な性格は，冬だからといって急に改めるわけにはいかない。したがって"住まいから寒さを取り除こう（暖房）"と考えるより，"直接的な暖かさを得よう（採暖）"という行為に走りがちになる。暖地での"囲炉裏，炬燵，排煙筒なしのストーブしかり，また，寒地といわれている地域の煙突付きストーブ"住戸の多くも，寒さを取り除くよりは，暖かさを得るほうに力点が置かれている。はなはだしい場合は，中央暖房でも採暖意識で計画されているのが現状である。

居住室は暖かさを逃がさないように計画するのが肝要であり，そのためには十分な断熱と空間構成への配慮が必要となる。暖房機の大切な機能は室全体を暖めることもさることながら，寒さを取り除くこと，湿度むらを解消することにある。

湿度むらのない室の空気温をはじめて室温と呼びうるものとすれば，それは「室の内と外が十分な断熱によって熱的に区画され，寒さ，暖かさの双方が取り除かれた空間にある」と，ここでは繰り返し強調したい。

手法の原理

◆暖房計画の基本
基礎室温の設定

結露防止のため，室温は最低で10℃以上に保たれていなければならない。室温の設定温度を下げれば下げるほど，自然エネルギーの利用効率は増大する。

- 非暖房室温度（基礎室温）の設定　　10℃
- 夜間の居室温度を設定　　　　　　　18℃
- 浴室・便所の室温の設定　　　　　　22℃
- 高齢者の居室温度の設定　　　　　　24℃

とする。

生活・暖房習慣

室間相互の温度むらを解消し，生活空間から時間・空間的な寒さを取り除く。

- 部分暖房から全室暖房へ
- 間欠暖房から夜間暖房へ
- 夜間暖房から連続暖房へ

高断熱・高気密化と空間構成

温度むらの成因となる熱損失の増大を防ぎ，床付近の寒さを取り除く。

- 窓面や壁体の断熱性能を十分に配慮
- 隙間風を防ぎ，計画的に換気量を確保
- 日射の受照時間に応じた窓面積を計画
- 主暖房室への環流冷気や冷気積層に配慮

熱供給・暖房方式と空間構成

直接的な暖かさを求める限り，居住室の寒さは解決できない

- 低発熱密度の放熱器を計画
- 複数熱源の分散配置（1室1放熱器）
- 放熱器の設置は窓下か低位置を選択
- 非居住空間を活用した冷気の排除

◆対流暖房と放射暖房

室空気を直接的に暖めると上下温度差が大きくなる。下降冷気流のカウンターフローをつくるのが対流暖房の役割（除寒器）。

暖かさの入手が容易な放射暖房は，採暖型の暖房方法。発熱密度を下げて面的に暖めると温度分布は減少するが，下降冷気流の阻止は難しい。

◆主暖房と副暖房（温度の演出）

高断熱・高気密住宅では窓面からの透過日射熱や生活発熱が主暖房熱源になる。しかし，幾日か連続する曇天日の受熱量の不足を高価な蓄熱設備で回避するよりも，自然温度で基礎室温の10℃を上回るか，寒くない室温18℃を確保できる副暖房の手当（中央暖房設備）をあらかじめ計画しておくことが望ましい。日が射さず，日中の18℃が寒ければ，躊躇せずに炬燵を使用すれば良い。寒冷地でも室内に温度むらがなければそれで十分にしのぐことができる。

◆冷気処理（除寒計画）

天井付近にある暖かさを取り戻すことは難しい。床付近の寒さを排除すれば，天井付近の暖かさは黙っていても居住域レベルまで降りてくる。

Fig-1 暖める努力よりも冷気処理の努力を
①やむにやまれぬ1室暖房
②断熱気密化努力
③暖房面積の増大
④還流冷気処理の努力
⑤冷壁面の限定化
⑥冷気の排出
⑦冷気の排除

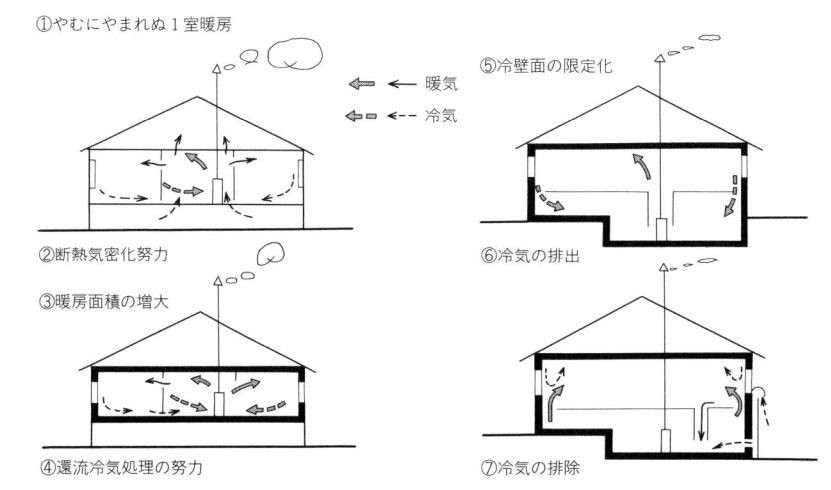

設計の要点

◆建物の熱損失を減らす

天候に支配され恒常的な熱取得が困難な日射に暖房熱の多くを期待するよりも，建物の断熱・気密に十分配慮し，建物からの熱損失を減らすことが，自然エネルギーの有効利用の最善の方策。"預金額が同じでもそれに対応する支出が少なければ家計は安定する"譬もあるように，パッシブな建築設計手法の前提は，重装備の集熱設備や蓄熱設備にあるのではなく，建物の熱損失を減らす断熱と気密にある。

◆上下温度や放射温度のむらを解消

外からの寒さ対応

外壁の断熱気密性能が向上すると，建物からの全熱損失に占める窓面の熱損失の比率が相対的に増大し，熱的に弱い窓面が居住室の居住性に与える影響も大きくなる。言い換えれば，断熱をすることによって寒さの源を限定することが可能になる。窓面の熱損失を減らすために，日射熱取得の少ない北側の採光窓面積を少なくしたり，複層ガラスの採用，Low-Eガラスの採用，夜間の断熱雨戸の装着を心がける。

Fig-2　暖房範囲と室温状況

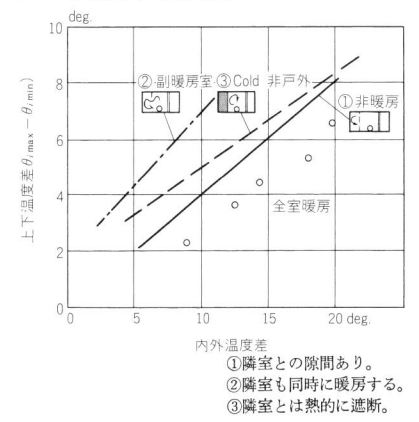

①隣室との隙間あり。
②隣室も同時に暖房する。
③隣室とは熱的に遮断。

内にある寒さ対応

主居住室（暖房室）の周囲に副暖房室や非暖房室があると，そこから冷気が暖房室に環流し，床付近温度が低下する。それを避けるためには，隣接室の寒さを取り除くか，暖房室，副暖房室，非暖房室相互の接続を工夫し，主暖房室への環流冷気，積層冷気の処理に心がける。

点状熱源から線状熱源へ

暖房室への供給熱量が同じ場合，放熱密度が低いほどその空間の温度分布は良好になる。具体的には熱源（放熱器）を発熱密度の低いベースボードヒーターやパネルヒーターにすると暖房空間の温度のむらは半減する。建物からの熱損失を減少させると上下温度差が小さくなる現象も熱損失の減少に応じて放熱器の発熱密度が低下することによる。熱源は分散配置，1室1放熱器が原則。熱源が線状になると冷壁（窓面）からのドラフトを阻止する直下設置が可能となる。

Fig-3　暖房方式と室温状況

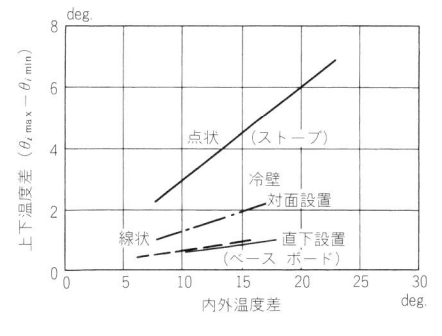

面状熱源には助っ人が必要

熱源が線状から面状になると，放熱器の発熱密度はさらに下がってくるが，それだけでは窓や冷却面からの冷気流の緩和や阻止は難しくなってくる。床暖房でも，例えば空気循環型ソーラーシステムのように温風を床下チャンバー経由で窓下吹出しにすると，換気量の確保，床暖房，ドラフト防止が可能になってくる。

あらかじめ，床暖房用と窓冷却面のドラフト防止用の2系統を計画すると，床暖房は暖かさ重視の採暖型から熱源分散型の除寒重視暖房へと変わることとなる。

◆温度の積層を生かす

・温気暖房の応用

暖房時に形成される上下の温度分布を利用する。暖気が対流する上階を主たる生活空間にして，環流冷気を下階（床下空間や地下室）に排出すると，主居住域の温度環境は良好になる。上階部分が高断熱・高気密化されている場合には，下階にストーブなどを設置すると，その上階に暖気を滞留させた温度積層を生かすことが可能になる。

北米の住宅では，温風暖房が採用されることが多いが，その原型はストーブを最下階（地下室）に設置した温気暖房にある。

Fig-4　環流冷気の改善例(1)

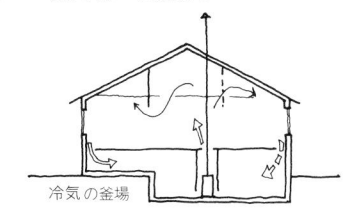

◆対流の循環を生かす

・換気設備と併用

周壁からの熱損失が無視し得るほど少ないか，あるいは主熱源が日射熱である場合，最上層空間から暖気が流失しても，その量が必要換気量に見合っていれば問題はない。必要な新鮮吸気は，いったん床下空間（地下室）に取り入れて，加温してから上階の居住空間に送り出せばよい。この手法は暖気を気球に取り込んで，換気を前提にして温度保持（浮力）を考える熱気球型の暖房ということができる。

Fig-5　環流冷気の改善例(2)

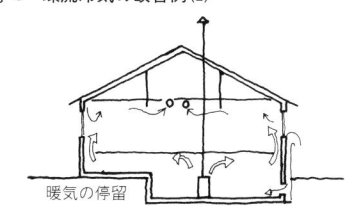

事例とその説明

◆裸火：暖炉とストーブ

暖炉にしてもストーブにしても，燃えている炎を直接見ることのできる暖房はなぜか，心が落ち着くものである。高断熱・高気密住宅では，裸火を主暖房熱源とすることは難しい。裸火を楽しむ暖炉を設置する場合は，できれば居住室とは独立した経路で燃焼空気と燃焼排ガスを処理するのが望ましい。燃焼室の空気取入れ口が居住室に開放されていることが多い暖炉のような場合には，排ガスが換気（排気）設備の動力源となるように計画する。

Fig-6 暖炉

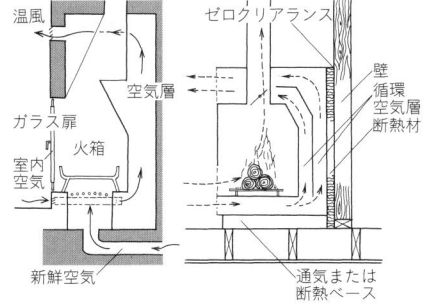

◆壁の一部としての設備

北海道でも最近は少なくなってきたが，壁の一部として設備される暖房装置にペチカがある。1基で複数室を暖房できる特色がある。燃料を選ばないので脱灯油化が可能だが，徐々に灯油ストーブの排ガス利用が多くなっている。燃料が灯油の場合，1l燃やすと水が1l生成するので，排道を通過する排ガスの温度が露点温度以下にならないように注意する。

Fig-7 ペチカ

◆床の一部としての設備

床の一部として設備される暖房装置に温突（オンドル）がある。隣国の韓国では，独立住宅ばかりではなく，近代的な中層の集合住宅でも床に温水管を埋設して（温水床暖房）温突と称している。なぜか，わが国では，ほんの一部を除き，古来より温突が取り入れられた形跡がない。朝鮮半島と気候や家屋の状況が微妙に違うのか，現在も本格的な温突の実施例に乏しいが，床暖房が好みでないというわけではない。最近では，床暖房の配管を金属管からポリスチレン管に替えた方式が採用されるようになってきて，床暖房が急速に普及している。

温水暖房の場合も，土間床の上にデッキプレートをおいて温風を窓下で吹き出すと，簡易床暖房と冷気の阻止が可能になる。

空気循環型ソーラーシステムは，太陽熱集熱器で加温した空気を床下空間に通して簡易床暖房と蓄熱を行っている。放熱器などによって居住空間が狭小化されることはないので，高気密化住宅で利用可能な暖房方式である。

◆対流循環型と非環流型

対流循環型にはストーブ室→上階居室→階段室→ストーブ室という経路をとる居室環流型と，最上部の温気を二重排道を介して機械的に搬送し，熱交換回収と温風暖房特有の上下温度差の解消を図るダクト環流型の手法がある。

Fig-8 飯綱山荘（長野市，日建設計）

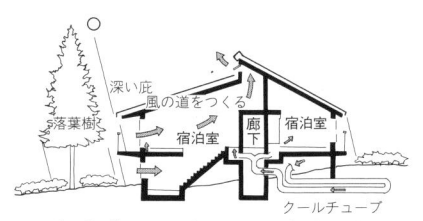

夏は木陰を通り抜ける風と，クールチューブを通して冷やされた外気を取り入れる。

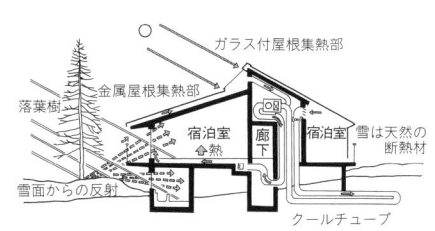

冬は屋根面で暖められた外気と，クールチューブを通して暖められた外気を取り入れる。

Fig-9 蓼科の山荘（奥村昭雄）

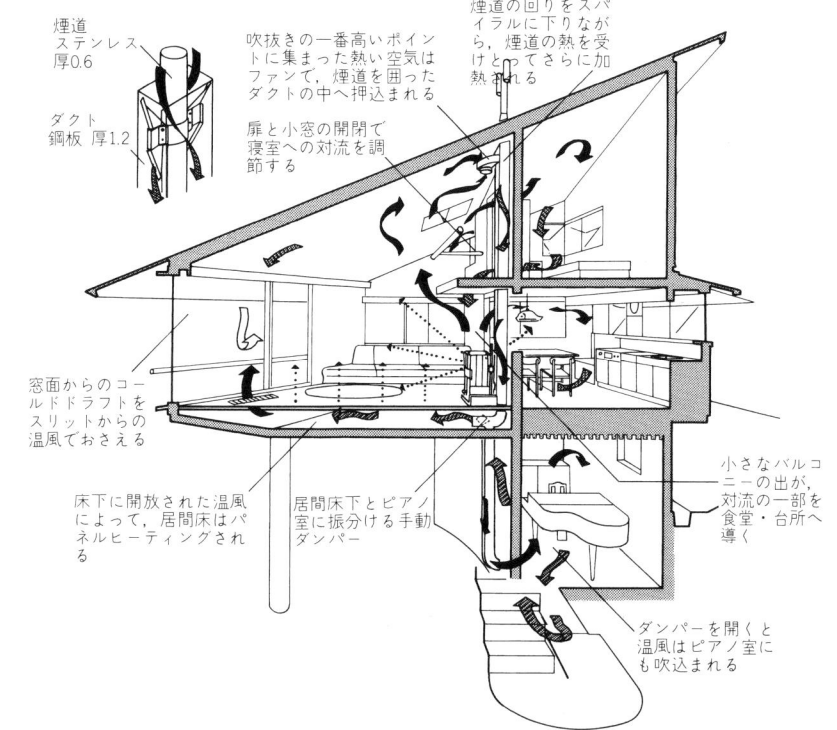

補足事項／コメント

ダクト環流型では，ストーブ放射の暖かさを期待しながら温風床暖房や窓面の冷下降流の積層防止を計画できるが，ストーブ自体の熱効率が60〜70%になっているので，過度の排熱回収をもくろむのは煙筒内結露の危険が増大する。むしろ，ファン動力に見合う程度の熱回収，サンルームからの熱配送，床暖房との併用，ドラフトの防止という副次効果に目を向けたい。

寒冷地であっても高断熱・高気密化を図ると吹抜け空間の計画が可能になる。それでもなお暖房時の上下温度差が大きくなることが予想されたときには，簡単なダクトとファンを用いて自然対流を適度に分流，誘導することで，温度の均一な分布を得ることができる。

非環流型の典型例にイグルーや竪穴式住居がある。温度の調整は最頂部の空気逃がしで行われる。煙出し換気分は床下部分から成層状に緩慢に補給されるので，温度環境が損なわれることはない（displacement換気）。

高断熱・高気密住宅でワンルーム化が可能であれば，一考に値する空間構成になる。

Fig-10 小樽T銀の実験住宅（都市住宅研究所）

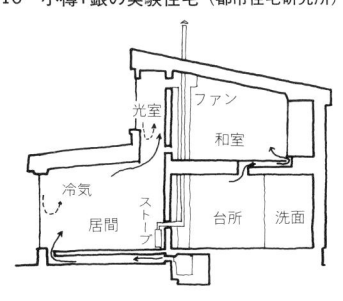

Fig-11 イヌイットの家

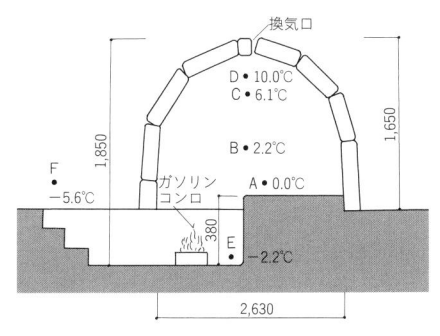

◆たかが暖房，されど暖房
横穴式住居，竪穴式住居，高床式住居

事例の最後にエスキモーのイグルーと同じ冷気非環流型の空間構成による暖房方式の例として竪穴式住居を紹介したので，ここで，古代の横穴式，竪穴式，高床式住居の断熱気密，換気経路や炉のあり方について比較してみよう。

横穴式住居はマッシブで気密，その建築環境の特徴はバランス型の換気にある。外気の風速風向に影響されることなく，炉の火力に応じて放射熱の暖かさと望み通りの新鮮外気量を得ることができる。

竪穴式住居は厚い屋根断熱と床地盤の熱容量，上下開放の非拡散換気を特徴としている。炉の火の勢いに応じて冷気は四周から入り込む。成層非環流型の暖房方式を目指しても，外気の条件によっては，時間空間的に煙い，寒いという不公平な箇所が出現する。高床式は，本来，倉の機能が優先していて住まいではなかったとする説もあるかもしれないが，換気は風まかせの通風型の拡散放任換気を特徴とし，炉は床下外に置かれることになる。

換気の制御と暖房

欧米の思想には自然を望み通りに制御できる考え方（科学）が背景にあり，私たちの生活思想には，必ずやってくるが，いつ来るか誰もわからない台風や地震などを前提にして，地・火・風・水（自然）の巡りや気配に応じて対処していこうという考え方が強い。

低湿・低温気候のもと，横穴式住居で培った暖房と換気の考え方からくる原理原則重視の行動様式を良しとし，高湿・高温気候のもと，高床式住居で育んできた採暖と通風の考え方からくる融通無碍重視の行動様式を非とする考え方は毛頭ないが，せめて竪穴式住居程度の暖房方式と空間構成を身につけたいものだ。竪穴，高床，床断熱と変遷してきたこと自体が悪いわけではないが，私たちの生活感覚に成り行きを良しとする高床式の痕跡がある限り，本当の暖房を手に入れるのは難しい。

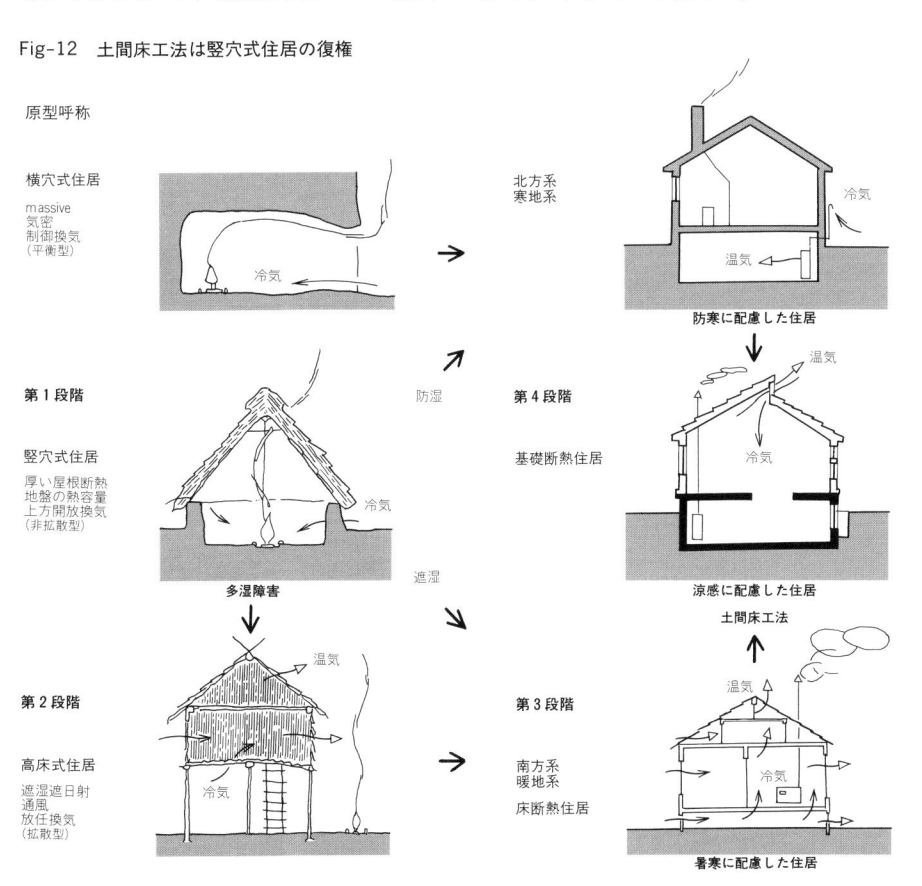

Fig-12 土間床工法は竪穴式住居の復権

手法-20
熱特性を活用した空間の構成

日変化や年変化のような外界変動に対応する最も簡便な方法は、その変動に合わせて空間を移動する方法である。例えば、昼の家に夜の家、夏の住まいに冬の館というように、昔の王侯貴族が暮らしたように、それぞれの時間や季節の気候条件に見合った建物に移り住む方法がある。しかし、そのためには広い土地や複数の家屋が必要になる。都市に定住し、生活している人々にとっては、費用がかかるそのような解決策は望むべくもない。今の私たちは一つの空間で外界変動に応じて建物モードを変換せざるをえない。

しかしながら、外界変動に相反する温・湿度条件がある場合、それぞれの気候条件に合った環境性能をもつ二つの生活空間を一つに合わせてつくることのほうが、温熱環境の計画が容易な場合がある。

わが国の気候条件が、夏に高温多湿で、冬に低温環境となっているため、冬場を主体に計画すれば夏季の排熱処理、反対に夏場を主体にすれば冬季の隙間風の増大に配慮する必要がある。

異なった熱特性をもつ空間の結合がうまくいった場合、相互緩衝作用は長所にもなりうるが、逆に、相互緩衝作用が欠点になる場合も少なくないので注意を要する。

手法の原理

◆熱特性に関わる諸要素
・断熱性が良く（熱抵抗が大きい）、熱容量の小さい壁で構成された空間の自然温度は、外気温より高い室温を保って変動し、その変動幅は小さくなるが、時間遅れは少ない。この空間構成は高緯度寒冷地域向き。
・断熱性が良く、熱容量の小さい壁で構成された空間であっても、日除けを備え通風が十分に行われるように配慮されていれば、自然温度は外気温に近い変動となり、時間遅れはほとんどない。この空間構成は低緯度湿潤地域向き。
・断熱性が多少不利であっても（熱貫流率が大きい）、熱容量の大きい厚壁で構成された空間の自然温度は、日平均外気温に近くて変動幅は小さくなり、時間遅れは大きい。この構成は低緯度乾燥地域向き。
・断熱が良く、熱容量も大きい壁で構成された空間の自然温度は、外気温よりも高い室温を保って変動し、変動幅は小さく時間遅れは大きい。この空間構成は一般に中緯度寒冷地域に向いている。

◆熱特性から見た空間の分類
熱特性は、建物自身および内外の要因ごとに分類することができる。外界の相反する温度や湿度の条件に、それぞれ対処しなければならない場合、各々の条件に応じた環境性能をもつ二つの生活空間を一つに組み合わせることのほうが、問題解決が容易な場合がある。

建物要因：断熱、気密、熱容量、開口面積
・高断熱・高気密空間—低断熱・低気密空間
・熱容量多の空間—熱容量少の空間
・透過日射多の空間—透過日射少の空間
・閉鎖系空間—開放系空間

内的要因：生活活動、使用時間帯
・内部発熱多の空間—内部発熱少の空間
・昼間使用の空間—夜間使用の空間

外的要因：立地条件、方位と風道
・日射受熱多の空間—日射受熱少の空間
・卓越風向空間—卓越風背空間

Fig-1

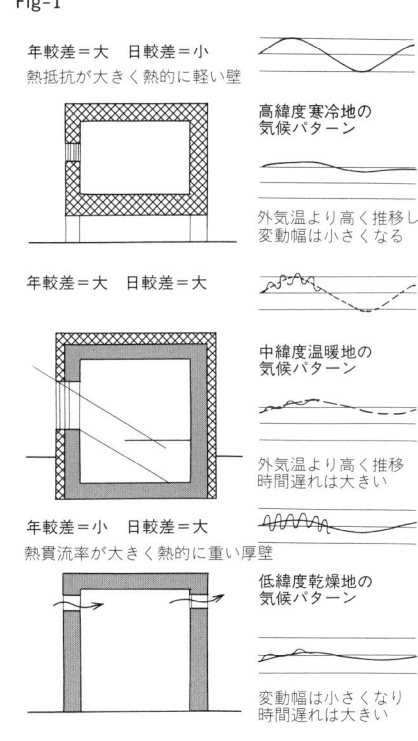

年較差＝大　日較差＝小
熱抵抗が大きく熱的に軽い壁
高緯度寒冷地の気候パターン
外気温より高く推移し変動幅は小さくなる

年較差＝大　日較差＝大
中緯度温暖地の気候パターン
外気温より高く推移し時間遅れは大きい

年較差＝小　日較差＝大
熱貫流率が大きく熱的に重い厚壁
低緯度乾燥地の気候パターン
変動幅は小さくなり時間遅れは大きい

◆熱特性と空間の構成
相反する熱特性をもつ空間の構成パターンは、一つの空間に対し、内に取り込む内包型と上下左右いずれかに配置する隣接型に分けて考えることができる。

熱、光、音、空気のおのおのの環境条件が異なった空間同士の接する間仕切り壁の処理が設計の重要なポイントになる。

内包型：空間構成を平面的に組み合わせる。温・湿度変動を緩和し、プライバシーなどを必要とする主生活領域を内包したり、反対に変動が大きく光が溢れる中庭やアトリウムを内包する配置で構成される。

隣接空間を熱的に内と見なすか外と見るかで間仕切り壁と開口、扉の性格が定まってくる。

隣接型：断熱、気密、熱容量、開放面積の異なった空間を左右（前後）に配置する平面的構成と上下に振り分ける断面的構成の2種が考えられる。

設計の要点

◆ガラスで覆われた空間

特殊な熱特性をもつ空間の一つにガラスで覆われた空間がある。空間の機能や形態に応じて、グリーンハウス、ガラスボックス、サンルーム、アトリウムなどと呼称されるが、屋根や壁の大部分がガラスで覆われている。ガラスは可視光のほとんどを透過させるが、常温域の長波長の熱線を透過させない性質があるので、glass covered space では、透過日射熱が周壁に吸収された後の再放射熱は直接屋外に出ることはない。これを温室効果という。

一方、ガラス屋根(壁)は熱を通しやすいので、その熱損失を補って余りあるほどの日射がある日中の室温は、急激に上昇するが、日射の期待できない曇天日や夜間になると外気温近くまで低下するようになる。

この"温室効果"や冷却効果を巧みに利用することが、自然エネルギー利用の基本となる。サンルームなどを主居住室に隣接させると、日射熱や昼光、温度振幅の大きい変動や除湿乾燥機能を利用できる。

Fig-2 サンルームの温度変動(札幌市手稲)

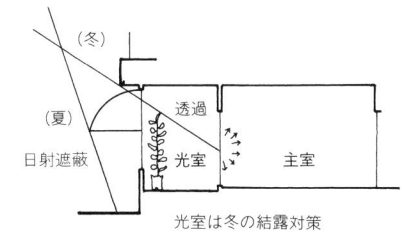

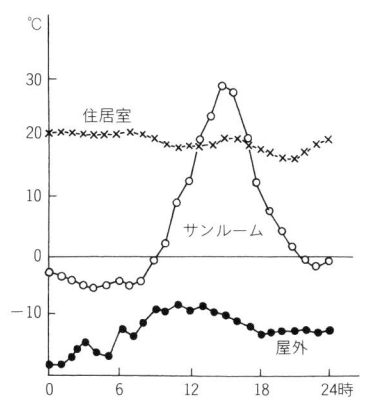

◆間仕切り壁と扉

主居住空間を中心にして、隣接空間を外と考えるほうが都合のよい場合には、間仕切り壁や扉の仕様は、外壁に準じた高断熱・高気密仕様にすればよい。仮に隣接空間がサンルームで、それを内と考えた場合には、外気側のガラス面の仕様は Low-E (選択透過膜)二重窓、間仕切り壁の仕様はシングルとしてサンルームの保温に努力する。間仕切り壁の仕様ばかりでなく、夏の過熱防止(排熱換気、日除け)対策や冬の過冷却と結露の防止(蓄熱構造体、加温設備)対策が必須になる。

◆内包型と隣接型

内包型

Fig-3

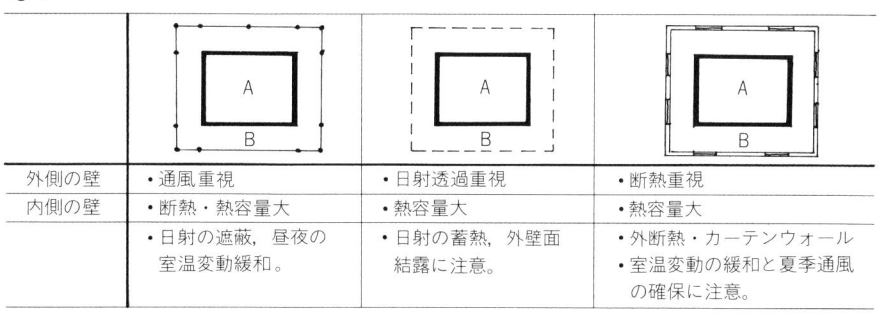

外側の壁	・通風重視	・日射透過重視	・断熱重視
内側の壁	・断熱・熱容量大	・熱容量大	・熱容量大
	・日射の遮蔽、昼夜の室温変動緩和。	・日射の蓄熱、外壁面結露に注意。	・外断熱・カーテンウォール ・室温変動の緩和と夏季通風の確保に注意。

隣接型

・平面的隣接構成:
　間仕切り壁が設計の要点
・昼に開放系(B)、夜に閉鎖系(A)
・夏に開放系(B)、冬に閉鎖系(A)
・昼に光室(B)、夜に主室(A)(冬)
・夜に低断熱棟(B)、昼に高断熱棟(A)(夏)
・夜に軽構造棟(B)、昼に重構造棟(A)

低断熱や軽構造は開放系、高断熱や重構造は閉鎖系でもある。いずれも冬季の湿度調整、結露対策、夏季の排熱と日射遮蔽が大切。

Fig-4

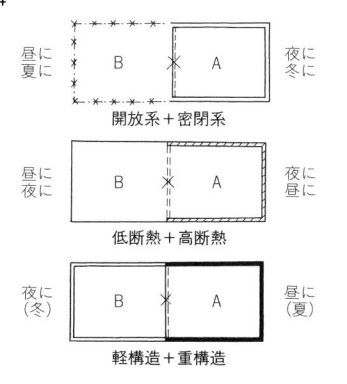

・断面的上置構成:
　上階を光室(高緯度地域)、日射遮蔽・通風空間(低緯度地域)として利用する場合。

・断面的下置構成:
　下階を重構造あるいは地下室、半地下室として利用する場合。

・夜には上階、昼に下階(夏季の夜間放射の利用)
・上階は光室、下階は蓄熱(高緯度地域のサンルーム)
・昼は下階との交換換気、夜は外気と下階の夜間換気(外気冷房、夜間冷却)

光室は冬の結露対策、夏の日射遮蔽と換気冷却、地下室は夏の結露対策に留意。

Fig-5

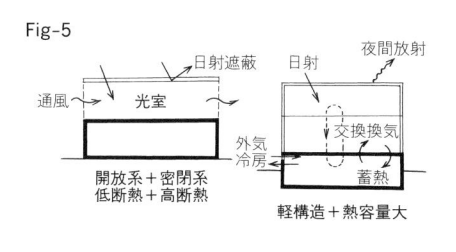

事例とその説明

◆内包型
内包型の原理：寝殿造りの塗籠

わが国の寝殿造りは回廊でつながり，主屋には大広間があるが，寝室に供されたと考えられる空間は隙間風の侵入が少ない塗籠になっている。バリ島の露地で接続したサルタン屋敷の住居も三面は開放されているが一面は塗籠的な空間構成になっている。

Fig-6 寝殿造り平面

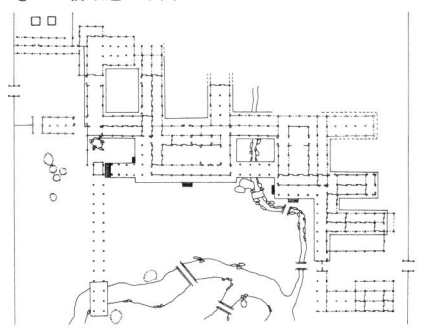

Fig-7 サルタン屋敷（バリ島）

中庭からサンルーム，アトリウムへ

古来から中庭を内包するという手法もある。京都町家の坪庭と同じく光と新鮮空気の取入れ口になるが，1年を通じて太陽高度の高い地域では日陰を手に入れるための緩衝空間として活用している。

Fig-8 ベネズエラの伝統民家

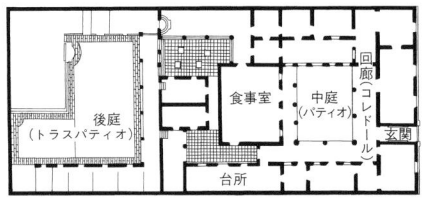

緯度の高い地域では，最近，中庭の上部にガラス天蓋を架けて，無積雪で無凍結の空間を計画することが多くなってきた。このストックホルムの事例は，夏季にアトリウム上部の熱気だまりの空気を集めてヒートポンプで高温水をつくり地中岩盤に蓄熱している。冬季に汲み出して熱源とし，温風を送って保温しているが，結露対策もなくパッシブな対応をしているという。

Fig-9 フィストベッティ集合住宅平面（ストックホルム）

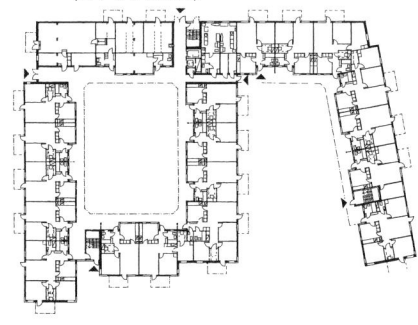

Fig-10 フィストベッティ集合住宅

北海道でも，読書や談笑が可能な冬の公園，あるいはコミュニティー空間としてガラスで覆われた空間が計画されている。緑がもち込まれるので保温と結露対策が欠かせない。

Fig-11 四季の町コミュニティースペース（札幌市，AKU）

外廊下，縁側

外回廊型に関しては，わが国にその例が多い。その代表が縁側である。軒を深く取って夏の強烈な日射や雨をしのいで，十分な通風を確保する縁側は，格好の緩衝空間として機能する。ここに明かり障子（断熱ガラス）を装着すると，この空間はサンルームとなる。また，東北や北陸地方では，雁木や土縁を設けて降雪に対処していた。

Fig-12 桂離宮

Fig-13 細田邸（臼倉健之）

Fig-14 北陸地方の民家の雁木

補足事項／コメント

◆隣接型

平面的に隣接

Fig-15では，アトリウムと主室との間に断熱障子を装着している。夏にはアトリウムからの熱の侵入を効果的に防ぎ，冬は日中に日射を取り入れ，装着した夜は主室からの放熱を防ぐ。

Fig-15　車庫と主屋の間のアトリウム（福島邸）

Fig-16は，パティオ形式の住居だが，パティオの部分にガラスの屋根を架け，両側にある部屋のつながりを強めると同時に天候に左右されない活動的な場にしている。居間は吹抜けになっていて，パティオ同様日射を室内に取り入れられる。夏，パティオのなかの暖められた空気は頂部から排出され，各室の直接外気に面する開口部から流入した空気が部屋をよぎってパティオに抜ける。十分に断熱された各室は，冬，日射が得られない場合はそのまま生活空間となる。

Fig-16　アトリウムハウス案（P.ゲデス）

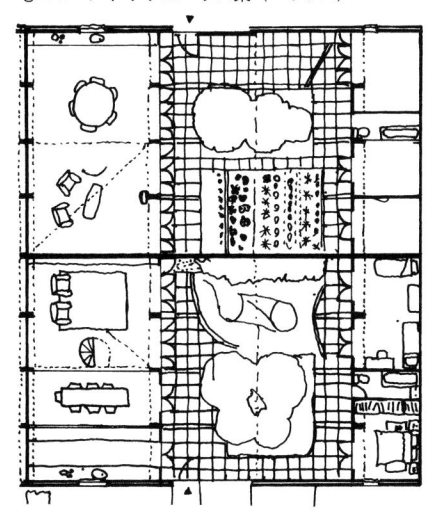

上下に隣接

上置き型の最上層はガラス天蓋が架かっていない場合でも，夏の温度むらが大きくなるので，日除けや排熱・換気などの過熱防止対策が欠かせない。地下室を計画した場合には，格好の涼房空間が手に入るが，過度の期待は夏型結露につながる。冬期間の保温と上階居室との間の交換換気を計画。

Fig-17　鈴木邸平面と温度分布

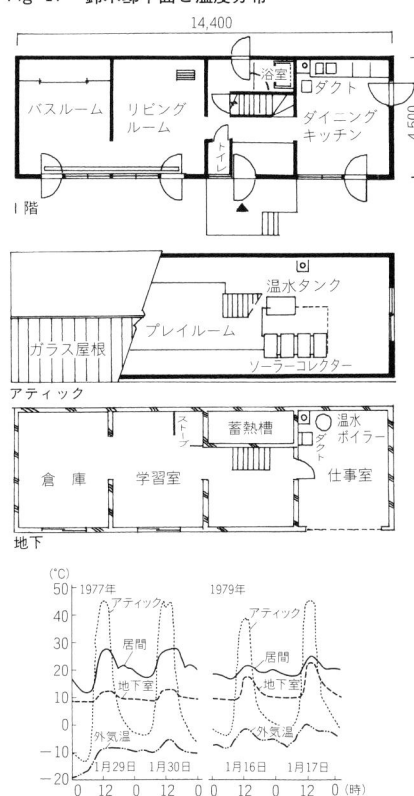

Fig-18　基礎壁外断熱＋木造SHS
（あいの里実験住宅）

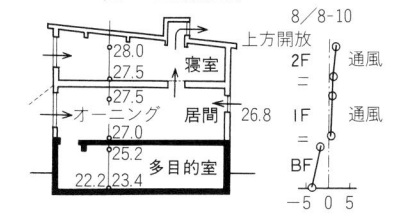

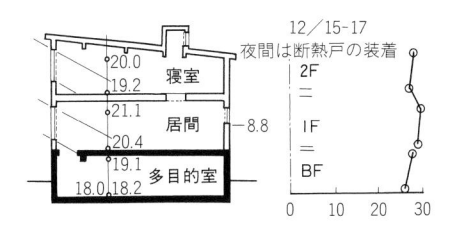

◆自然の楽しみ方

鳥の渡りについては確たる定説はないという。冬の訪れを前にして南下していく雁の群を見るとき，渡洋の危険よりも，寒さと地面を覆う積雪の直接的驚異（飢えと寒さ）のほうが勝っているためであろうと素直に感じられる。とすれば，南下した地域から翌春なぜ北上するのであろうか。ある人は，夏季北へ行くほど日照時間が長くなるので，短期間に集中する雛の育成，採餌量の確保に便利だからという。あるいは，渡りの衝動のなかには弱者淘汰の法則が，種の保存のために働いているのかも知れない。いずれにしても，時と目的に合った気候と地域の選択行動は，われわれが見習うべきパッシブ思想に裏打ちされているといえよう。一つの建築に熱特性の異なる空間を持ち込もうというのは，渡りを放棄した，スイッチ一つで解決することを潔しとしない立場での対応と考えるべきである。

◆アトリウム雑感

最近は，天蓋がガラスで被覆されたアトリウムが，複合建物に好んで付設されるようになってきた。その理由の一つに，アトリウムが，建築都市計画の面では異種の機能を結びつける社会的な緩衝機能と，建築環境の面では戸外の風雪や寒さを遮断する熱環境的な環境機能をもっているからだといわれる。

私たちは保護された人工環境を求める一方で，変化に富んだ自然に接していたいという欲求がある。アトリウムの魅力は，自然光の射し込む半戸外（自然温度）空間というところにあるのかも知れない。

同じ積雪寒冷地域であっても，アトリウム空間への取組みは，機械冷暖房に頼っている北米と，通風や日除けへの配慮を計画の基本にしている北欧とでは大きく異なっている。北欧に比べて低緯度のわが国は，冬の日射は多いけれども，夏の日射も強烈に降り注ぐ。エネルギー資源に乏しい国に住む私たちは，私たちに見合ったアトリウムとその建築・設備計画への理念を見出さなければならない。

手法-21 屋根の形と風のコントロール

屋根が自然の風に対してもたなければならない機能は，強風時と微風時とでは異なり，あるいは冬と夏でも異なる。言い換えれば，防風と利風という矛盾する機能をどのようにうまく複合するかということになる。

わが国の年間降雨量は熱帯雨林地帯並みで，屋根の基本的な機能が雨除けであったことは間違いない。防水・防雨を考えるだけでも，風との相乗作用を無視することはできない。したがって利風のために屋根の形を考えるとき，風雨から保護するための手当が倍加してしまうこともありうる。しかし，自然との対応を図ろうとすれば，このジレンマは，避けられない。このようなジレンマは，パッシブデザインを考える際に常につきまとうが，逆にそのなかで調和点を発見してゆくのがパッシブデザインの基本でもある。

さて，建物の部位として屋根を見た場合，その特徴は地上からの"高さ"である。"高さ"がもっている潜在的な力が二つある。第一は，風の強さである。屋根では自然風を妨げるものが少なく，自然風の力を直接利用しやすい。室内へ風を導くこと，すなわち採風のうえで利点があり，また同時に吸引の作用もある。第二は，高さゆえに室内の熱気が集まりやすいということである。これは室内からの余分な熱の排出，排熱する上で利点となる。

こうして見ると，利風は主として夏の室内環境づくりと強く関連することになる。

手法の原理

◆採風

風圧力が正圧になる所に風の入口を設けて，室内に外気を導入する。正圧を利用するためには，強い風が得られる高さが必要である。

室内の通風を図るために，主風向を向いた採風口を設け，それが集落のスカイラインとなり，景観を決定している（Fig-1）。

卓越風が吹く地帯では固定された採風口でよいが，風の定まらないところでは幾つかの方向に向けてつくられる。

Fig-1　パキスタンの採風口をもつ住居

昼夜でウインドキャッチャーと排気筒の役割を変える。

Fig-2　イランのクーリングシステム

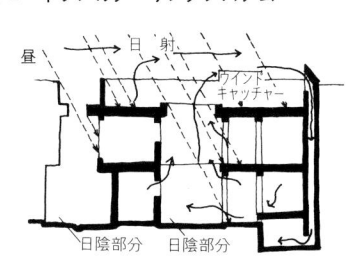

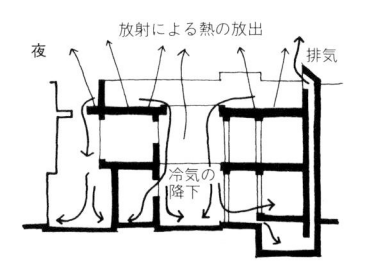

設計の要点

◆風を防ぐ屋根の形

屋根の形によって，正圧・負圧の分布が変わることを知れば，次の段階ではより積極的に，屋根の形をデザインすることによって正圧・負圧の分布をつくってゆくことである。同様に，屋根の形によって異なる流れのパターンが推測できれば，風の流れを意図的につくることも可能である。

Fig-3　風下の流れをコントロールする屋根の形

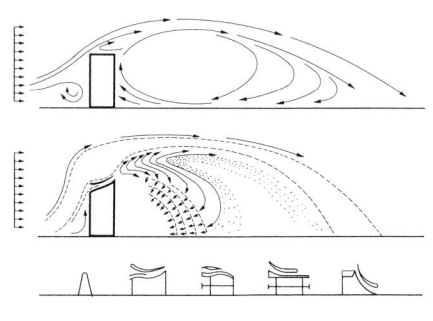

強い偏西風に対して，屋根の形は船底と類似しているのがわかる。

Fig-4　プロバンス地方の農家

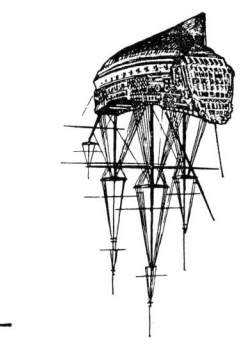

◆軒・庇による風のコントロール

庇の部分は風にあおられやすく，大きな局部風圧となる。構造的な弱点となりやすい。庇を出すことによって，室内への風道をつくるのは，利風の有力な方法である。

Fig-5　庇による利風

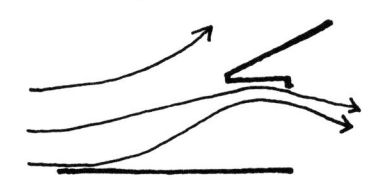

事例とその説明

形によって風荷重を軽減する，いわゆる流線形の研究が建物にも有効であろうと，グリヨやフラーは考えた。自動車との一番大きな違いは，風向が定まらずという点であろうが，強風の方向が決まっていたり，地形などを利用できる場合には有効である。さらには，地下に埋没させればこの問題は氷解する（**手法-29** 参照）。

ダイマキシオンハウスは，流線形の研究の結果から出た，フラーの代表的な作品。

Fig-7 ダイマキシオンハウス（B.フラー）

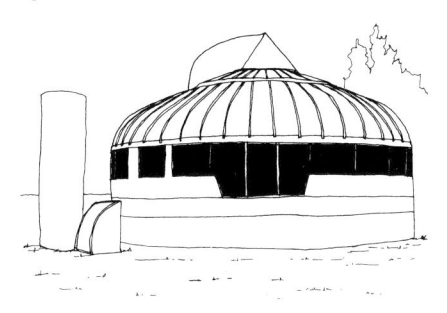

球形の外表に沿って流れる空気の流れは，頂部で最も速くなるが，その位置から室内の空気を吸引・排出する。パオやインディアンの住居も同じ原理である。中央のシャフトは二重になっていて，新鮮外気と排出空気との熱交換も考えられている。

Fig-8 ダイマキシオンハウスの換気口

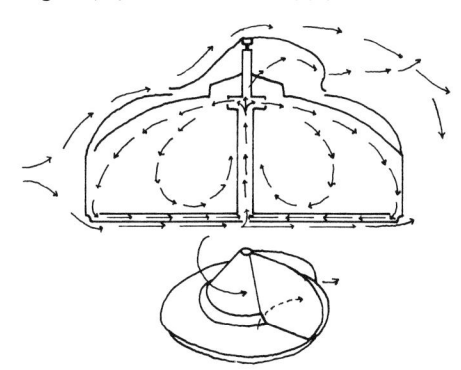

Fig-6 流線形の屋根（グリヨ）

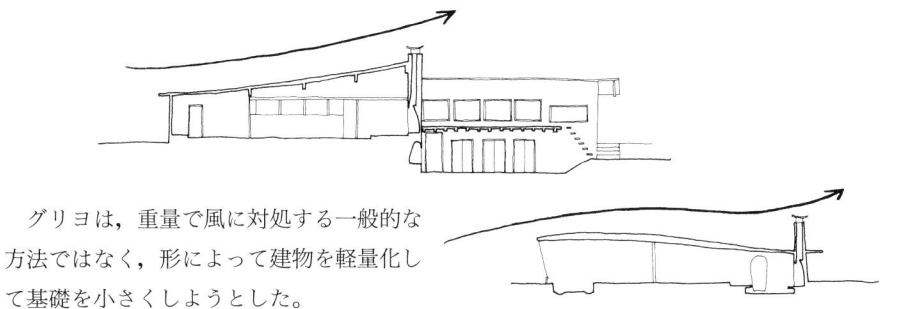

グリヨは，重量で風に対処する一般的な方法ではなく，形によって建物を軽量化して基礎を小さくしようとした。

J.プルーベは，熱帯における量産住宅を計画した際，アルミニウムと鉄だけを使用し，屋根の頂部に付けられた換気口の煙突効果によって居住性能を得ようとした。

空気の流入は，深い軒下のジャロジーから図るようにされていたが，ラッセルヒルの場合には，高床の床下から取り込むようになっており，流入空気温度がより低くなることを期待している。

Fig-9 トロピカルハウス（J.プルーベ）

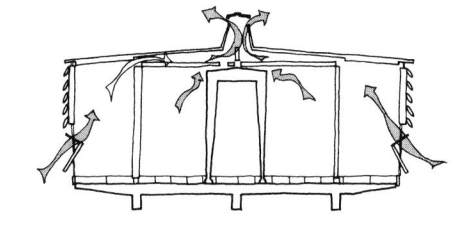

断熱材の外側に空気層を設け，熱せられた空気はここを通り，棟のスリットから排出される仕組みとなっている。

既製品もある。寒冷地では冬季の結露防止の効果も期待される。

Fig-10 リッジベント

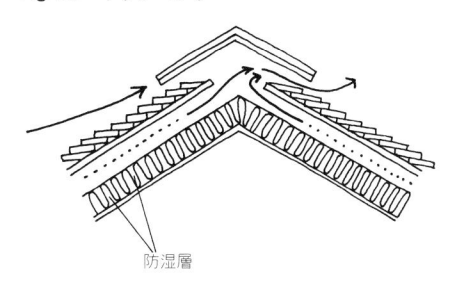

ローハウジングの場合，うなぎの寝床式住居になりやすいが，その特性を生かして長辺方向の壁は遮断し，換気・採光は短辺壁とスカイライトによっている。建物の頂部はベンチューリ効果による換気を助長する。風の流れを乱す不必要な開口部は付けず，気積を大きくし，換気が容易なようにワンルーム形式であるが，寝室は2階にあって視覚的なプライバシーが確保されている。デリー近郊のコタの工業化された集合住宅では，おのおのの住宅の幅は 11 ft に統一され，その配置は風向と太陽位置から決定された。

Fig-11 アーメダバドの集合住宅（C.M.コレア）

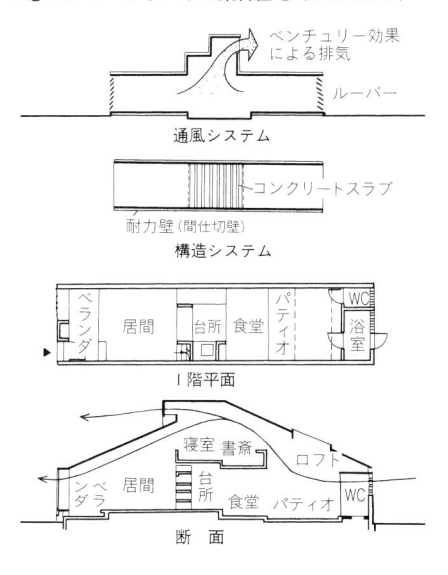

手法-22 壁と風のコントロール

壁に求められる性能といえば，何が想像されるであろうか。空間を仕切るという機能的側面から，どうしても，何かを"遮断する"要素が挙げられてゆき，それらを満足させるのが壁という定義もできそうである。しかし，考えてみれば，壁といえども"遮断"のみにつきるものではない。"〜性能"という呼び方で壁の機能を固定化してしまうことは，一方では従来，柔軟な機能，あるいは矛盾する機能さえも巧妙に併せもってきた壁を無視し，壁のイメージを硬直化することにもなってきたようである。

伝統的なわが国の引戸がスライディングウォールとか，スライディングドアとか呼ばれるように，わが国と欧米とでは壁のイメージに違いがありそうである。

さて，風に対して遮断する壁は容易に想像できるが，風を通し，取り込むための壁もないわけではない。ここではおもに，後者の観点から，はすに構えて壁を見てみよう。そして，パッシブ技法として利用できそうなものは貪欲に漁っておこうという意図がある。

参照手法-21，26，27

手法の原理

壁に求められる機能をより広くとらえて，空気の流れをコントロールするための部位として利用する。

Fig-1　壁の配置による気流のコントロール

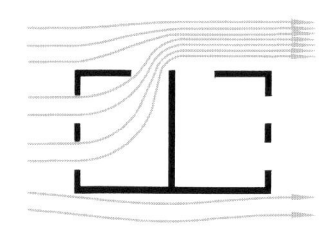

袖壁がない場合

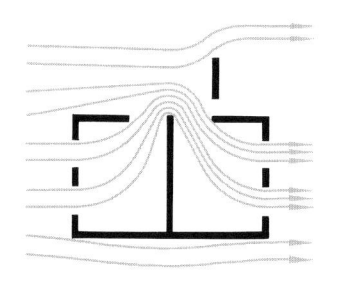

袖壁がある場合

Fig-2　高山の民家

設計の要点

◆**空気を遮る壁**

- オープンジョイントは，内外の気密差を等しくして，風の侵入を防ぎ，防雨防水機能をもつ。
- 二重壁は断熱性を高める。熱暑地域では壁の空隙に空気を流して内部空間を冷却させる工夫も有効である。

◆**空気を通す壁**

- 茅壁や土壁のように通気性のある材料は調湿機能をもち，微量の自然換気によりかびの発生を抑えることができる。
- ブロックやスクリーンのように風を導き入れる機能をもつ壁は，京都や高山の町家に見られる格子など例が多い。内側から外は見えるが，外からは目隠しとなり，防犯上の利点もある。

◆**風の流れをつくる壁**

- 袖壁を利用したり，風の通り道に壁を設けて，通り抜ける風をとらえて室内へ導入する。風向に従ってコントロールできる可動式のフィンも考えられる。
- 建物表面の凹凸を最小にして，風を外壁面に沿って乱れないように流すことも可能となる。
- 開閉が自由なスライド壁や昇降壁を用いて，外部環境と一体化することで，風や光の変化を感受できる開放的な空間が生まれる。

事例とその説明

◆空気を遮る壁

・オープンジョイント

Fig-3　オープンジョイントの例
　　　（新宿センタービル／大成建設）

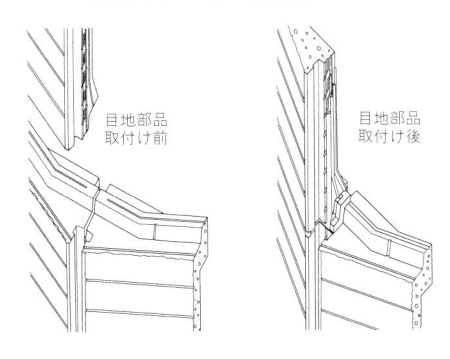

目地部品取付け前
目地部品取付け後

・二重壁

Fig-4　アルジェリアの断熱に工夫した家の外壁

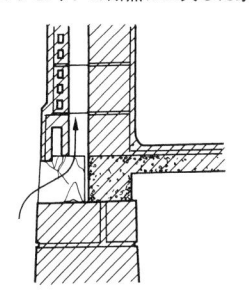

◆空気を通す壁

・ブロック

Fig-5　国場の家（福島駿介＋東浜建築事務所）

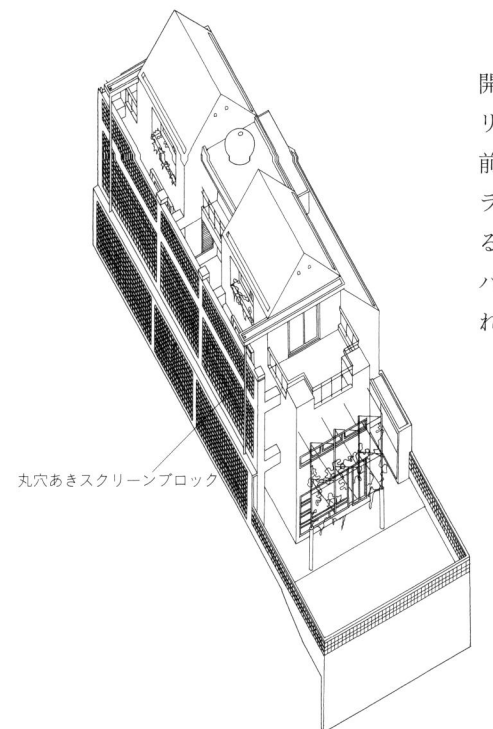

丸穴あきスクリーンブロック

・スクリーン

Fig-6　水野邸（SMS嶋田宮城設計室）

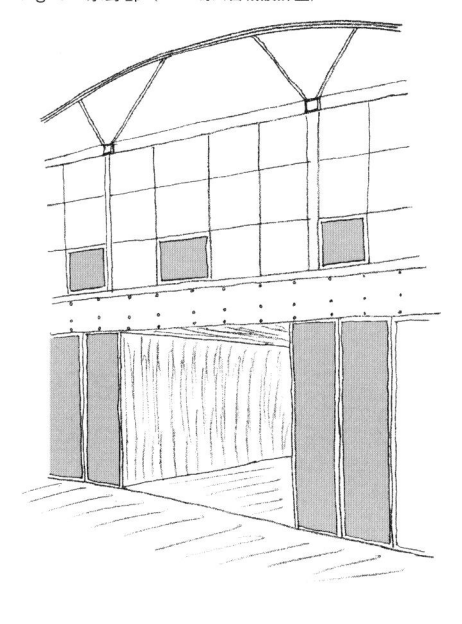

Fig-7　水野邸

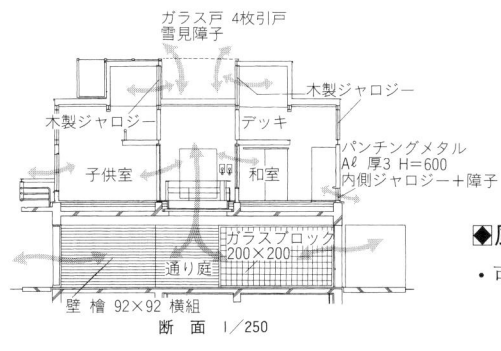

ガラス戸 4枚引戸
雪見障子
木製ジャロジー
木製ジャロジー
デッキ
子供室
和室
パンチングメタル
Aℓ 厚3 H=600
内側ジャロジー＋障子
ガラスブロック 200×200
通り庭
壁 檜 92×92 横組
断　面　1/250

　水野邸では，街路に面するファサードの開口部にアルミのパンチングメタルをスクリーンとして用いている。本牧の家では，前面道路に沿ってメンテナンスの容易なプラスチック製ファイバーグレーチングによる格子を立てている。視線を遮り，プライバシーを適度に保護しながら自然の風の流れを確保するデザインである。

Fig-8　本牧の家（飯尾満）

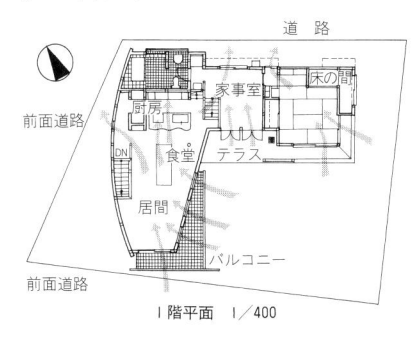

Fig-9　本牧の家

道路
家事室
床の間
厨房
前面道路
食堂
テラス
DN
居間
バルコニー
前面道路
1階平面　1/400

◆風の流れをつくる壁

・可動スクリーン

Fig-10　Open-Air Kindergarten（宮本佳明）

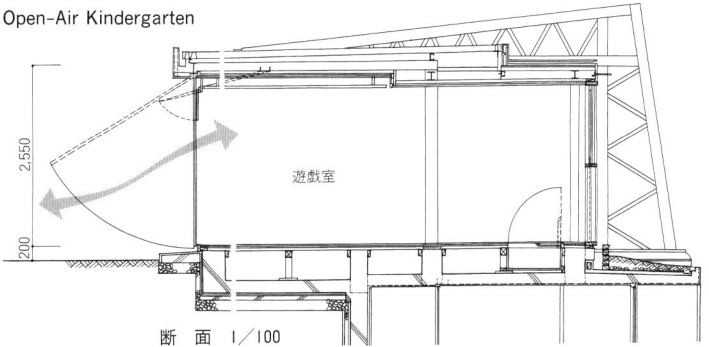

Fig-11　Open-Air Kindergarten

2,550
遊戯室
200
断面　1/100

手法-23 床下空間と通気

高床にすることは，高温高湿地方の住居の特徴とされる。熱帯地方でも例えばサモアのように高床とせず，石を積んだ土間床として大地を利用するクーリングシステムをもつ例がないわけではない。この例でも，石の間を空気が吹き抜ける空間をつくることによって湿気が上がるのを防いでいる。高床に住む理由はさまざまであるが，除湿はその有力な理由である。しかし，床と大地の間にスペースをとって空気を自由に流動させることは，大地からの熱伝導を切ることになり，そのメリットを失うことになる（手法-9, 10 参照）。

一方，除湿を第一として，より良好な通風が得られること，大地に近い部分の比較的低い温度の空気を室内に取り入れるなどのメリットが生じる。取り入れる空気を冷却するために，いったん地中を通したり，水の潜熱を利用したりする方法もあるが，わが国のように湿度が高いところでは，床の近くから風を入れて高所から抜くという，自然の通気が生ずる状態をつくることが高床の重要な目的となろう。

なお，冬季の高床のメリット，デメリットについては，手法-9, 10 を参照。これらの手法との複合が必要なことはいうまでもない。

参照手法-9, 10, 19, 24, 29

手法の原理

高温・多湿地域での住宅の特徴は，高床式にあるといわれている。床下空間を地盤面から切り離すことで，蓄熱と湿気の滞留を避け，通風の促進をし，体感的にも涼を呼ぼうとするものである。近年，住宅では束立てに代わり布基礎が一般的になり，床下での湿気対策が必要となってきた。地盤から発生する湿気に起因して構造材などの部材が腐朽しないように，①床下空間の換気（Fig-1），②地盤表面の防湿処理（Fig-2），③1階床の防湿施工（合板等の継ぎ目の処理のみですむ場合もある），の3点を行うことが基本である（1階床の断熱，保温については手法-9を参照されたい）。

一方で，地盤に接するために年間を通じて気温が一定している床下空間の特質を，環境調節のために積極的に活用しようとする考え方も成り立ち，伝統的住宅では特に高温・多湿地方の住居にその手法が見られる。

また，寒冷地の最近の動向としては，基礎断熱を施して床下換気をせずに床下を室内空間と連通させ，その温度安定性を活用する考え方も出てきている。この場合には，床下の防腐防蟻処理剤の影響に対して配慮が必要である。

設計の要点

◆**地表近傍の温度**

地中の温度は低いので，地表面と地表近傍の空気の温度も低いと考えがちであるが，直射日光が当たっていれば地表面から離れた気温よりも高いのがふつうである。地表の日射吸収率は「アルベド」と呼ばれ，地表の性状によって異なる。地表面は，日中は受熱し，夜間は放熱の状態となる（Fig-1）。Fig-2は，土壌の色による地表温度の差を示したものである。

Fig-1 地表面における熱収支の例

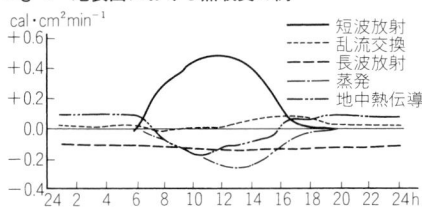

cal·cm^{-2}min^{-1}
― 短波放射
---- 乱流交換
― 長波放射
― 蒸発
― 地中熱伝導

Fig-2 土壌の色，日当たりと含水量による温度の垂直分布の差

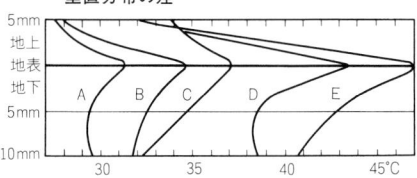

A—灰色，乾，少し陰になっている。
B—灰色，湿，日当り良い。
C—白色，乾，日当り良い。
D—灰色，乾，日当り良い。
E—黒色，乾，日当り良い。

◆**床下換気の法規制限（施行令）**

（居室の床の高さ及び防湿方法）

第22条　最下階の居室の床が木造である場合における床の高さ及び防湿方法は，次の各号に定めるところによらなければならない。ただし，床下をコンクリート，たたきその他これらに類する材料でおおう等防湿上有効な措置を講じた場合においては，この限りではない。

1. 床の高さは，直下の地面からその床の上面まで45cm以上とすること。
2. 外壁の床下部分には，壁の長さ5m以下ごとに，面積300cm^{2}以上の換気孔を設け，これにねずみの侵入を防ぐための設備をすること。

| 事例とその説明 | 補足事項／コメント |

◆床下の気温の変動と他の部位との比較

日射の当たらない床下の気温は，ほかに比べて極めて低いことから，そこの冷気を取り出して室内を冷却させる手法がある。しかし，冷却の効果は，床下の熱容量，床下へ充当される外気の温度などに影響を受けるので，いつ，どの程度の空気量を室内へ取り込むかは，一概にはいえない難しさがある。Fig-3に示すように床下気温が低ければ，これを部屋へ導くことで涼を得ることができる。

Fig-3 藤井厚二による住宅の温度変動実測例（京都）

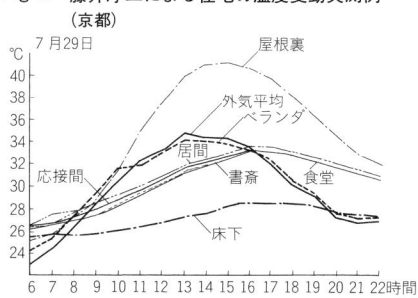

◆床下から積極的に風を入れる

南側の雨戸は，すのこ張りのデッキの先端にあるため，戸締まりをした状態であっても，風はデッキの下から室内に入り，北側の地窓（大和張り）と竹すのこ張りの地袋床から抜ける（Fig-4）。密閉しようとするときは，デッキの内側のガラス戸と地袋内側の突上げ戸を閉めればよい。

夜間，冷却された地表近傍の外気が自然に室内へ導入される仕組みである。

高床には，多くの利点があるにもかかわらず，生活空間が地上と床上に2層化されてしまう。そのため居住部分だけを高床とし，台所，作業場を別棟の土間床の建物に設ける場合も見られる。

その点，土間床では直接，床に炉を切れるし，作業と休息の転換にも便利である。雨が流れ込まない程度に盛土し，その上に割竹を並べ，竹皮で編んだ敷物を敷くのは，高床と土間床の中間的手法である。竹の空隙によって通気が比較的よくなるのは当然である。欄間にあたる部分が吹放しにされて通風を促すが，長い庇によって雨は浸入しない。庇の特性をよく生かしているといえる。

高さを得ることは，風を妨げる地表の障害物を避ける最も簡単な方法であり，高床住居の極めつきといえよう。

◆冷却空気の取入れ

Fig-5は，高床式の一種である。気温が非常に高いと，通風による冷却よりも熱風の不快感のほうが大きい。床下から空気を取り入れて居間上部から排出する方法をとっているが，空気取入口にはコルク片を金

日本のように夏は蒸暑厳しく，冬の寒さも無視できない気候条件ではそっくりそのまま同じものというわけにはいかないが，Fig-6〜8のように徹底的に床面に通気性をもたせるという防暑方法も地域によっては有効である。深い庇や樹木で日射を遮り，通気量を多くして昼夜の室温を外気温に近づけるための工夫の例である。

Fig-6 竹すのこの民家

Fig-7 ベトナムの低床住居

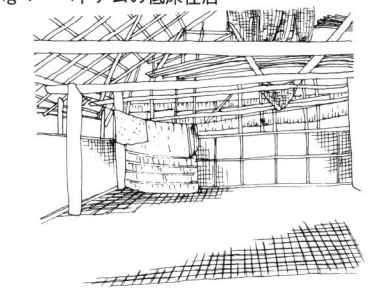

Fig-8 樹上の住居

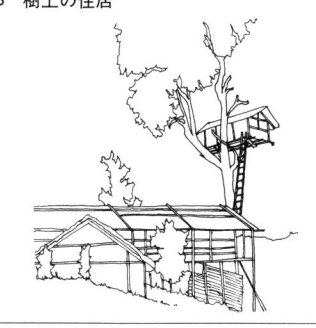

網で版状に挟み，そこへ埋め込んだパイプから水をしみ込ませるスクリーンが取り付けられている。潜熱による風の温度低下と加湿を図っている。

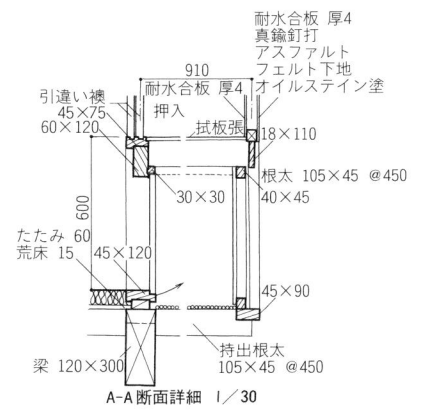

Fig-5 南アフリカの天然冷房法

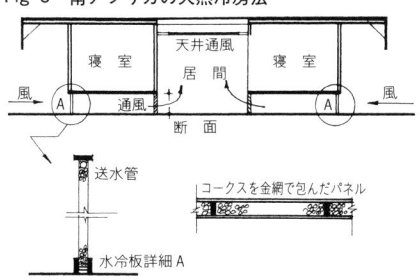

Fig-4 海の家（林雅子）

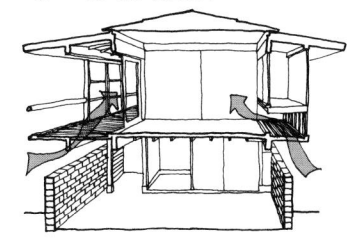

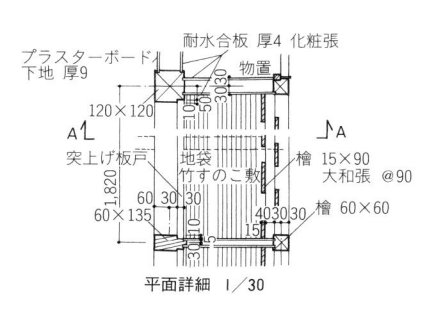

手法-24

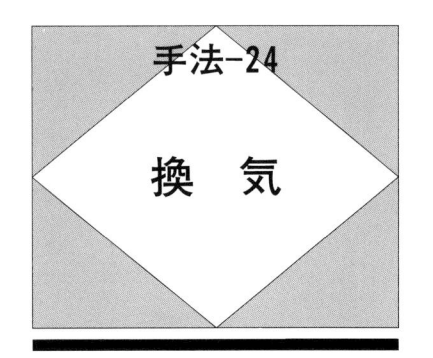

換　気

換気と通風の区分については諸説があるが，これらの大きな差異は，何のために必要とするかを考えれば明らかであろう。それらの必要性は，全く異なった発想から生まれている。

換気は，そもそも必要最小限に抑えられるべきものであった。あるいは，生命の安全を維持するために達成されなければならないものであった。なくてすむことなら，そのほうがよいものであったと言い換えてもよい。

寒冷な地方での住居は，寒さ対策がもっぱら必要であり，室内空間を密閉した堅固なシェルターを住居の理想としてきた。採暖や暖房のために密閉化，気密化を促進することは，一方で住居内での空気の汚染，悪臭，息苦しさなどを招くことになる。換気は，そのような室内の悪条件を克服するために，室内の暖かさを犠牲にしてまでも実行されなければならないものであった。室内を暖めながら換気を行いうるものとしての暖炉は，暖房器具としてのみならず，換気装置としても有効であった。空気が濁ってきたから暖炉を焚こうというのが，一般的であったといわれている。所要換気量の研究は，かくして，寒地における密閉型住居とともに長い歴史をもつのである。"所要"の意味の重さが伝わってくる。

通風は移動する空気量だけでは評価できないが，換気では第一にその量が問題となる。

パッシブシステムとの関連で見ると，いかに小さな熱損失で換気量を確保するかが，一つの重要なテーマとして浮かび上がってこよう。

参照手法-11，12，25，27

手法の原理

◆換気が起こる原理と必要性

人が健康に生活できるために，きれいな空気を欠くことはできない。幸いにも屋外の空気が汚染されていなければ，換気によってタバコの煙や臭気などを屋外に排出し，室内の空気をきれいに維持することができる。

建物の内外の空気が換気されるのは，開口部の前後で圧力差が存在するときである。自然力によるメカニズムとしては，室内外温度差によって生じる圧力差による温度差換気と，外部風によって生じる圧力差による風力換気がある。また動力ファンによる機械換気とは一線を画す（Fig-1）。外部風を利用するためには，その付近での風向を意識して設計することが重要である。また，都心部の建物が密集して外部風が通り抜けることはあまり期待できない地域では，温度差換気を重視することが妥当であろう。古くは単に温熱環境の悪化を防ぐことが換気の必要な理由であったが，気密化が進んでくると空気汚染や臭気の除去など健康，安全の関連がはるかに深刻になってきている。

Fig-1　換気の原理
- 空気の浮力による換気

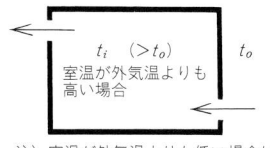

$t_i (>t_o) \quad t_o$
室温が外気温よりも高い場合

注）室温が外気温よりも低い場合は空気の流れが逆になる

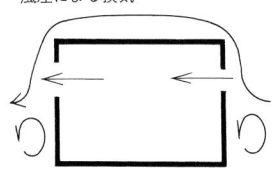

- 風圧による換気

- 機械による換気

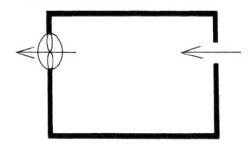

設計の要点

◆室内空気の汚染源と必要換気量

室内空気の質を維持するために汚染源（Fig-2）を知り，必要な換気量を確保する必要がある。

Fig-2　代表的な室内空気の汚染源

発生源		発生する汚染物質
器具・設備	開放型暖房器具，厨房器具等の燃焼器具	二酸化炭素，一酸化炭素，窒素酸化物，水蒸気，浮遊粉塵
	事務機器	オゾン，アンモニア
在室者	新陳代謝	二酸化炭素，水蒸気，体臭，アンモニア
	生態活動	微生物，フケ
	喫煙	一酸化炭素，窒素酸化物，タバコ煙，臭気，各種発ガン物質
家庭用品	スプレー，掃除用洗剤，殺虫剤など	フロン，プロパン，アンモニア，塩素，クロロダインなど
建材	内装材，塗料，接着剤	有機溶剤，鉛，ホルムアルデヒド
	コンクリート，土，石	ラドン
その他		かび，ダニ

住宅の場合は，住戸全体で0.5回/h以上の換気回数を実現できる（特に冬季において）工夫が自然換気または機械換気によって必要であり，機械換気による場合にはFig-3のような部屋ごとの換気量の目安値が存在している。オフィス空間などでは，在室者1人当り最低でも20 m³/h以上の換気量が必要とされている。

Fig-3　部屋用途別の換気量の目安（住宅）

部屋用途		使用時	常時（非使用時）
排気量	台所（ガス熱源）	30×理論廃ガス量(m³/kcal)×ガス消費量(m³/h)，または300m³/hの大なる方	60m³/h
	台所（電気熱源）	300m³/h	60m³/h
	浴室	100m³/h(入浴後)	20m³/h
	便所	40m³/h	20m³/h
	洗面所	60m³/h	20m³/h
	洗濯所	60m³/h	20m³/h
給気量	居間・食堂		在室者1人当り20m³/h
	寝室・納戸		20m³/h

◆地域の風向の把握

風力換気を利用するためには，風向を調べておくことが重要である（Fig-4）。

Fig-4　風配図（東京）

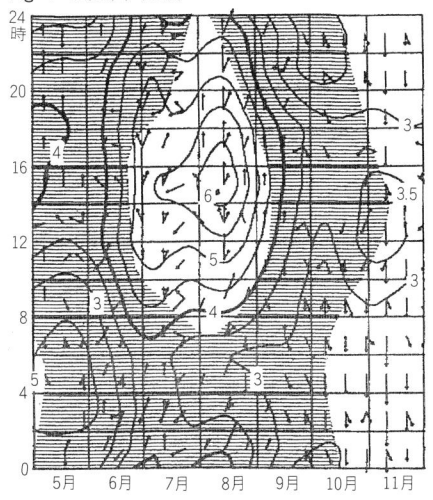

◆開口部の高低差の利用

温度差換気では，二つ以上の開口部に高さの差をつけるようにする。温度差換気における一般的な圧力分布図（Fig-5）から明らかなように，できるだけ低い位置と高い位置に開口部があるのが普通である。

Fig-5　室内の圧力分布

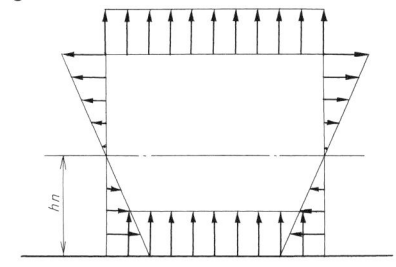

◆冬の工夫

暖房期などにおいては，換気量の増加が補助暖房エネルギーの増加に結びつくため，汚染物質を室内に持ち込まないことはパッシブ設計の基本であるともいえよう。

◆夏の排熱の工夫

浮力を利用して排熱を行うためには，できるだけ高い位置に開口部を設ける必要がある。天井付近に停滞する熱気を排出するためには高窓を設けて排熱することが有効である。

◆二重屋根，二重壁

屋根や壁を二重にして，空気層に生ずる対流を利用して排熱や冷気の導入を行うという方法がある（Fig-6）。

Fig-6　排気や冷気導入例

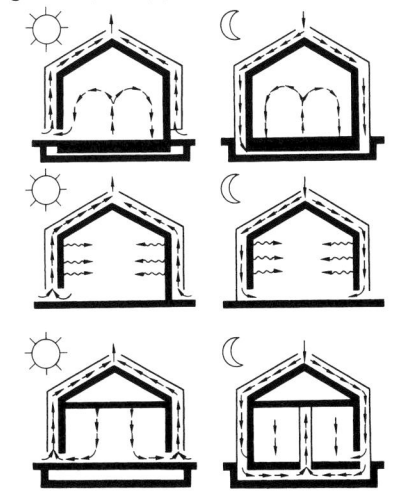

◆意識的に開口可能部分を設ける

必要な時に開けられる開口部は重要である。これは外壁などに限らず，室内の間仕切りも含めてのことである。ただし遮音，気密の要求とは矛盾するので，閉鎖した場合にはできるだけ気密性，遮音性能に優れたものとすることが望ましい。

クリーンゾーンとダーティーゾーンを意識的に分離して，きれいな部屋から汚染される部屋へと排出してゆくことも肝要である（Fig-7）。

Fig-7　ダーティーゾーンから排気の基本原則

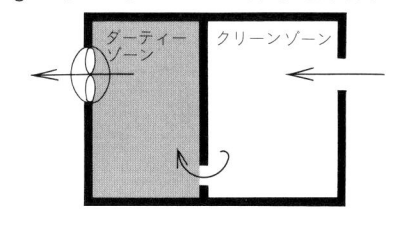

◆熱交換型換気扇

熱損失が少なく，必要な換気量を確保するために便利である。冬季に外気を予熱できるため，室内の寒さ防止に有効であるが，温暖な地域ではファン動力の増分があるため，必ずしも経済性は高いとは限らない。

◆住宅の気密性能と換気の必要性

従来，日本の木造建築は隙間が多く存在していたため，意図的に換気を行わずとも「隙間風」によって空気の入替えが生じていた。しかし近年は，建物のエネルギー効率と特に冬の温熱快適性を向上させるためには，建物外皮がある程度の気密性能を持っていることが必要であると認識されるようになってきた。また，冬季に室内で発生した水蒸気が外壁内部に侵入し内部結露が発生した結果，断熱材や構造材の腐朽の問題が起こることを未然に防止するためにも，気密性能を向上させる必要がある（Fig-8）。

Fig-8　気密層（防湿層）の必要性

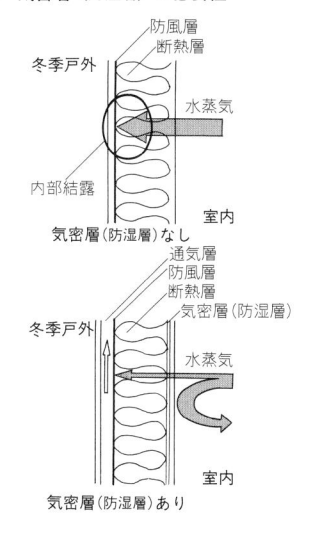

事例とその説明

建築物の換気には機械換気と自然換気があるが，ここでは住宅の自然換気方式について紹介する。従来からの自然換気というと躯体隙間による空気の流通であって，何らの計画性ももたない状態を意味するが，それでは換気量が不十分になる建物では，意図的に換気経路を設ける必要が生じる。

ここに示す自然換気事例のひとつは，換気口を壁面に設け，冬季の内外温度差によって外気を下階から入れ，上階から排出する方式である。建設地域の平均風速や建込みの程度，そして躯体に存在する隙間量を加味して必要な換気口を設計するものである。もうひとつは寒冷地を中心に実用化されているもので，換気塔を用いる点と，冷気の流入場所に工夫のなされている点に特徴がある。

自然換気の換気駆動力は浮力と風力であるが，これらは時間的に変動が生じやすいものであることは機械換気との比較において念頭に置く必要があろう。浮力を主に計画されているここに示す事例の場合，夏季や中間期など，内外温度差の小さくなる季節には冬と同様に窓を閉め切った状態では換気量がやや不足気味となる。パッシブ的な考え方で建てられる住まいの場合，気候の良い時期には窓を開けて暮らすことが理想であろうから，特に問題はないように思われる。

Fig-9 自然換気口の配置例と差圧流量特性

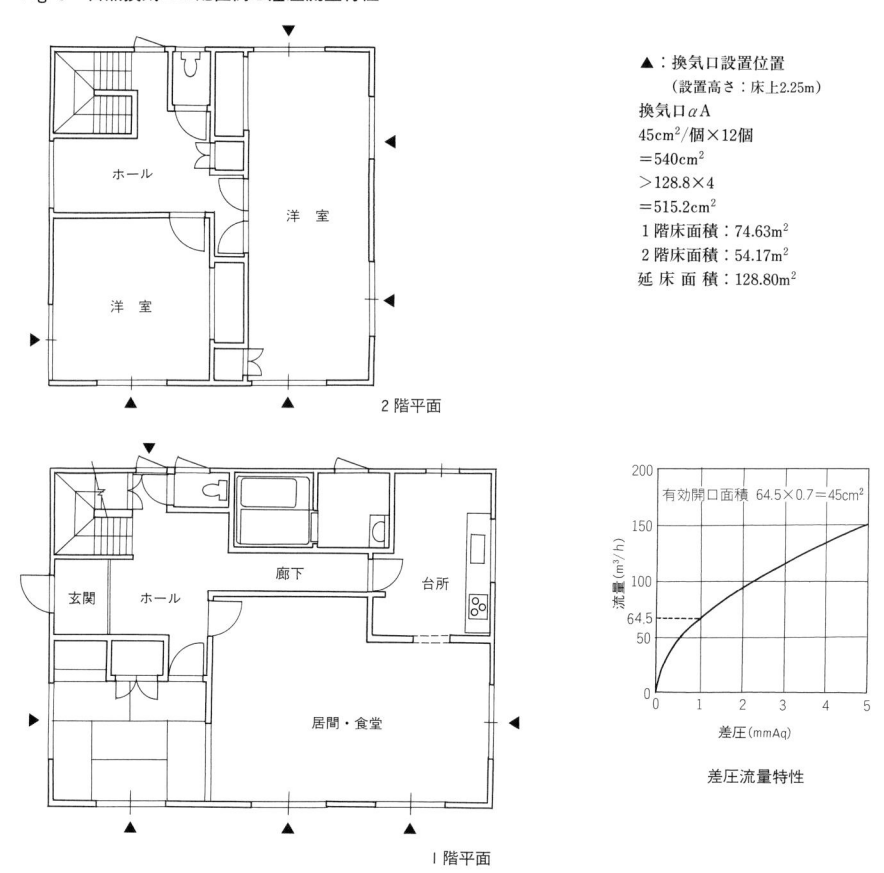

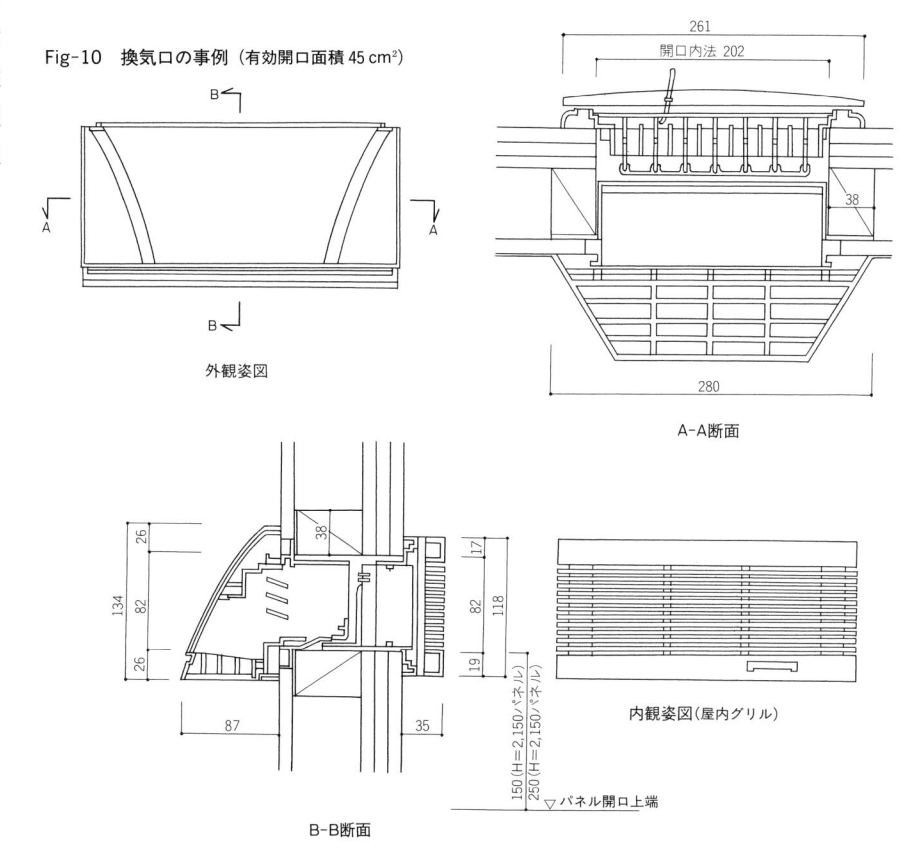

▲：換気口設置位置
（設置高さ：床上2.25m）
換気口 αA
$45 cm^2/個 \times 12個$
$=540 cm^2$
$>128.8 \times 4$
$=515.2 cm^2$
1階床面積：$74.63 m^2$
2階床面積：$54.17 m^2$
延床面積：$128.80 m^2$

2階平面

1階平面

有効開口面積 $64.5 \times 0.7 = 45 cm^2$

差圧流量特性

Fig-10 換気口の事例（有効開口面積 $45 cm^2$）

外観姿図

A-A断面

内観姿図（屋内グリル）

B-B断面

補足事項／コメント

Fig-11 換気回数 0.5 回/h を得るために必要となる相当隙間面積と換気口の有効開口面積の和

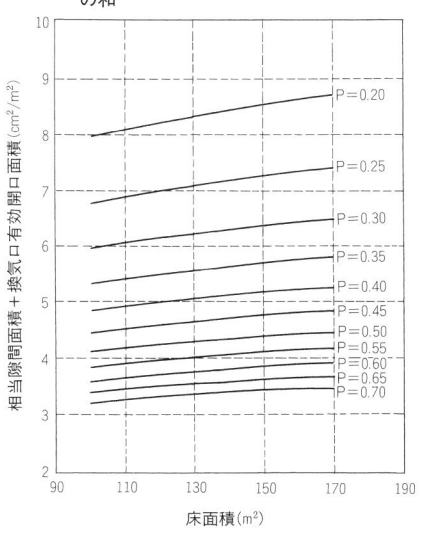

自然換気により換気回数 0.5 回/h が得られる場合，外皮の相当隙間面積に床面積当たりの換気口の有効開口面積を加えた左辺は，2 階建て住宅の延床面積 S と，内外温度差 ΔT，平均風速 v，風の影響係数 R によって計算される値 P により求められる。左辺から相当隙間面積を差し引けば，必要な換気口の有効開口面積を求めることができる。

$$\alpha A_{隙間} + \alpha A_{換気口} = \left[\frac{1.2 \cdot S^{0.143}}{1.06 \cdot P^{0.620}}\right]^{1.167}$$

ただし，
$P = 0.00921 \cdot \Delta T + 0.0357 \cdot R \cdot v^2$
$\alpha A_{隙間}$：相当隙間面積　cm^2/m^2
$\alpha A_{換気口}$：単位床面積当たりの
　　　　　　換気口有効開口面積　cm^2/m^2
S：床面積　m^2
ΔT：冬季暖房期間の平均内外
　　　温度差（摂氏）
v：冬季暖房期間の平均風速 m/s
R：風の影響係数（都心密集地域
　　0.1，郊外住宅地 0.4）

◆ライフスタイルと換気

夏の過ごし方によって，換気，通風をどのように考えるかは大きく異なっている。夏もエアコンによる"閉じた"生活をするならば，開口部はむしろ少なくしたほうが省エネルギー的な建物になる。しかし，パッシブデザインを推奨する立場からは，可能な限り建築的工夫による通風や冷却促進を行い，涼しく過ごせるような努力を追求すべきではないだろうか。新鮮空気という言葉が次第に非現実的な意味合いを増しているようであるが，外気が新鮮なものであるように地球，都市環境を有効に保つように努力することもパッシブデザインの一部である。

◆気密住宅は閉鎖型住宅か？

「気密住宅」というと，隙間が極端に少ない潜水艦のような住宅というイメージが浮かびがちである。実は住宅の気密化という考え方を具体化し始めたのはスウェーデンやカナダといった冬の内外温度差が 60℃ にも達する厳寒の国々であって，そうした国々では冬季は外から入ってくる冷たい空気の量を極力抑えるように工夫が凝らされた。日本でも北海道などの厳寒地では状況は同じである。そうした地域では熱的に弱い窓は小さく計画されるのが普通であり，それで夏季も特に問題なく過ごせるのである。しかしながら，夏季の防暑対策の欠かせないわが国の大半の地域では，日射の遮蔽とともに通風計画が重要であり，開放型住宅として住めることが肝心である。そのために気密住宅に必要とされるのは，断熱性の比較的高い種類の窓を適所に大きく設け，日射遮蔽対策を忘れないことである。そうすることによって，冬季には換気量を確保したうえで閉鎖的になり，夏季には窓の開放によって十分な通風が得られ，春や秋には家の中にいて季節を肌で感じることができるようになる。

Fig-13 床面積当たり必要な給気口および排気筒の有効開口面積

	排気筒頂部と給気口の高さの差			
	6m	8m	10m	12m
Ⅰ地域	2.5	2.2	1.9	1.8
Ⅱ地域	2.8	2.5	2.2	2.1

単位：cm^2/m^2

Fig-12 パッシブ換気の計画

φ150mm，2 本程度必要。防虫対策は必要ないが，防鳥対策が必要。室内側の排気口には，通気抵抗を損なわないように配慮が必要。

できるだけ高い位置に設ける。傾斜天井などを積極的に採用し，天井面より高い位置に排気口を設けることが望ましい。

局所排気は別個に設ける。局所排気のための給気口を設ける必要はない。

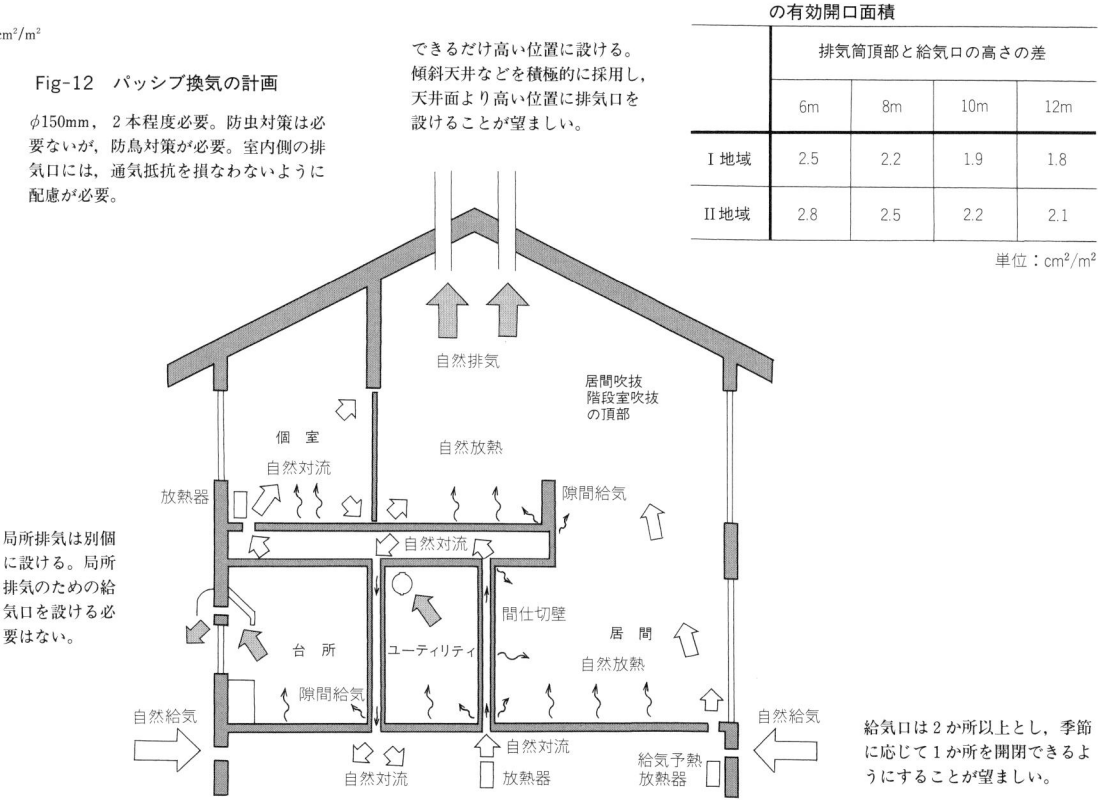

φ150mm，2 か所程度必要。防虫対策が必要だが，防虫網の目の細かいものは通気抵抗が大きいので注意が必要。

床下に放熱器を設置することが望ましい。床下の放熱器のみで全屋暖房も可能である。加圧注入を除いて，防腐処理は極力避ける必要がある。

給気口は 2 か所以上とし，季節に応じて 1 か所を開閉できるようにすることが望ましい。

手法-25

開口部と通風

日本語の"まど"の語源は"間戸"であるといわれ，もともと柱間を意味すると考えられている。WINDOWの語源はWINDにあるといわれ，風が通る開口部の意とされる。いずれも内部と外部の空間がつながるところであり，空気の出入りを自由にするところであるが，"間戸"はもともと何の建具もない位置を示すのに対し，WINDOWには厚い壁に意図的にうがたれた穴というニュアンスがあって，窓に対する考え方の違いが興味深い。

通風の効果は窓だけで決まるものではない。流入・流出する窓の位置や大きさの関係，風の通り道を決める室内空間との関係が重要である。空間の形との関連は，「手法-26」で述べる。ここでは主として，通風を取り入れるための開口部回りの工夫，すなわち，開口部の大きさや位置関係が決められ，通風の基本的なパターンが決められたあとでも，開口部のディテールによってさらに通風の効果を促進させたり，他の要因で制限されて必ずしも十分でない開口部の大きさや位置関係による障害を改善できる点に注目したい。また，開口部のディテールは，風の状態に応じて適宜コントロールが可能なものでなければならないし，通風を必要としない場合—強風時や寒冷期—には，通風の条件とはちょうど逆の要求条件にも対応しなければならない。

参照手法-22, 24, 26, 27

手法の原理

◆風をコントロールする窓
- 風の入口，出口としての役割を受けもつ窓と窓回りの工夫により，良い通風効果が得られる。
- 常に変動する自然の風や温度差による換気量は，不安定であるため，窓回りのディテールを工夫して，風向・風速の変化に応じて効果的に風をコントロールすることができるように計画することが重要である。

Fig-1

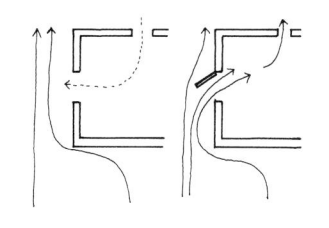

Fig-2　通風の仕掛け

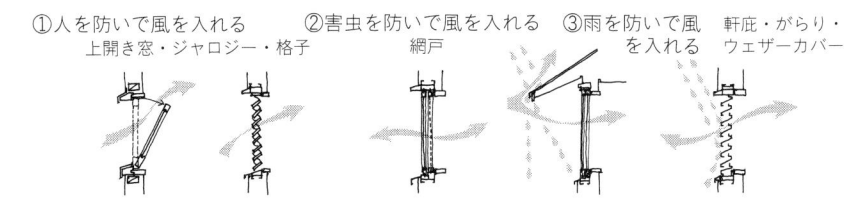

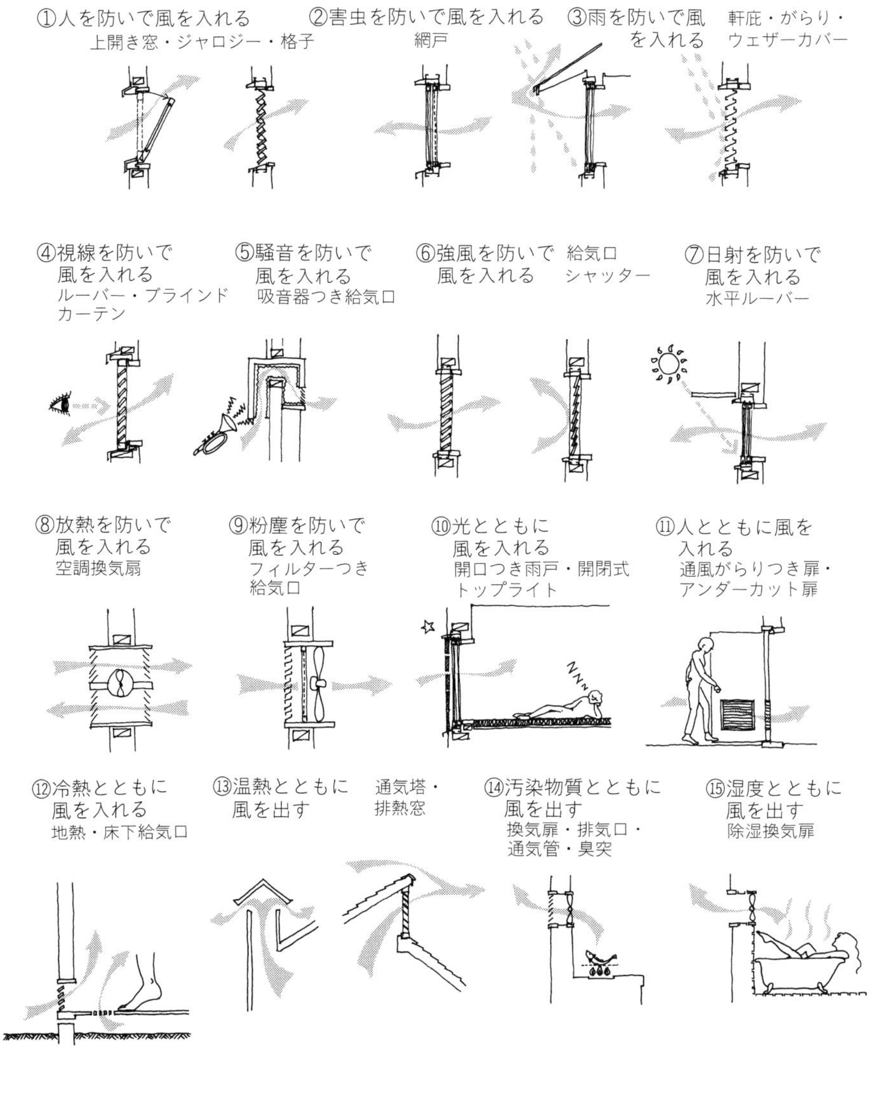

①人を防いで風を入れる　上開き窓・ジャロジー・格子
②害虫を防いで風を入れる　網戸
③雨を防いで風を入れる　軒庇・がらり・ウェザーカバー
④視線を防いで風を入れる　ルーバー・ブラインドカーテン
⑤騒音を防いで風を入れる　吸音器つき給気口
⑥強風を防いで風を入れる　給気口シャッター
⑦日射を防いで風を入れる　水平ルーバー
⑧放熱を防いで風を入れる　空調換気扇
⑨粉塵を防いで風を入れる　フィルターつき給気口
⑩光とともに風を入れる　開口つき雨戸・開閉式トップライト
⑪人とともに風を入れる　開口がらりつき扉・アンダーカット扉
⑫冷熱とともに風を入れる　地熱・床下給気口
⑬温熱とともに風を出す　通気塔・排熱窓
⑭汚染物質とともに風を出す　換気扇・排気口・通気管・臭突
⑮湿度とともに風を出す　除湿換気扇

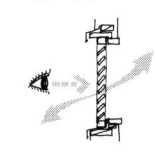

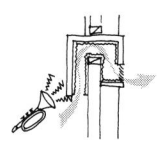

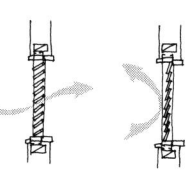

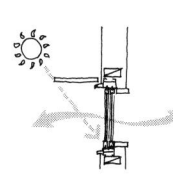

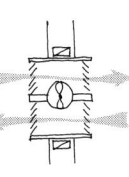

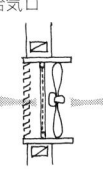

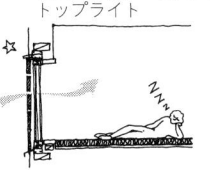

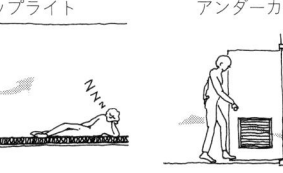

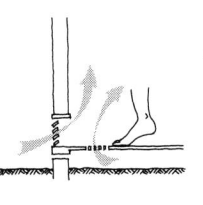

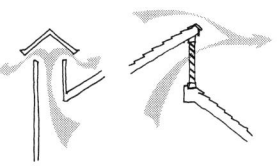

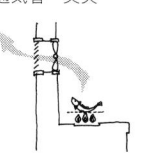

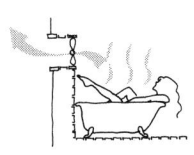

設計の要点

◆風をとらえて導く工夫

ウインドスコープ，ウインドキャッチャーには固定式と可動式の2種類がある。縦軸回転の窓は可動式の一例である。庇や袖壁は固定式のウインドスコープの役割を果たす。

◆風の向きをコントロールする工夫

在室者に直接風が当たるような風の通り道（通風輪道）をつくるために開口部で風の流れの方向を変える。さらに可動式とすれば風向・風速の変化にも対応できる。

◆風量をコントロールする工夫

開閉時の開口面積の変動幅を大きくし，開口面積を小刻みに変化させることができるようにすることで風量コントロールが容易になる。また，完全に閉まった状態では，隙間風が流入しないように気密性を高くすることが大切である。

事例とその説明

◆超高層ビルの遠隔操作できる換気窓

超高層ビルでは自然換気により空調運転時間の短縮などの利点がある。サッシュの縦枠にヒンジ機構を利用した高気密性の換気窓を組み込んで，中央監視室から降雨時や強風時の自動閉鎖や内外温湿度を確認しながら遠隔開閉操作が可能となっている。

Fig-3　東京住友ツインビル（日建設計）

Fig-4　東京住友ツインビル内観

Fig-5　東京住友ツインビル開口部平面

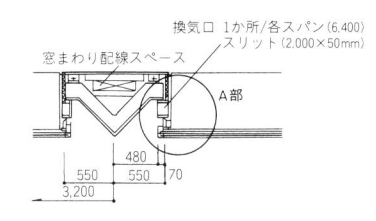

Fig-6　東京住友ツインビル開口部パース

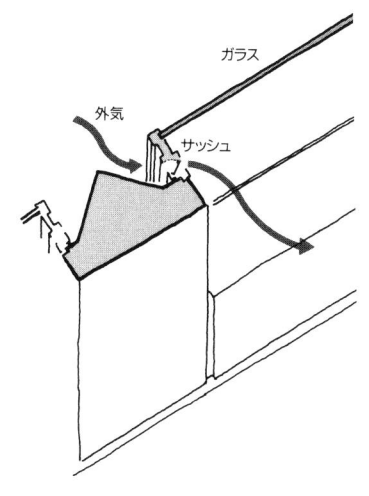

Fig-7　東京住友ツインビル開口部詳細

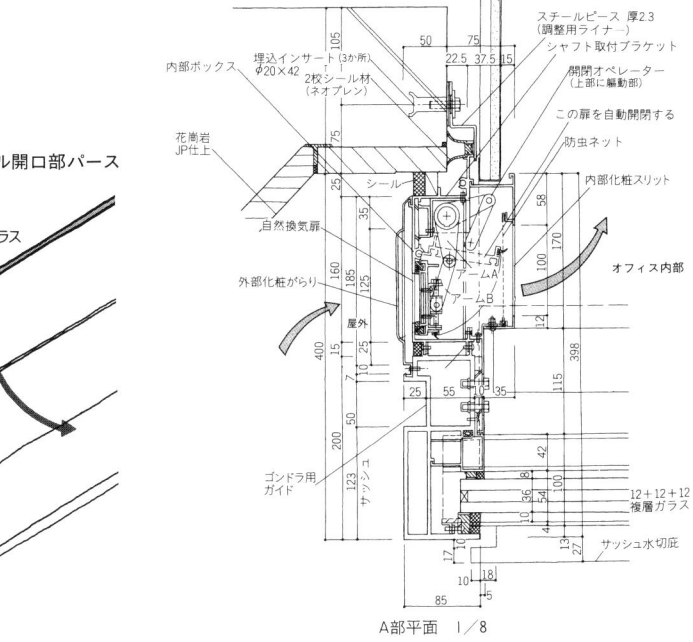

◆床面近くに設けた通風口

一般には上部に通風口を設ける場合が多いが，ここでは開口部を下部に設けることで，冷風を導入しやすくなる。

Fig-8　成城の住宅（渡辺明）

Fig-9　成城の住宅

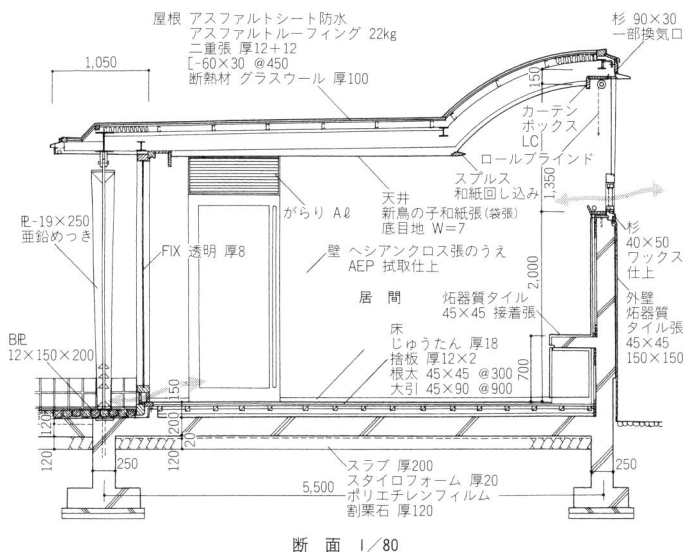

◆開閉式天窓

採光や防災排煙口と機能を兼ねた開口部。

Fig-10　調布市総合体育館

Fig-11　調布市総合体育館（東京都調布市，久米設計）

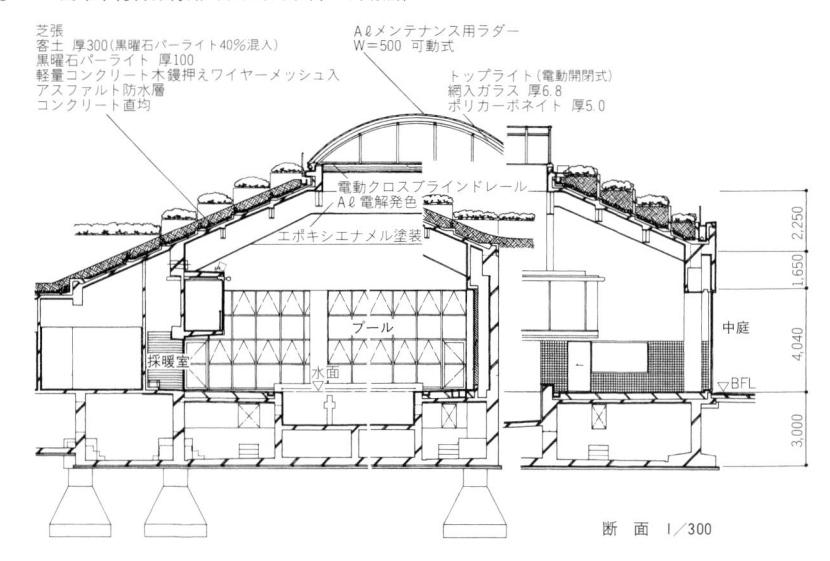

屋内温水プールの屋根の大部分を電動開閉式天窓とし，内外温度差により自然通風が生じる形態としている。

夏季に開口部を閉じた場合は，室温が47℃まで達するが，自然通風を行った場合には，プール室内温度は約34〜36℃の間にあり，室内絶対温度も急激に低下して，自然換気によって良好な室内環境を創っている。

Fig-12　調布市総合体育館

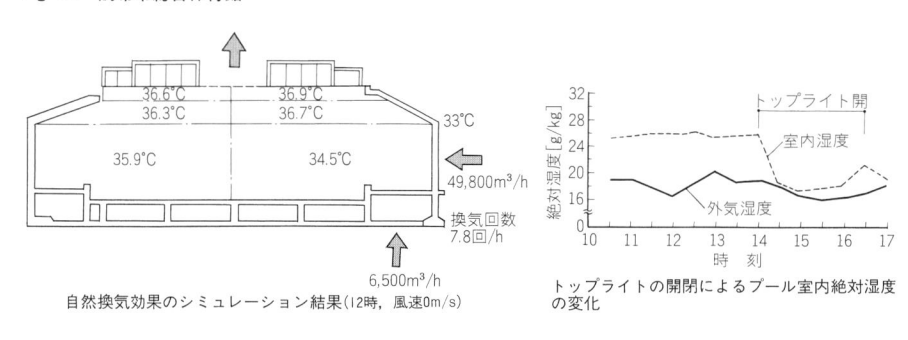

自然換気効果のシミュレーション結果（12時，風速0m/s）

トップライトの開閉によるプール室内絶対湿度の変化

◆風楼に設けた排気口

Fig-13　茨城県現代真壁民家「木なりの家」（岩村和夫）

Fig-14　風楼見上げ

Fig-15　茨城県現代真壁民家「木なりの家」

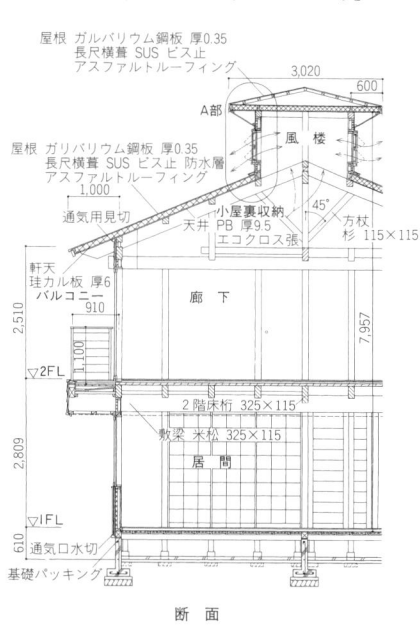

Fig-16　風楼

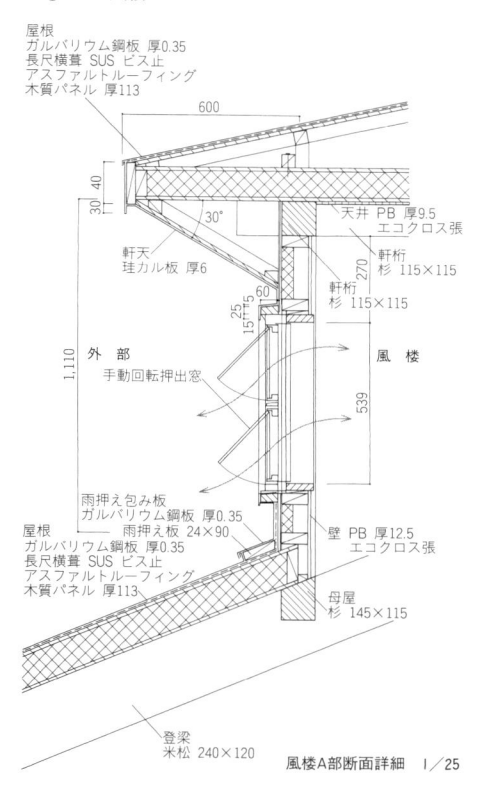

風楼A部断面詳細　1/25

◆**大空間頂部に設けるモニター換気口**

遮風板を組み込んだ換気口でどの風向でも圧力差を利用して自然換気が可能である。

Fig-17　東京都中央卸売場大田市場（日建設計）

Fig-18　東京都中央卸売場大田市場

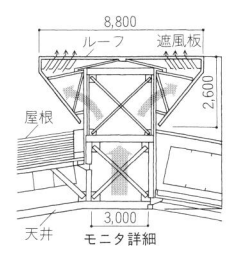

Fig-19　東京都中央卸売場大田市場

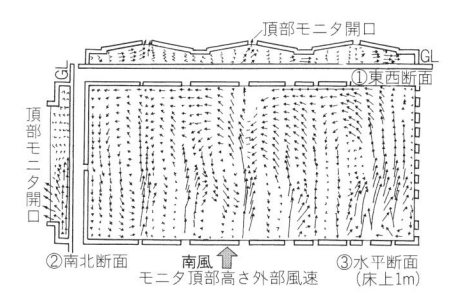

◆**風を通す建具**

Fig-20　葉山の家（益子義弘）

Fig-21　葉山の家

Fig-22　葉山の家

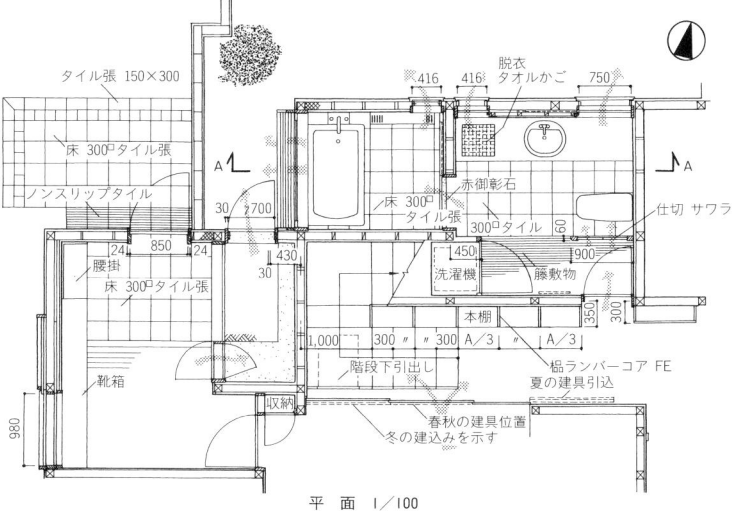

- 計画地における風の特性（風向・風速頻度，地表・周辺状況など）を十分調査することが必要である。
- 都市部においては，騒音・大気汚染・風速の減少などネガティブな要素が多いため，これらの影響を十分考慮して計画することが大切である。
- 隙間風を減らすのは，常時開放箇所を減らし，気密性能の高い部材（サッシュなど）を採用することが望ましい。
- トップライトのように建物頂部に開口部を設ける場合には，雨仕舞に十分配慮する必要がある。

脱衣室から浴室まわりの湿気を除去する工夫として，突出しガラス窓下部に風を抜く格子，脱衣室側引戸の足元スリットなど，細部の建具に至るまで考慮している。

一方，階段室に対して，空気の吸い上げ効果をコントロールするため，夏，春秋と冬において建具の仕立てを変えることができる。

Fig-23　葉山の家

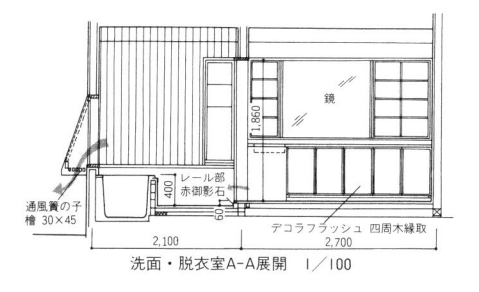

Fig-24　葉山の家

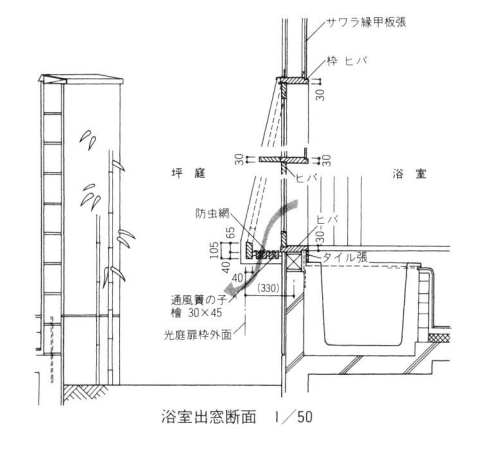

手法-26 室内空間形と通風

室内に自然風を取り入れ，室内に生ずる気流によって人体からの熱の放散を促進する，いわゆる通風の効果を得るためには，風向・風速といった外部条件と，室内の空間形や間仕切りの仕方といった内部条件に対する配慮が必要である。

通風の効果は，人体に当たる風の強さで決まるから，室内全体にさわやかな風が得られれば最も好ましいことになるが，風の通り道（輪道）が片寄りその他の部分は可感気流が生じない場合もある。そこで，通風を必要とする部分（平面的にも，断面的にも）に通風効果が得られるように，空間の形を決めたほうがよい。

また，風向・風速は，その地域に特有の性向をもつとともに，季節的な変動や時間的な変動も大きいから，それらに追随できるようにフレキシブルな空間構成にすることが望ましい。窓のように任意に開閉でき，通風の調節が可能な部分も，壁のように固定されている部分を考慮して配置するのがよい。また，手法-25 で述べているように，適宜流路を変えられるような装置—袖壁や飛出し窓（BAY WINDOW）によってフレキシビリティを増す工夫も有効である。

参照手法-24, 25

手法の原理

空間計画の工夫により自然換気・通風の促進を図る。

Fig-1

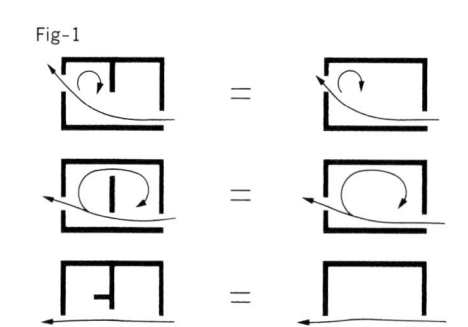

Fig-2

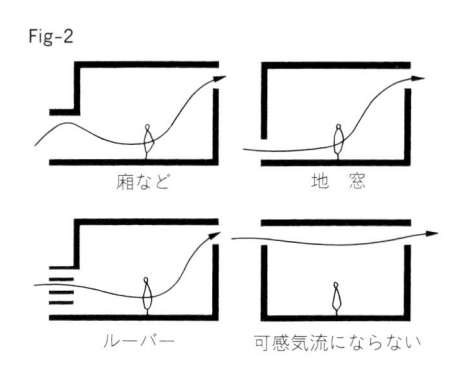

廂など　　地窓

ルーバー　　可感気流にならない

Fig-3　平面形と風の通り道

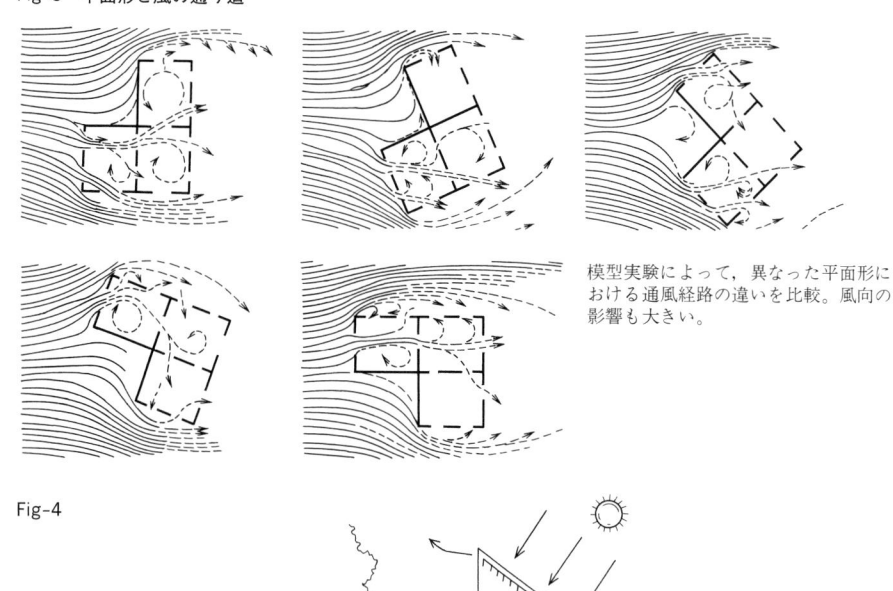

模型実験によって，異なった平面形における通風経路の違いを比較。風向の影響も大きい。

Fig-4

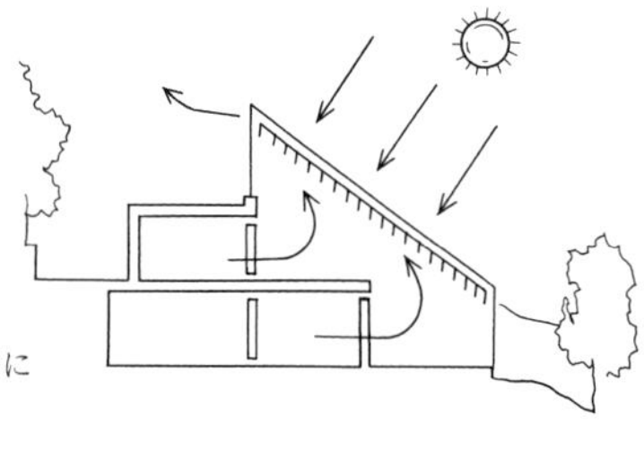

日射を利用し上昇気流をおこし，室内に空気の流れをつくる

設計の要点

◆**開口部間の相対的な位置を考える**
- 平面計画上，二つの開口の位置関係によって，風の通り道（通風経路）は異なってくる。また，通風経路は間仕切りの仕方や家具などの配置によって大きく影響されるため内部条件に対する配慮が必要である。
- 断面計画上，基本的には，流入部をできるだけ低い位置，流出部は高い位置が良い。

◆**開口面積のバランスを考える**
- 流入・流出開口部の面積比を見ると，双方の面積を大きくするのが最も好ましいが，流入開口面積の増大より，流出開口面積を大きくしたほうが効果的である。

◆**気積を大きくする**
- 天井高さを高くしたり，吹抜けをつくって，気積を大きく取り，自然風に頼らないで，上下の温度差による自然換気（煙突効果）を行うことができる。
- 頂部に流出開口を設けて，室の上部に上昇し滞留する熱気を容易に排出すればさらに良い。
- さらに日射を利用して，上昇気流の発生を促進する方法もある（ソーラーチムニー）。

事例とその説明

◆室内に風の道を通す

建物の南北方向に架けられた梁を利用してつくられた空洞（内法2m×2m）を通して外気を室内に導く。

風道のほぼ中央に仕切り壁があり，風上側では外気を取り入れて室内へ給気し，風下側は室内空気を屋外へ換気するような風の道を形成している。

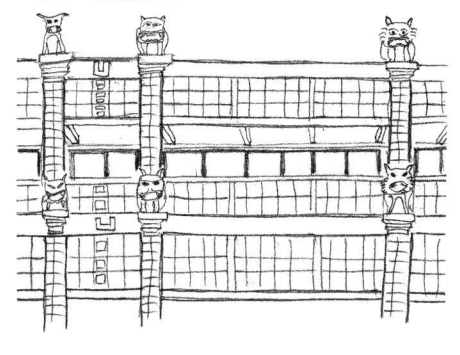

Fig-5 名護市庁舎（象設計集団＋アトリエ・モビル）

Fig-6 名護市庁舎

Fig-7 執務室の壁に穿たれた風の穴

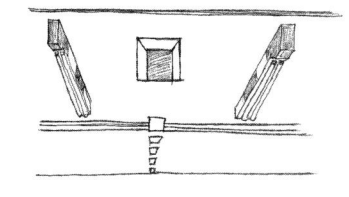

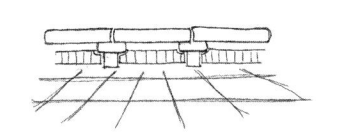

Fig-8 名護市庁舎の風の流れ

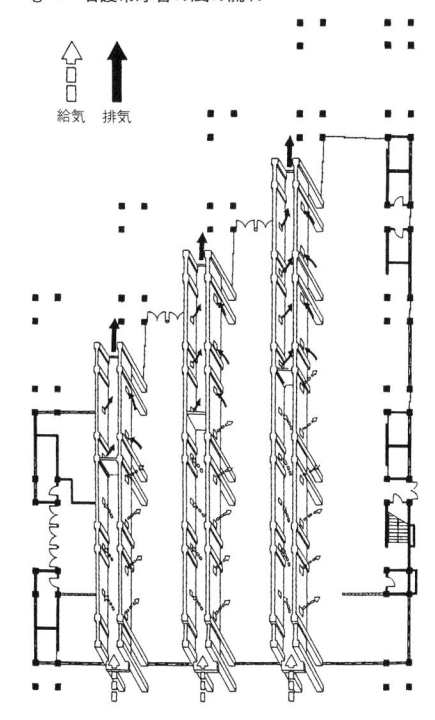

◆光庭を利用した換気経路

Fig-9 新潟県庁舎（日建設計）

光庭の上層と下層の圧力差を利用してオフィスの換気を行う

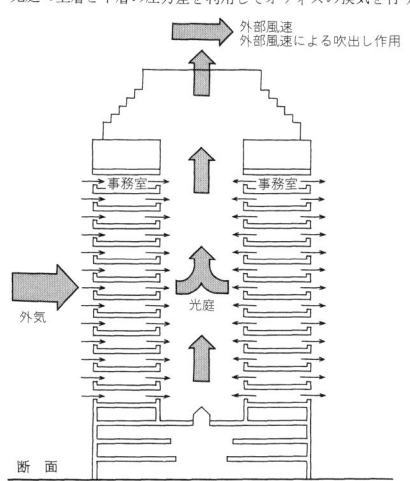

Fig-10

Fig-11 事務室の窓

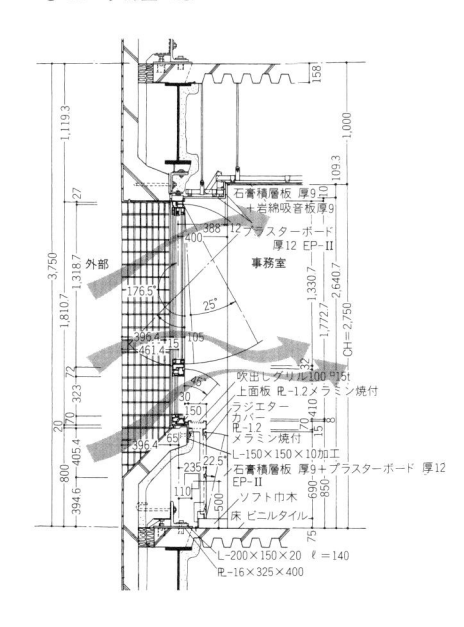

Fig-12 事務室の窓

Fig-13 光庭の窓

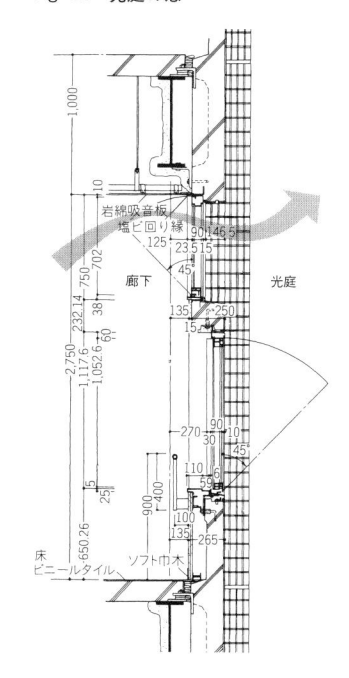

Fig-14 光庭の窓

◆吹抜けを利用した通風経路

気積を大きくとり，煙突効果も利用して通風を促進する。

吹抜けの上下部に換気窓を設けることにより，温度差を利用した自然換気を促進する手法。

日中の外気温が30℃に達し，風の弱い飯綱高原の夏を涼しく過ごすために，地下1階と1階屋根裏に高低差7mの窓を設け，温度差換気を図った。

夜間の無風状態において上下温度差は4〜6℃と大きく，温度差換気だけで4〜6回/hの換気回数を確保している。

Fig-15　飯綱山荘（日建設計）

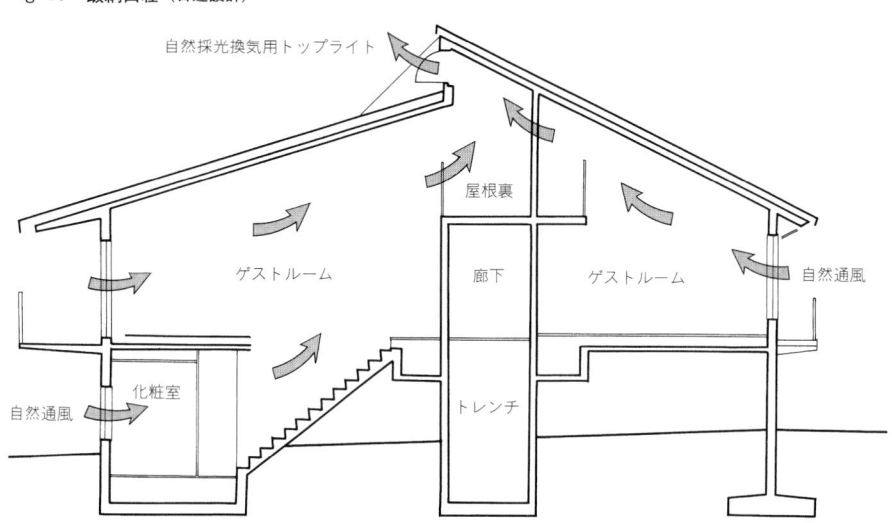

Fig-16　夜間換気時の上下温度差

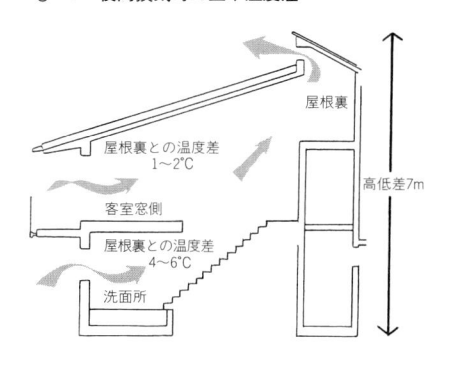

Fig-17　自然通風の気流シミュレーション

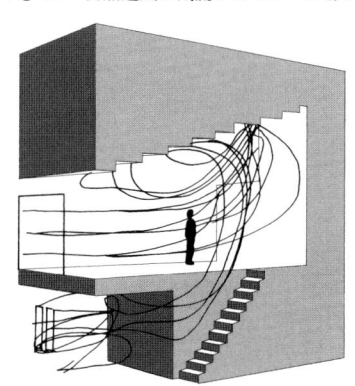

◆夏の通風と冬の採光を求めた障子天井

Fig-18　宮城野山荘（丸谷博男）

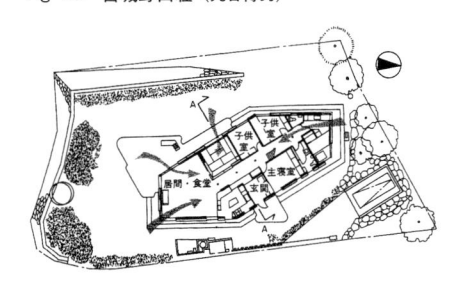

Fig-19　宮城野山荘　　Fig-20　宮城野山荘

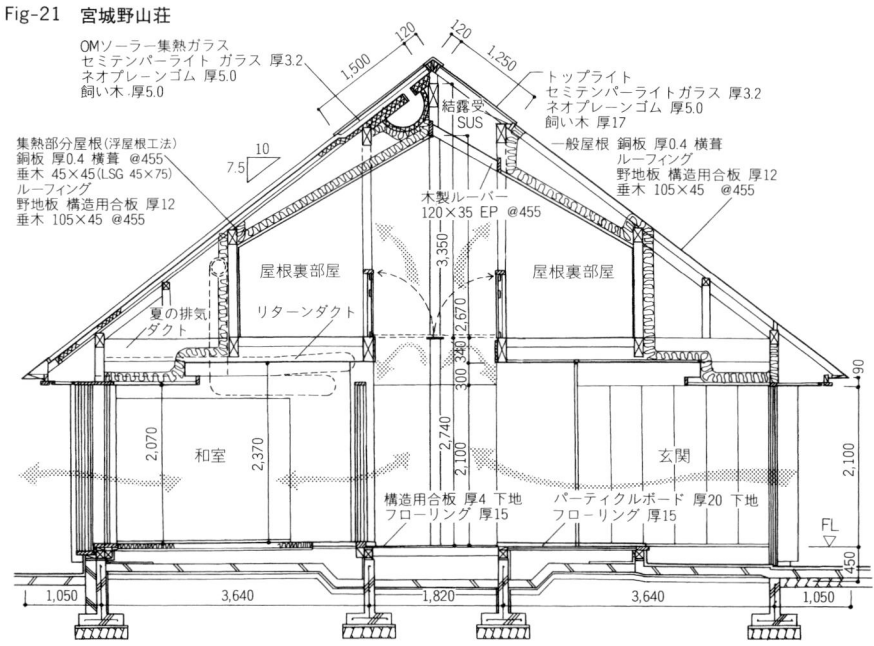

Fig-21　宮城野山荘

補足事項／コメント

◆オープンスペースによる通風経路の確保

各学年ごとに中庭を取り囲んで，夏季の通風を確保する目的でオープンスペースを配置している。

・高層ビルにおいては，冬季の隙間風による影響をはじめ，防災上の問題を含めて検討する。

Fig-22 那覇市立城西小学校（原広司）

Fig-23 那覇市立城西小学校

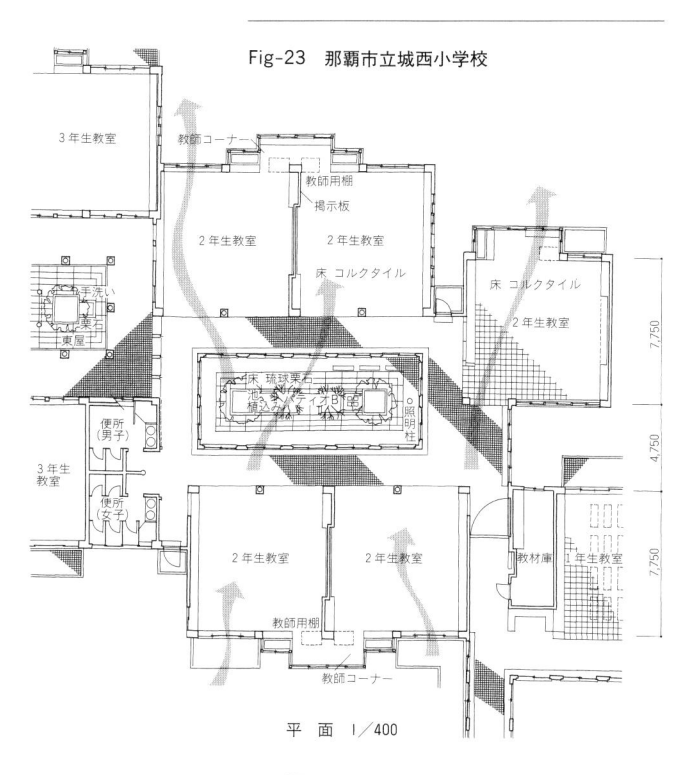

平面 1/400

Fig-24 NT（設計組織ADH）

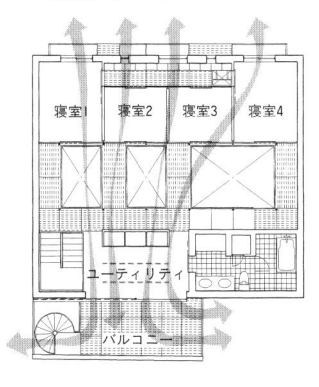

2階平面

Fig-25 NT

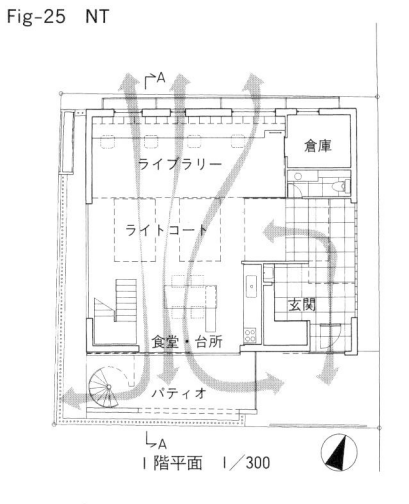

1階平面 1/300

Fig-26 NT

Fig-27 NT

Fig-28 NT

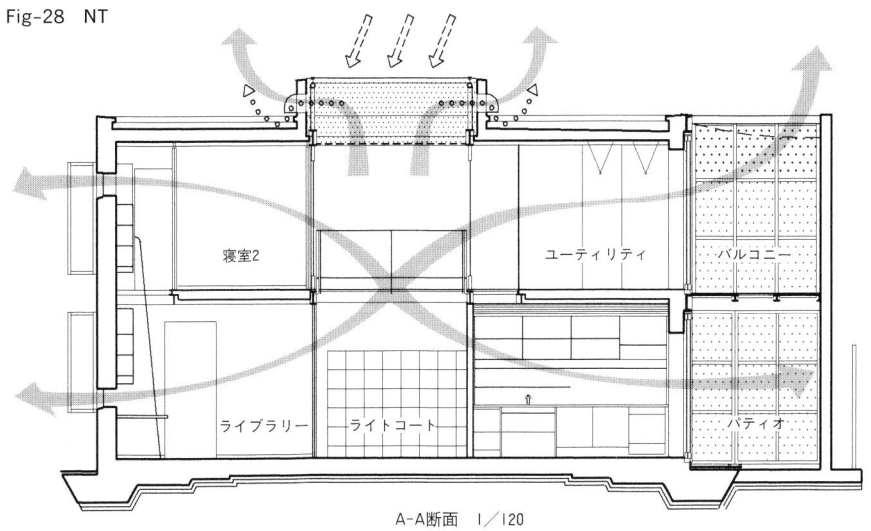

A-A断面 1/120

手法-27 建物の形と周辺気流

風に対して建物の形態を問題にするとき，風を利用しようとする場合（利風）と風を遮断する場合（防風）とでは，立場が全く逆になる。利風のおもな目的は，通風や換気を促進することであり，防風のおもな目的は，風当りを少なくすることによって構造的なメリットを得，防雨・防水の負担を軽くし，また冬季の熱損失を小さくすることである。いずれの場合にも，建物近傍の風の動きを正確につかむことが必要である。

建物近傍の風は，建物の形によって大きな影響を受け，また，風向きの変化に対してもそれぞれの形状が千差万別の対応をする。したがって，何を目的とするかでとるべき方法も異なってくる。重要なことは，形が建物近傍の風をつくるということであり，形を操作して最大限の利風あるいは防風効果を得ることが一つのテーマとなる。

参照手法-21，22，32

手法の原理

◆利風と防風

建物に当たる風をコントロールするときには，風を利用することと，風を防ぐことの二つの意味がある。これらは互いに相反することなので，計画に当たって利風を優先させるか防風を優先させるかを明確にする必要がある。

伝統的な"夏を旨"とする通風の体感効果を得ようとする住宅は前者である。近代の住居はどちらかというと後者であり，耐風性・防風性についての検討は十分されるが，利風については十分とはいえない。そして，後から利風を考えようとしてもうまくいかない場合が多い。その結果，やむなくエアコンディショニングの導入ということになりかねない。

極端な場合，防風のみを考えると高気密の住宅になる。日本では利風と防風の共存をうまく考えることが必要であろう。

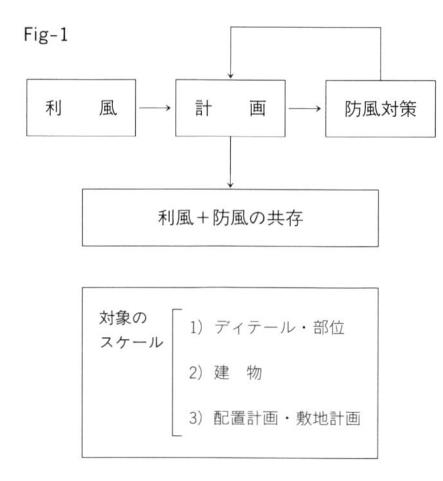

Fig-1

◆コントロールをどのスケールで行うか

風のコントロールは，大きく3段階のスケールに分けられる。
①建築部位―ディテールのスケール
②建物単体―室間のスケール
③建物群―地域のスケール

地域のスケールには，地形や樹木といったランドスケープによる方法（**手法-30**参照）のほかに，建物群の配置計画や集合の方法がある。

Fig-2 風をコントロールするスケール

対象\目的	スケール① 部位 ディテール	スケール② 建築	スケール③ 外部空間
利風	・開閉自在な窓 ・ジャロジー ・換気窓	・風の導入を促進する形態	・風路をつくる
防風	・気密性 ・耐風性 ・耐水性	・風除け ・雨除け	・防風林 ・防風柵

一般的には，利風，防風のために建築的手法を適用するスケールが大きくなるほど，地域の気候特性の影響が大きく作用する。したがって，どこにでも通用する普遍的な手法とはなりにくい。一方，建築部位のディテールのように工業生産化されるものは，その性能が明確であり，どこにでも使える普遍性をもつが，地域の気候特性に対応する柔軟性に欠ける場合が多い。気候特性に対応できる柔軟性は，"利風"を考える場合において特に重要であるが，気密性能，耐風性能のような性能別評価が困難であるため，工業生産とはなじみにくい。

伝統的な住居では②③にウエイトが置かれ，工業生産住宅のような場合には，①にウエイトが置かれる傾向がある。いずれにしても，風のコントロール機能を1か所に集中させることは無理であり，各スケールの段階ごとの利風，防風のテクニックの組合せ（組合せ方には幾通りもの方法が考えられる）が必要であろう。

◆二つのアプローチ

伝統的な民家の場合

建物周囲の防風林や防風柵は，第1次のバリアである。建物の形は，防風，利風双方にかなうよう，その敷地の微気候に忠実に対応する。自然発生的ともいえる形態形成は，おのおのの敷地で一品生産されるときの最大の強みである。開口部は大きく，土地固有の風の流れをとらえる。個々のディテールの耐風性，気密性はそれほど高くないが，それは上位のスケールにおける工夫（例えば軒の出による吹込みの防止など）でカバーされる。

工業化住宅の場合

敷地の決定があとになることが多く，敷地の微気候に適応させることが困難となるため，部位やディテールでの工夫がもっぱ

設計の要点

らとなってしまう。

おのおのの微気候に対応できるようにフレキシビリティを大きくすることは有力な手段ではあるが、余計なコストアップの原因ともなる。単一機能の完成度の高さは、他の条件に対して硬直的となりがちである。

Fig-3 伝統的な民家の場合

Fig-4 工業化住宅の場合

◆ **風圧係数**

風によって建物表面に生ずる圧力 P は

$$P = Crv^2/2g$$

C：風圧係数，v：風速
r：空気密度，g：重力加速度

のように表され、建物の形態の影響は、風圧係数 C（Fig-5）によって表される。風圧係数の値は、風の状態が一定であるときでも、建物の各部の位置によって異なり、また、風向や風速の変動によっても変化する。風向と関係を Fig-6 に示す。

Fig-5 建物の形と各部の風圧係数

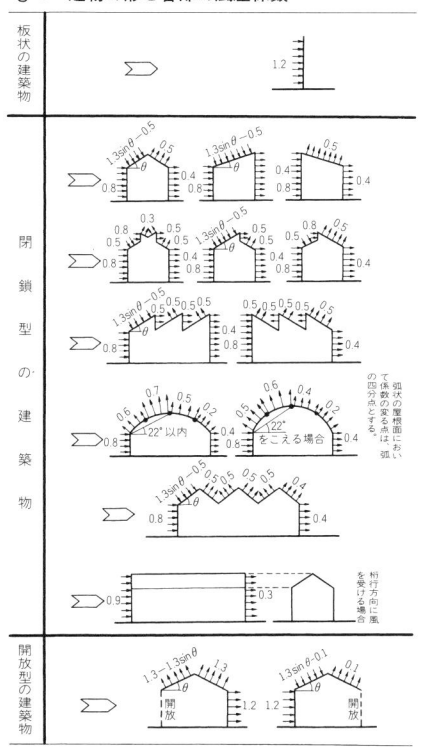

この図において、⇨は風向を、→は風圧力の方向を、θ は屋根面が水平面とはなす角度をそれぞれ示すものとする。

Fig-6 風向による一般壁面風圧係数

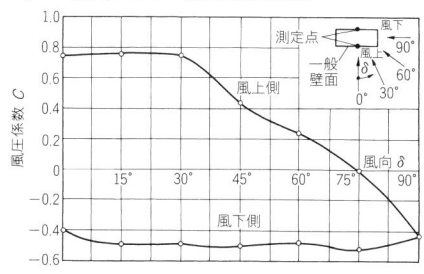

風速の変動と風圧係数

風洞実験の結果では、風速の繰返し変動（脈動）があった場合に、隙間からの流入風量は増え、したがって、見かけ上の風圧係数は増えるといわれている。

開口部があるときの風圧係数

実験的に求められる風圧係数は、開口部のない完全閉鎖型で行われる。したがって、開放的な建物の場合には、実際と異なると考えなければならない。

開放的な形では、一般に、風上側では小さめに、風下側では大きめになるといわれている。

◆ **建物の条件が自然風に与える影響**

風速の高さ変化（風速のプロフィール）に与える影響

風速は、上空にいくほど大きくなるが、その割合は、地表面の形状によって異な

$U(z)$：高さ z の点の平均風速
z_0：$U(z)=0$ となる高さ（粗度係数）

また突風時には、

$U(z) \propto z^n$

n：風速分布指数

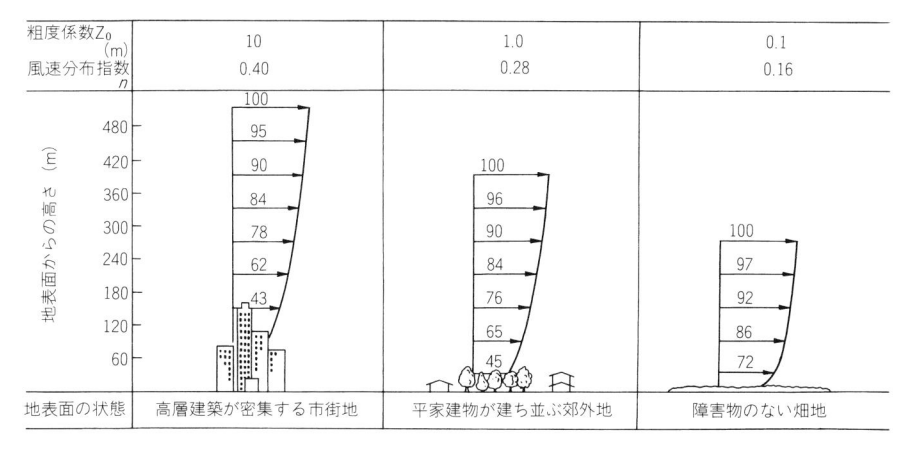

Fig-7 地表面の形態と風の垂直分布

地表面の粗さの状態と平均風速の垂直分布との関係である。この分布は、気象条件（熱的成層状態、強風時・微風時など）とも密接に関係し、風速が比較的大きく、熱的成層状態が中立に近い場合、

$$U(z) \propto \ln(z/z_0)$$

粗度係数 Z_0 (m)	10	1.0	0.1
風速分布指数 n	0.40	0.28	0.16
地表面の状態	高層建築が密集する市街地	平家建物が建ち並ぶ郊外地	障害物のない畑地

る。高層建築が密集するような地表面の粗さの大きいところでは，その影響が上空高くまで及ぶ。

基準法に定められている風荷重計算のための高さによる風圧の割増は，

$q = 60\sqrt{h}$

q：風圧力（kg/m²），h：高さ（m）

で示されている。このことは，高さの4乗根に比例して風速が増大することを表す。

建物配置と敷地との関係

建蔽率が大きくなると，風道が阻害され，風の通りが悪くなって，通風，換気の条件が悪化すると推測される。市街地のように建て込んでいるところでは，道路や通路が風道になるので，これらと敷地の関係からミクロな風の条件を把握して建物配置を考えるのがふつうである。

四季の変化，日時の変化，昼夜の変化，その変化するもののどの部分を取り込み，生かすかが肝要な点である。卓越風などマクロな情報を過信すると，就寝時に涼風が入らない寝室などを，うっかりつくることになりかねない。

Fig-8　建蔽率と風圧係数

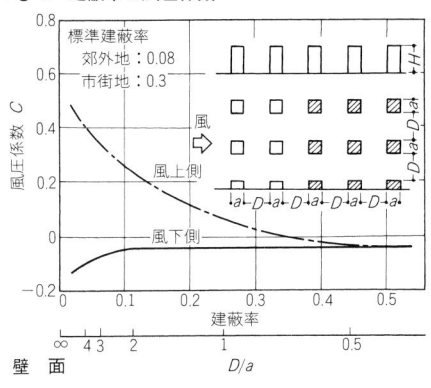

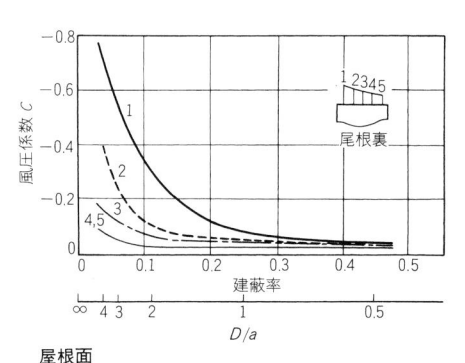

壁　面

屋根面

◆建物周辺や近傍の気流

一般に，周囲からの影響がないとすれば，
建物に向かう風は，
①建物の両側を通り抜ける
②建物の上部を通り抜ける
③風上側で下降しながら渦をつくる
以上の3種に分けられる。このほかにも，
④大きな開口部がある場合にはその部分を通り抜ける
⑤ピロティを吹き抜ける
などが考えられる。

建物の周囲には流れが集中するので，その部分のみの流れが速くなる。建物の両側に強風域が発生して障害となるケース，ビル風としてよく知られる。

一方，このような現象を利用して，通風や換気を促進させる例もある（**手法-1，5参照**）。

前記④⑤の場合にも，同様な縮流効果によって，局部的に流れが速くなることが考えられる。これもまた，強風時には障害となり，防風スクリーンなどが必要となるが，夏季の通風効果を促進するには好都合である。いわば諸刃（もろは）の剣であるが，ネガティブな要求を強調するあまり，角をためて牛を殺すのは好ましくない。特に住宅のような場合には，そのバランスをとることが必要であり，これこそが，パッシブデザインの真骨頂なのである。

Fig-9

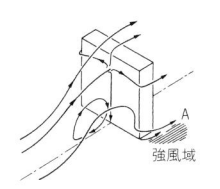

Fig-10

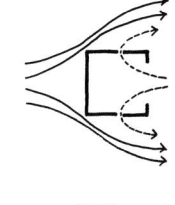

Fig-11

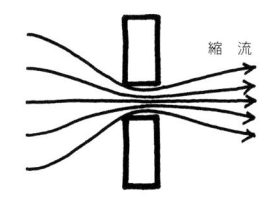

事例とその説明

◆流路をつくる

風を利用するためには，風の通る道をあらかじめ設定しておかなければならない。通風をうまく行うためには，建物の各位置に生ずる風圧差を巧みに利用することが必要であり，そのために建物の形態を操作して風圧差をつくってやることである（**手法-21, 22, 26参照**）。

Fig-12　ハウジング'73（瀬尾文彰ほか）

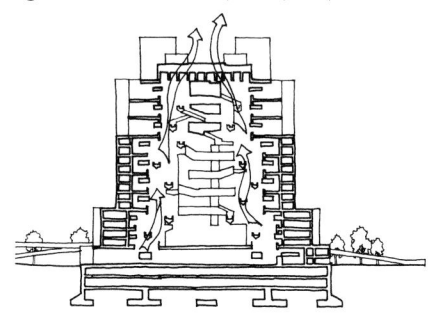

都市における高層高密度住宅の計画を，太陽放射と自然風という自然エネルギーの利用と，建築的手法によって環境制御しようとする試み。東西の住居列の間に大広場でもある風洞スペースを設け，この屋根からの放射熱による対流で頂部の風突から空気が排出され，同時に，各戸より吸引する。この効果と自然風の相乗による通風に期待している。

Fig-13　高層集合住宅計画（菊竹清訓）

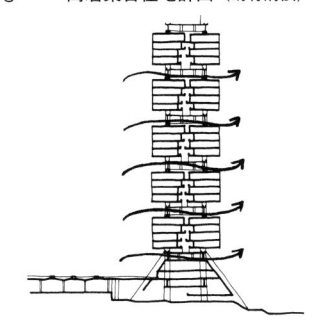

わが国のような風土で風の道を設けることは，有効な方法の一つである。この計画は，中廊下や5階ごとの広場などの共有スペースを自然風の風路として活用している。風の流れに応じて戸内の通風も促進され，夏季には換気という役割以上に，体感温度を下げる冷却のための通風として利用されうる。

◆外壁の表面積を増やす

外表面積を増やすことは，開口部の位置を柔軟に設定できることを意味するが（手法-17参照），これによって風向変化への対応が容易になる。

Fig-14は，ポーラスな空間構成とテラスハウスの特徴をもっている集合住居。海上に浮かんでいるかのような立地条件のなかで，風は通り抜け，海からの照返しはテラスで和らげられる。外部空間と内部空間，パブリックスペースとプライベートスペースの相互貫入はトポロジカルな空間構成を成し，その形態はまた，自然の息吹が建築の隅々まで行きわたっていることを示している。

Fig-14　アビタ'67（M.サフディ）

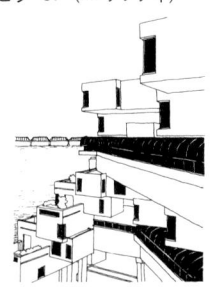

◆内外空間のつながりを強くもたせる

テラスやベランダといったアウトドアリビングのためのスペースは風を活用しやすい部位である。ポーラスな空間をつくることは，このような空間をとることを容易にする。

Fig-15は，高層アパートであるが，各戸が開放的なアウトドアスペースをもつ。

Fig-15　アミューブル・ヴィラ（ル・コルビュジエ）

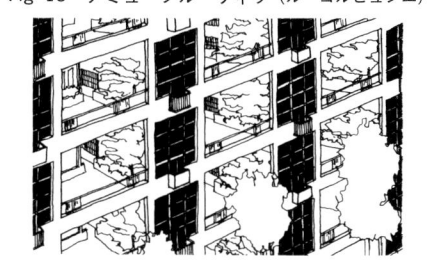

Fig-16は，建物の外側にもう一つのシェルターを架けた例。外側のシェルターは木製の格子組みでおもな目的は日射の遮蔽である。その内側は風が自由に通り抜ける半屋外の居住空間。

Fig-16　二重のシェルター（ターアンブル・アソシエイツ）

◆防風の対策

前述の諸例は利風のための工夫であるが，これらの工夫が強風時に障害とならないようにしなければならない。さわやかな風は通し，強風は防げるような形態が理想であるが，風に応じて，可動な防風スクリーンや防風ネットといった防風対策を同時に考えておかなければならない。

防風と利風のデザイン上の統一は，高層になるほど容易ではないが重要なポイントである。Fig-17では1階ごとの共用の「庭」にガラスの防風スクリーンが配置されている。

Fig-17　芦屋浜高層住宅（ASTMグループ）

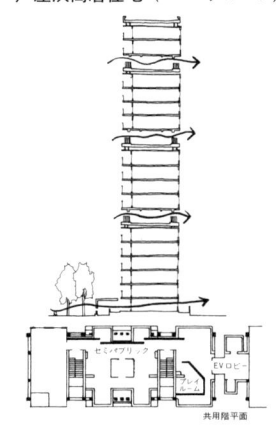

◆防風垣・屋敷森

伝統的住宅では，建物自体の気密性が低いので，屋敷森と防風垣で住宅自体を包んでいる。西よりの卓越風においても効果が見られる。

Fig-18　浜松近郊の伝統的民家の防風垣・屋敷森の効果

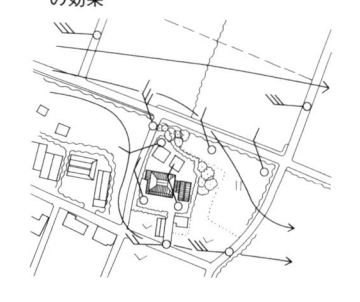

補足事項／コメント

◆定量化の難しい通風の効果

「だれが風を見たでしょう」で始まる歌を覚えている方も多いであろう。

確かに存在するけれど，形がないことが風の特徴である。それゆえに抽象的なありさまを示すものとして，畏怖すべき存在を運ぶ媒体，"気"の媒体として，洋の東西を問わず広く神秘的，宗教的な意味合いをも帯びているといえよう。

"風"という言葉は，なんとさまざまな使われ方をする語であろう。

手元の辞書を開いてみても，その数たるや枚挙にいとまがない。

「目にはさやかに見えぬ」けれども，確かに感じるものを風という言葉に託す表現は数多くあり，日本人の生活感覚のなかで，風という存在の大きさを物語る。

さて，通風の原動力となる自然風の動きは，建物の外部形態に大きく影響される。風圧係数と建物の外部形態との相関が大きいことは，周知の事実である。つまり，風圧係数は建物の形によってつくられるといえよう。

通風計画の第1ステップは，風が流入する開口部は正圧の大きい場所に，風が流出する開口部は負圧の大きい場所に設けるという原則で外部形態をつくる。では，どこから風がくるかということは，各地の気象台の資料でマクロに推測することは可能だが，個々の敷地の条件を忘れてはなるまい。その土地の微気候を知ること，これが大きな設計条件となるわけである。微気候に通暁しているのは地元の人間だということで，地元の大工にしか頼まない人もいるそうだが，これも一理ある。

啄木が歌のなかで，「風が三つの辻から来て，ひとつの筋に抜けていく」とうたっているが，これなども，自然の観察の鋭さを示していよう。今日の科学でも，このように千変万化する自然風の動きを定量的にとらえることは難しく，むしろ不得手とする分野である。不確定な要因に依存することは，科学ではできない相談である。

手法-28 照返しのコントロール

建物の内部だけでなく，建物のまわりの熱環境を調整することを考える場合，前庭などから照返しをどうコントロールするかが重要である。特に周囲の環境と一体化した開放的な建物や屋外での子供の遊び場において，照返しをコントロールすることは，快適な環境形成のために不可欠である。

一般に照返しというとき，視覚的な面での太陽光の反射光のみを考えがちであるが，日射エネルギーを吸収して高温になった照返し面からの再放射されるエネルギーも，目には見えないけれどかなりの量となる。

反射光は $0.3\,\mu m$ から $2.5\,\mu m$ の可視光線と近赤外線であり，再放射は $10\,\mu m$ 前後の赤外線であることから，建物やわれわれの人体に及ぼす影響も異なってくる。照返しの問題を考える場合にはこれら双方を考える必要がある。

わが国の伝統的建築空間では，深い軒で直達日射を遮り，白砂の敷き詰められた前庭からの反射光を室の奥まで導くといった照返しをむしろ効果的に利用する方法が見られる。一般に直達日射が強ければ照返しも強くなるから，照返しを遮蔽するためのさまざまな工夫も必要である。また夏には完全に照返しを防ぎ，冬には十分に受け入れるというように，四季によって照返しのとらえ方も異なってくる。

ここでは照返しを直達日射の反射と再放射が総合されたものとしてとらえ，空間形態，材料，気象条件の三要素によるコントロール手法を検討したい。

手法の原理

◆地表面の反射率と照返し

地表面が白っぽく反射率が高い場合には，照返しが大きくなるが，地表面に吸収される日射量は少なくなるため，地面からの再放射（長波長放射）は少なくなる。日射が強くなる夏を除けば，地面からの照返しを室内の天井に導き入れて，昼光照明のために積極的に利用する方法もある（手法-14 参照）。

地表面が黒っぽい場合には，日射の吸収率が高いため，日射はあまり反射されないが，吸収される日射量が大きくなるため，地面の温度は上昇し，再放射される熱も大きくなる。夏の厳しい日射を受けたアスファルトからの照返しは，非常に不快である。

Fig-1 地表面が白っぽい場合

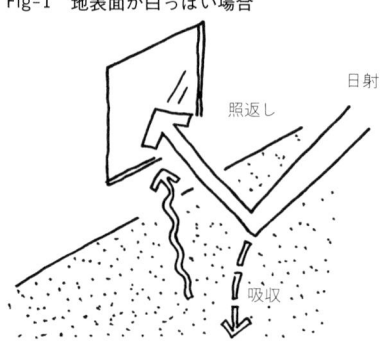

Fig-2 地表面が黒っぽい場合

◆照返しのコントロール手法

照返しをコントロールする手法には，照返し面に入射する日射を制御する方法，照返し面の材料によって反射率を変える方法，窓面に入射する照返しを制御する三つの方法が考えられる。

さまざまな制約条件を踏まえたうえで，適切な手法を選択することが大切である。

Fig-3 照返しのコントロール手法

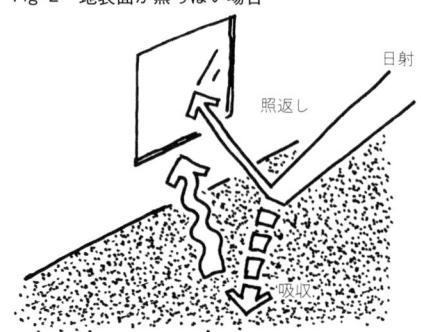

Fig-4 照返しのコントロール法

	原理	手法	設計資料	図説
手法1	照返し面に入射する日射をコントロールする	・前庭に大きな樹木（落葉樹）を植える ・パーゴラ	・樹木・パーゴラ等の日射遮蔽係数 ・季節や時間別の日射量，太陽方位角，高度	
手法2	照返し面の材料を選択する（日射反射率，表面温度上昇を考慮）	・芝生など四季によるメタモルフォシスを利用（表面の反射率・含水率の変化） ・散水する	・材料の日射反射率 ・材料の表面温度日変化 ・散水による反射率の変化	
手法3	照返しを受ける面で照返しをコントロールする	・ルーバー（特に下からの照返しに工夫） ・照返し面との形態係数を考える	・ルーバー等の遮蔽効果 ・面と面の形態係数	

設計の要点

◆ベランダ，バルコニーからの照返しの防止

集合住宅や学校，市庁舎では，ベランダやバルコニーが多く用いられる。これらがコンクリート仕上げの場合には，夏季の照返しは無視できない。庇やルーバーを設けて，日射をしっかりと遮るか，鉢植えなどを並べて照返しを防止する。

Fig-5 バルコニーからの照返し

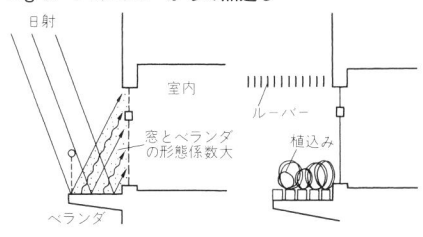

◆樹木，芝生，つたなどの植物による日射のコントロール

建築の外部空間で用いられる植物には地表面の芝生，壁面のつた，樹木などがあるが，それぞれが日射のコントロールに重要な役割を果たす。それは緑葉の蒸散作用，四季の変化に応じた落葉によるものである。

Fig-6 植物による日射のコントロール

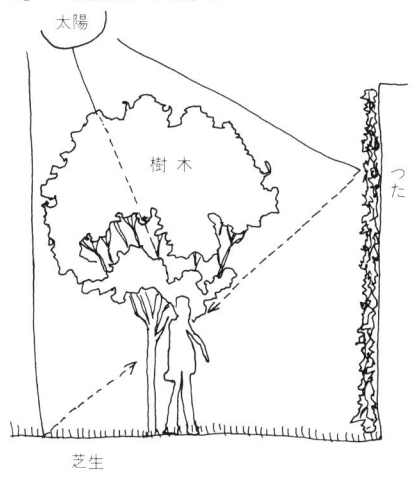

◆水面からの照返しの防止

池などの広い水面は，魅力ある建築外部空間を構成するための有効な要素である。しかし，水面は光の入射角度が大きくなると反射率が極端に高くなるため，太陽高度が低い朝夕には，樹木や鉢植えなどによって照返しを防ぐ必要がある。

事例とその説明

◆緑と建物の一帯化

中庭を設けた場合，外壁の面積が大きくなるため，建物の内部は外気温の変化や日射の影響を受けやすくなる。中庭を大きく包み込むような落葉樹があると，夏は室内への日射や照返しを防いでくれる。冬には葉を落としてくれるため，梢の間を通り抜けた日射が，建物に十分当たるようになる。

Fig-7 中庭に樹木を設ける
（相模原の住宅，野沢正光）

屋根を雛壇状にすることによって，室内からは緑が常に眺められる。落葉樹による日射しの調整は，快適な空間をつくるための大切な手法である。

Fig-8 屋上緑化
（アクロス福岡，日本設計・竹中工務店）

Fig-9
照返しの防止のため遮断物をここに置く
反射光防止のため一時的遮断物をここに置く

◆ミラーガラスからの反射日射が建築外部空間に及ぼす影響

室内への日射侵入を防ぐため，反射率の大きいミラーガラスなどが高層ビルなどの広いファサード面に用いられているのをよく見かける。Fig-10に示すように，40％近い反射率をもつために，数パーセントの普通透明ガラスに比べて室内の日射負荷を大幅に減らすことができる。

しかし，この高反射率面からの指向性の強い反射日射は，隣の建物や広場などに思わぬ影響を及ぼす。すなわち，隣の建物に強烈なグレアによる視覚障害や熱負荷の増大をもたらすのである。ミラーガラスが用いられた建物の周囲では，太陽の方向と同じ方向に歩行者の影ができるという奇妙な現象が起こることもある。

鏡面反射した光が，かなりの遠方でグレアを引き起こし，それが交通事故の原因となることもある。

Fig-10 ミラーガラスと普通ガラスの短波長
（0.2〜0.1μm）の反射率

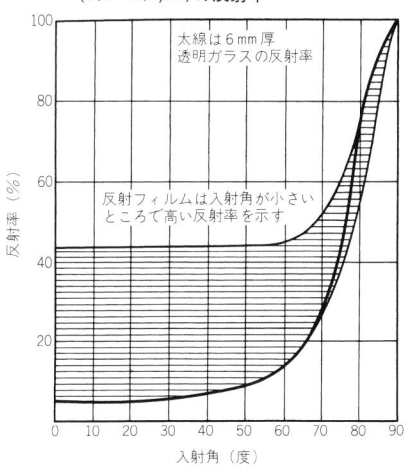

ハッチ部分はミラーガラスや反射フィルムの分布を示す。太線は6mm厚透明ガラスの反射率。反射フィルムは入射角が小さいところで40％もの高い反射率を示す。

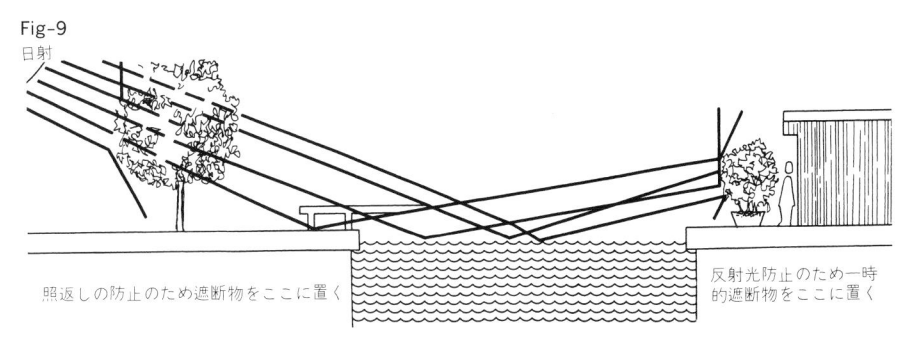

手法-29 地中温度の利用

高温乾燥地にも，寒冷地にも地中型住居の例が少なくない。地中に 1 m も入れば温度がほとんど一定である。

地中に逃げ込むのではなく，より積極的に大地の熱的特性を活用する方法を取り上げたい。

大地の温度がもつ一定性を利用する。その方法として①基壇型，②半地中型，③地下埋没型がある。湿気や排水の処理の容易さは，③＜②＜①の順であるが，熱的特性はそれほど異ならない。

参照手法-9, 10

手法の原理

◆地温の直接的利用

温度の安定している大地の保温効果（冬），冷却効果（夏）を利用する。この場合，建物と大地との接地面での断熱はしない。夏には壁の室内表面温度は，低いほど良いことになるので，湿気の多い夏の表面結露対策としては相反する要素となり，工夫を要する。

Fig-1

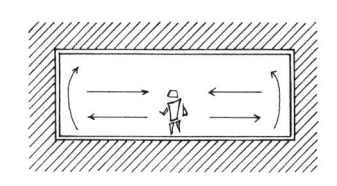

◆空気の冷却（クールチューブ）

地中に埋めたチューブのなかに空気を通し，室内へ導入する空気を冷却するアイデア。乾燥地では，加湿効果，潜熱冷却も期待できる。

Fig-2 クールチューブ

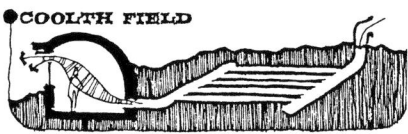

◆大地への蓄熱

1日の室温変動を緩和するため，日中の暖かい空気を地中に通し，蓄熱する。

温室栽培などでは実例も少なくない（手法-10 参照）。

Fig-3 温室栽培の地中蓄熱

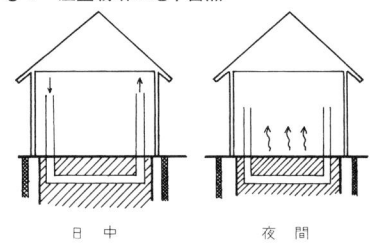

◆断熱・保温

盛土や覆土をして土の断熱効果を利用するとともに，植栽によって温度変動の緩和を図る。全部覆う場合と，一部覆う場合がある。

Fig-4 土砂と主要材料の物理的特性

材料名		熱伝導率 kcal/mh°C		密度 kg/m³	比熱 kcal/kg°C	容積比熱 kcal/m³°C
		λ_d	λ_w			
土砂	土	0.46	0.54	1,890	0.21*	397
	砂	0.20	0.42	1,700	0.20*	340
	砂利	0.34	0.53	1,850	0.20*	370
	荒木田土	0.64	0.76	1,510	0.21	317
	粘土質土壌	—	1.5	1,877	0.21	394
	粘土質土壌	—	1.6	1,986	0.21	417
	粘土	—	0.56	1,185	0.50	559
水		—	—	1,000	1.0	1,000
コンクリート		1.4	1.5	2,270	0.20	454
コンクリートブロック		0.59	0.64	877	0.25	219
木（マツ）		0.13	0.30	548	0.32	173

注：λ_d＝20°C 乾燥時　λ_w＝20°C 含水率75%　　＊ 組成石材によって異なる

設計の要点

◆土の物理的特性

土はさまざまな成分を含むので，それらの成分の割合によって熱的な特性が異なる。また，含有する水分によっても大きな影響を受ける。利用する場所の土の性質を知ることが必要である。

土は，土粒子と水分およびガスから成り立っているので，間隙率，含水率によって密度や熱伝導率が異なる。空隙部分が小さいほど，容積含水率が大きいほど，熱伝導率は大きくなる。また，含水率が大きいほど比熱は大きくなる（Fig-4）。

◆地中温度の年変化

地中の深さが増せば，地中温度は安定し，年変化は小さい（Fig-5）。

地温の年較差が0.1℃以下になる深さを温度不易層と呼び，その温度は，気温の年平均値にほぼ等しいとされる。地中水温がほぼ一定なのはこのためである。

不易層は，場所によって異なるが，おおよそ10m程度で，それ以上の深さでは土の温度は次第に上昇する。温度変動の小さいことを利用するのがポイントである。

Fig-5　東京地方における月平均の気温・地表面温度・地中温度

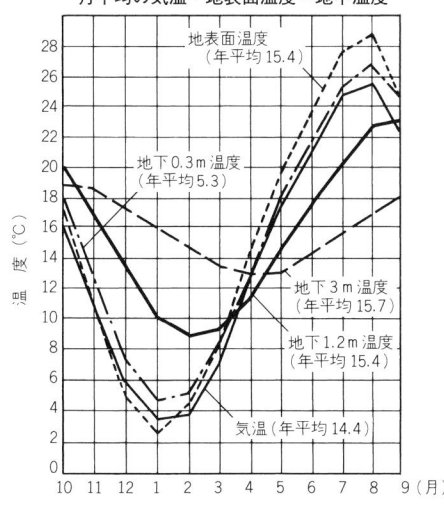

事例とその説明

◆地温の直接的利用

ビザンチン教会の存続とともに岩山に穴居をつくって暮らしてきた。酷暑でも室内は涼しい（Fig-6, 7）。

Fig-6　アプシラルの岩崖横穴住居（カッパドキア）

Fig-7　アプシラルの岩崖横穴住居平面

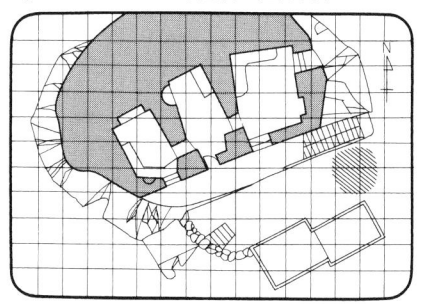

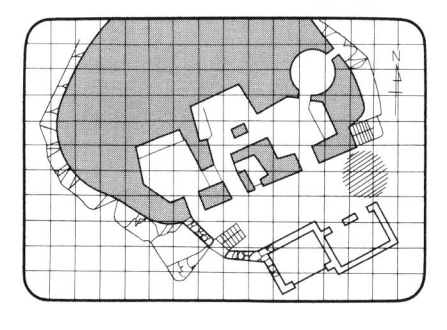

Fig-8では，地中に大きな竪穴を掘り，中庭と屋根を架けた住居がつくられている。砂漠の住居に似た例が多いが，外界とできるだけ遮断するという共通の目的があり，高温，寒冷という気候の相違にもかかわらず，同じような住様式を生み出している。砂漠と寒冷地には類似する形式が多く見られる。季節変化の小さな気候のもとでは，概して環境調節のための建築的手法は容易であるといえる。

Fig-8　中国の地下住居（ヤオトン）

M.ウェルズは，大地の熱的特性を生かした建築計画をすすめているが，これはアメリカのニュージャージー州チェリーヒル（北緯41°）に建つ彼自身のアトリエ兼事務所である。屋上は厚さ90cmの土で覆われ，植物が植えられている。建物の外観は地上からは見えないが，景観保存，生態系の保全という意図の反映である。主室は三方をドライエリアに囲まれ，ドライエリアを挟んだ向かい側の擁壁との放射熱の授受で，室内は快適に保たれる。採光はこのドライエリアからなされ，地下室のもつ密閉感は軽減されている（Fig-9）。

Fig-9　ウェルズのアトリエ（M.ウェルズ）

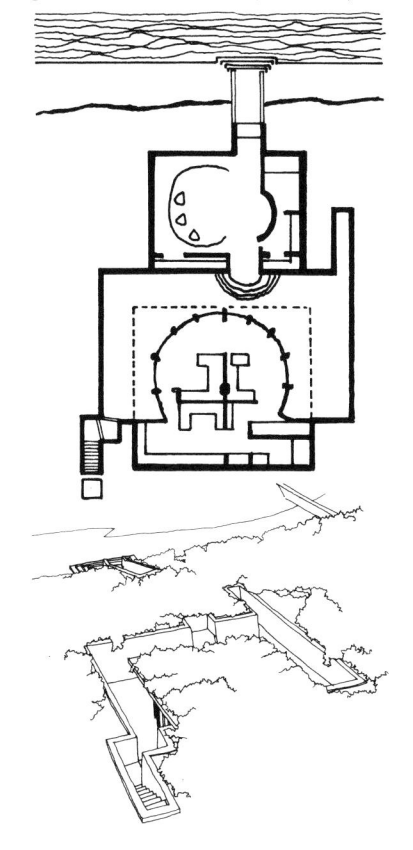

◆大地による空気の冷却

高温で乾燥した空気を地中に通し、加湿と同時に冷却する。地上の植栽は湿気を土中に保存するためであるという（Fig-10）。

飯綱山荘にもクールチューブが採用されている（**手法-19**参照）。

Fig-10　イランのクーリングシステム

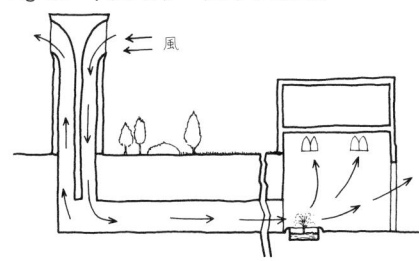

"風蔵"は、ポーラスな地中を抜けてくる冷たい風を利用したものである。風は大地を通る間に冷却される（Fig-11）。

Fig-11　富士の風蔵

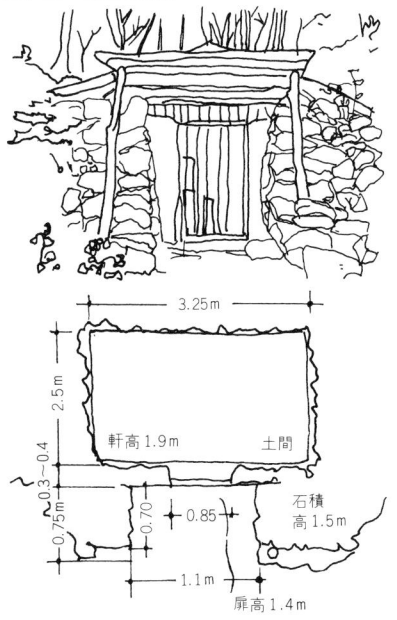

Fig-12は、木村建一設計による「相良ソーラーハウス」の自然冷風取入れパイプのディテールである。北側から入った自然冷風は、φ250のビニールパイプを通って南側の居間など3か所から吹き出される。

◆大地への蓄熱

蓄熱は、日中蓄熱して夜間放熱させるという短い周期のものから、最も長い蓄熱―放熱の周期として、夏季の暑さを冬まで持ち越して暖房に使い、逆に冬の冷気を夏まで持ち越して冷房に用いる場合が考えられる。もちろん、このような場合には、極めて大容量の蓄熱槽を必要とすることになり、通常の蓄熱槽では到底、経済的に成立しないが、大地を使って可能にする試みがある。

ソーラーファウンテンシステムとは、真夏の太陽エネルギーが半年遅れの真冬に地下からじわじわと湧き出してくるところから名付けられた。Fig-13のように屋根上の集放熱板、居室、ファンコイルユニット、蓄熱・蓄冷土槽、上部および下部の集放熱板より構成され、それらをパイプで連結し、ポンプで水を循環させることによって熱の移動を行う。夏の太陽を暖房に、冬の冷気を冷房に利用するために蓄熱・蓄冷が必要である。これを一つの槽で兼用させようとした点に特徴がある。土槽内の上下に集放熱板を3～4m隔てて設置するので、一部を暖め、他を冷やしても土の性質によりすぐには混合せず、土槽内に暖部と冷部を同時に存在させることができる（Fig-13）。

Fig-13　ソーラーファウンテンシステム（土屋喬雄）

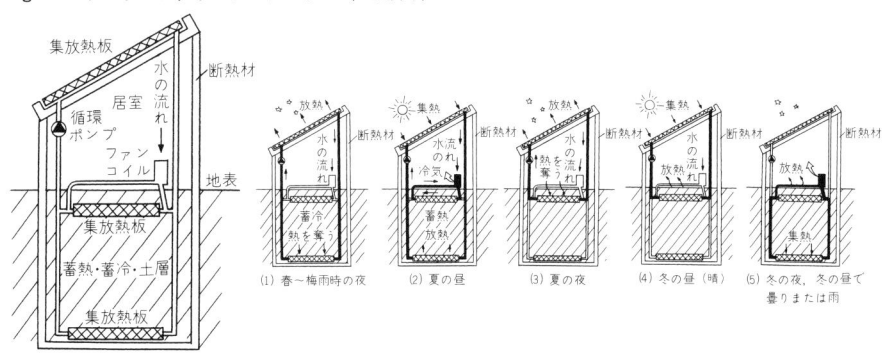

Fig-14　ライトのヤコブ邸

Fig-12　冷風吸込口と吹出口の詳細（木村建一）

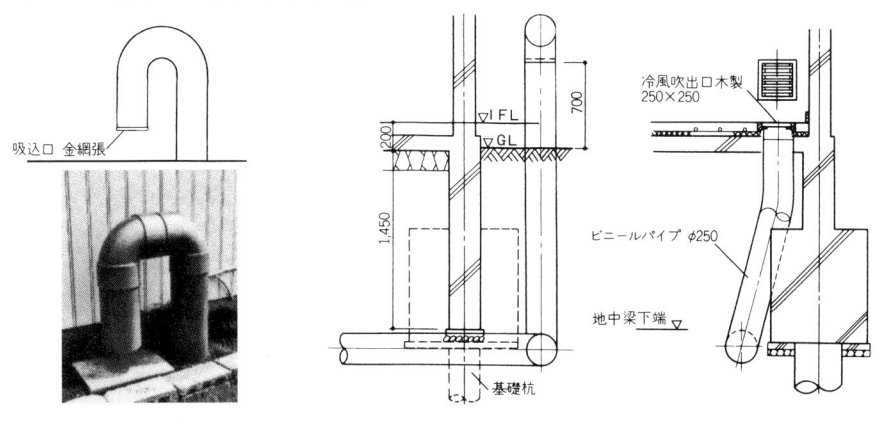

補足事項／コメント

◆断熱・保温

屋根も木造で，その上に覆土している。冬季，窓を通して射し込む日射は，コンクリート壁と床（断熱材の上に砂やれんがを敷いたもの）に蓄熱される。夜間は窓の断熱シャッターが下ろされ，熱損失を防ぐ。暖房は，この壁や床に蓄熱された熱によって行われる。

夏季は逆に日中，断熱シャッターを下ろし，天井と窓の接合部にある換気口をあけ，自然対流によって室内の湿った空気を排出し，外気を取り入れ，自然冷房を図っている（Fig-15）。

自然の芝や草で屋根の大部分が覆われた独特の半地下形式のプランが生まれた。

屋根を覆った住宅は，バームハウス（覆土住宅）と呼ばれ，熱損失を減少するための有効な方法として一般的にも知られている。

地下部分壁は，擁壁を兼ねたコンクリートで，地上部は木造である。

屋根は太陽電池と一体化された空気式コレクターである。全外壁は地中に埋められ，基壇型となった未来ビルである（Fig-16）。

Fig-15　サンダウンハウス-自邸（D.ライト）

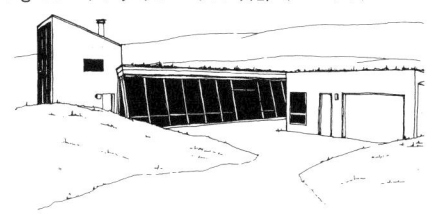

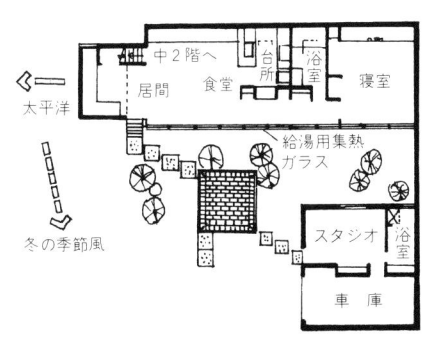

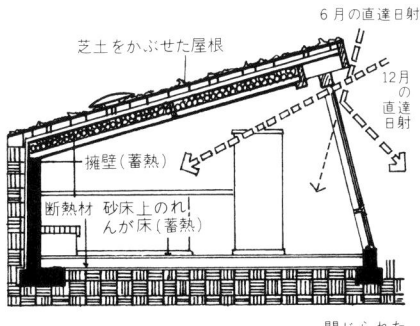

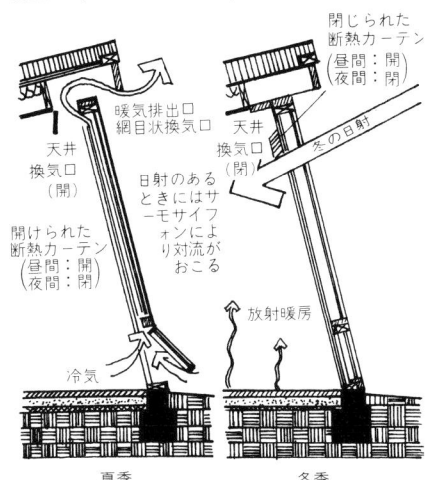

Fig-16　連邦オフィスビル案

半分地中に埋まり，地表部分はコンピューターによるニューマチックの可変伝達膜で覆われる。太陽電池で動力・照明用のエネルギーを得，廃棄物は太陽炉で処理され，水も再利用される。給湯水は平板集熱板でつくられ，植物や蛋白質の食物が生長箱や水耕タンクで栽培される。

自給自足（オートナマス）のハイブリッドソーラーハウスのプロジェクト（Fig-17）。

Fig-17　D.ライトによる未来ハウス案

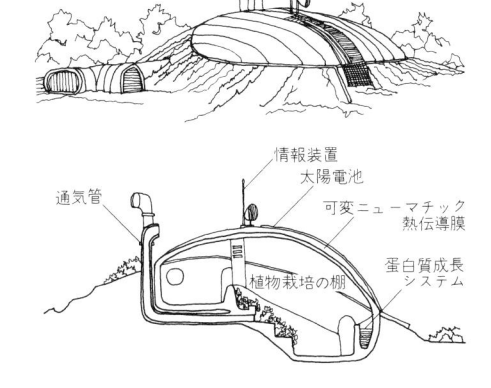

◆横穴式地下壕の米倉と温度

米穀倉庫は，一般に気温18℃，湿度70％に空調されている。Fig-18に示す地下壕内外の温度分布図は，幅11.5m，高さ4.6m，奥行84.7mの横穴式地下壕に，昭和22年，米を約25俵格納したが，貯蔵中の米質の悪化を憂慮して，昭和24年1月から3月まで壕内の温度，湿度，俵米温度といったものを測った図であるとされる。

これによると，空壕内気温が壕外の平均気温よりも1月上旬から3月半ばにかけて，9〜12℃高く，米を貯蔵した壕内気温が空壕内気温よりも1月上旬のころにはさらに3〜4.5℃も高いが，3月になるとその差が縮まり，半ばには同温となっている。米俵内気温より米俵上気温がやや高いのは，米の呼吸による発熱であるという。米俵内の温度においても同じで，1月には相当高いが，その後は15℃ぐらいにまで下降するという。

7月から9月の夏季においては，空壕内の平均気温は15.4℃で，壕外よりも9℃も低かったという。湿度は78〜90％であった。

すなわち，地下壕の気温の変動がいかに安定しているかを示している。

地下壕は舞鶴市長浜にあったものとされる。

Fig-18　地下壕米倉内の気温分布

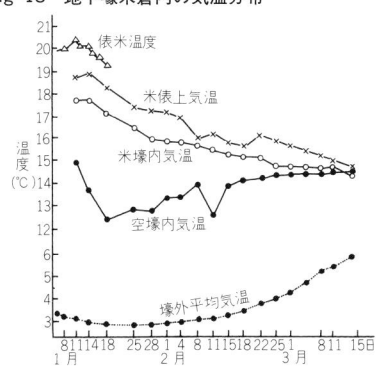

手法-30

地形の利用

地形は風土の自然が決めた姿であり，潜在的な力である。微気候を支配し，そこに建つ建築の室内気候にまで影響する。山であるか谷であるか。海か陸か。河川か湖沼か。平野か盆地かがマクロな地形の分類であり，その中に微地形が存在し，敷地選択の重要な要素である。地形に伴う微気候の影響を見逃せない。日照時間と日射量，風向と風速，気温分布が地形に伴って変化する。地形とそれに伴う植生の影響もある。これらを総合的に考える必要がある。景観は地形と，それに伴う気候や植生を含めた土地のポテンシャルを表す。

設計の要点

◆斜面と日射

斜面における日射強度は，太陽高度と地面の傾斜角，地面の傾斜方向と太陽光線とがなす水平角に関係する。

太陽高度が高く，かつ日の出・日没方位が北に寄る夏至では，どの方位の斜面でも1日に受ける直達日射量に大きな差はない。いずれも傾斜角度が大きくなるほど減少する。これに対して冬至では，斜面の向きによって得られる日射量は大きく異なる。勾配が30°の北斜面では全く日が当たらないが，南斜面では勾配が66°で最大となる。

Fig-1 ヒルズの土地ユニット分類システム

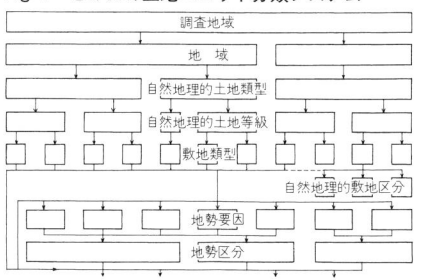

Fig-2 自然地理的類型区分

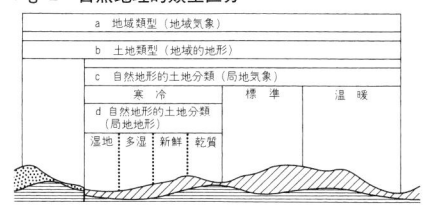

Fig-3 傾斜面に対する全日の直達日射量 (北緯35°)

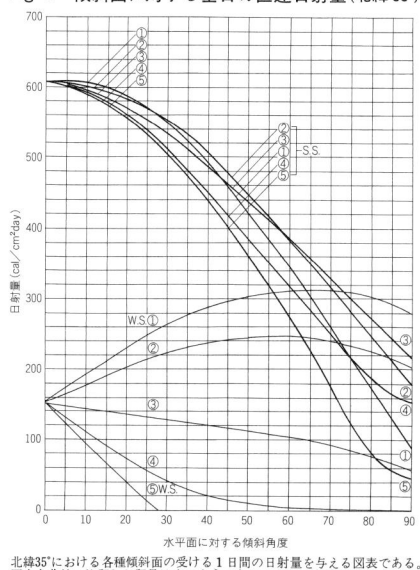

北緯35°における各種傾斜面の受ける1日間の日射量を与える図表である。図中各曲線に注記した記号は次のようである。また，太線は夏至，細線は冬至に対するもの。大気透過率は0.7と0.6。

①南向き傾斜面　③東（西）向き傾斜面　⑤北向き傾斜面
②東南（西南）向き傾斜面　④東北（西北）向き傾斜面

◆地形と日照時間・日射量

地形が日照・日射に及ぼす影響は，日照時間（可照時間）と日射量の双方が検討されるべきである。複雑に入り組んだ谷間のような地形では，日照時間が極めて多様であるばかりでなく，斜面の勾配や向きによって日射強度が異なるからである。岐阜県小八賀川の谷沿いで，日照時間と日射強度と住居の分布との関係を調べた調査がある。これによると，住居の分布は日照時間の長い地域，日射強度の大きい地域に多く，日照条件の悪いところでは日射の条件で補う傾向があるようだという。

別の調査では，日射の強さよりも日照時間の長いほうが好まれるという報告もある。

奈良県丹生川沿いでは，日当りが地名と対応している。可照時間の短いところにも住居があるが，これは強風のゆえであるといわれている。

集落の形成，住居の分布状態は，必ずしもこのような日照・日射の条件だけで決定されるわけではなく，他の環境条件や社会的条件も大きく関与している。しかし，新たな計画を行う場合には地形に依存する日照・日射の検討は欠かせない。

Fig-4 日影と住居分布

Fig-5 日射強度と住居分布

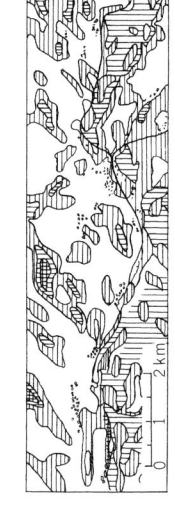

Fig-6 奈良県丹生川渓谷の可照時間と住居分布

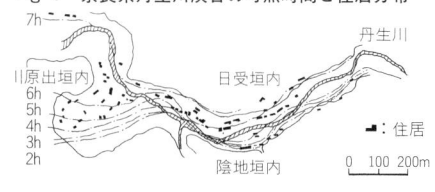

◆地形と風

海陸風

海陸風は，よく知られた微気候の現象である。水は土に比較して熱容量が大きい。このため，日中は地面が高温になる。等圧面は昼間には陸上で高く，海から陸に向かう風が吹く。他方，このような局地的な風の動きとは別に季節風のようなマクロな風があり，それらがさらに地形の影響を受けて複雑な動きとなる。

「山，海へ行く」というキャッチフレーズが神戸にあった。六甲山を削って瀬戸内海を埋め立てるという大規模な工事である。ところが，山が低くなったために，冬の季節風を直接受けるようになり，海の影響が小さくなって冬は冷え込むようになったといわれている。

Fig-7 は東京都内における約200地点の観測結果による風の流線を示している。両図を比較すると，風の強弱によって風向のばらつきが違ってくる状態，卓越風が弱くなると大森・蒲田方面に東の海風が発達することがわかる。

山谷風

深い谷間では，風は谷に沿って吹くが，その方向は時間によって異なる(Fig-8)。

夜明けごろには，夜間冷却された山風が吹き出す (h)(a)。日が昇って，地表が温められると谷壁を上昇する気流が生じ (b)，次第に谷風が吹き始める (c)(d)。夕方になって地表が冷えてくるにつれて谷壁に沿って下降する気流が生じ (e)(f)，やがて山風となる (g)(h)。この山風は冷気流となるので，農作物に被害を与える場合もある。防風林は等高線と直角に植えられる。谷沿いと断面の循環がある。

実際には，卓越風の影響，谷の向きの大きさの影響が加わって複雑な現象となる。

谷から平野部に吹き下ろす風はしばしば強風となって被害をもたらす。地形的な特徴と強い関連をもち，その地名などから固有の名前で呼ばれる。清川だし（山形県），那須おろし（栃木県），広戸風（岡山県）などが著名である。

Fig-8 デファントのモデル
(a) 日の出　(b) 午前9時ごろ
(c) 正午ごろ　(d) 午後
(e) 夕方　(f) 夜の始まり
(g) 真夜中　(h) 夜明けごろ

Fig-7 季節による風向の違い（東京）
(A) 1943年10月12日14時
(B) 1944年2月1日14時

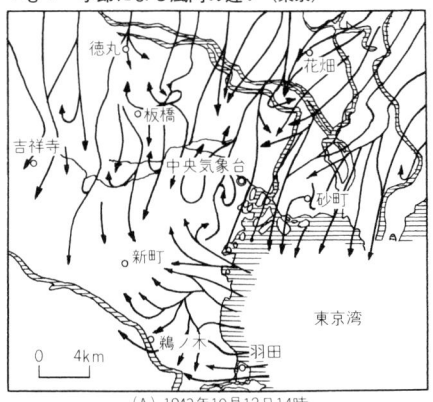

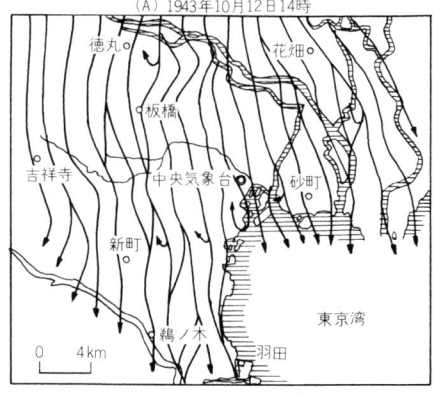

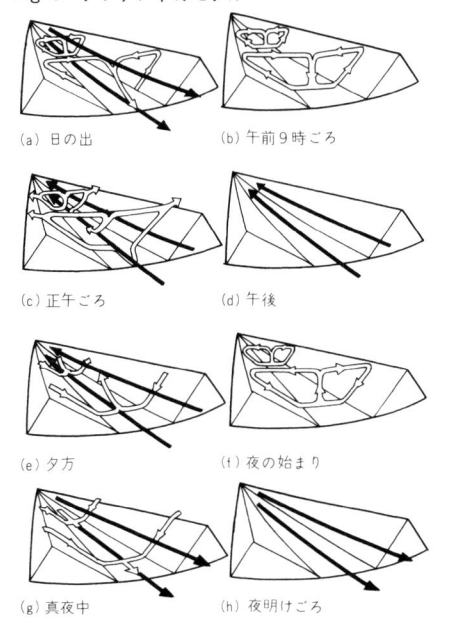

◆地形記述の方法

地形とその影響を理解するためには，まず実態を正確に把握するテクニックを必要とする。シーランチ計画におけるL.ハルプリンの提唱するR.S.V.P.サイクルのエコスコアリングの例をFig-8, 9に示す。

R.S.V.P. とは，Resourses（物的・人的資源），Score（記述），Valuation（ハルプリンの造語：評価とフィードバックを含む行為の意味），Performance（実行・成果）の四つの語の頭文字で，R.S.V.P. サイクルとは，人間環境を創造するためのプロセスとされる。

「R.S.V.P.サイクルは，すべての部分が常に相互に有機的に関連し合っている状況を許容する基本的な枠組である。」[*1]

そこには，生態学的な発想があり，自然環境もまた一つの資源として正確に記述されなければならない。シーランチ計画は，その壮大な実験でもあった。

Fig-9 エコスコアリング（傾斜の部分）

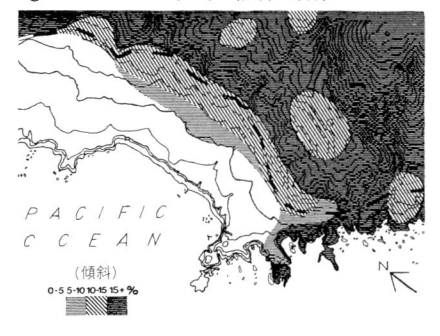

Fig-10 エコスコアリング（風速分布と防風林の効果）

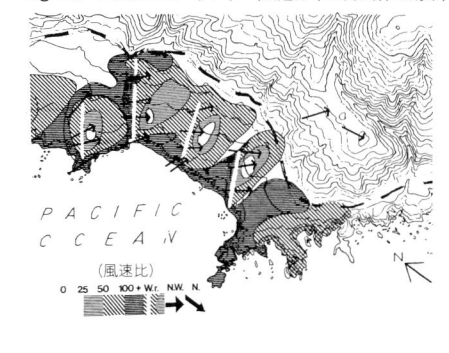

事例とその説明

◆南斜面の利用

Fig-11　プエブロ・インディアンの住居

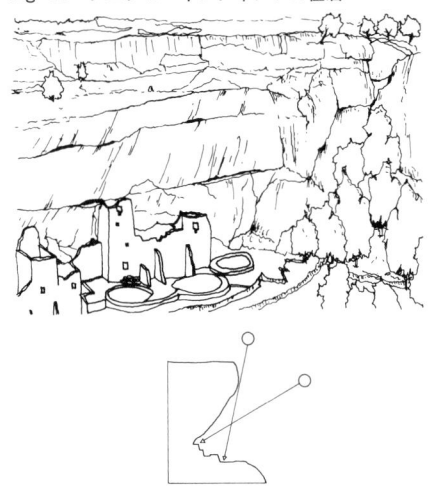

「日光を求める花のように，このスイス山村の酪農小屋も太陽を求めている。同じ仕事に従事する同じ種類の人間たちの集団として，村が集団設計をされている著しい例である。土地，気候，素材および住人の日常作業が完全に調和しているので，一つの美を作りあげている。」[*2]

Fig-12　スイスの山村

個々の住居単位が，屋外・屋内の双方の空間をもつ利点をテラスハウスはもっている。それだけ環境制御の要素を多くもっていることであり，その統合の手法も多様である。

Fig-13　サンセットマウンテンパーク（D.M.J.M.）

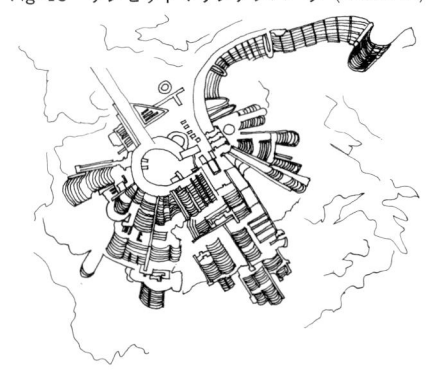

Fig-14は，切り出した水成岩と日干しれんがを用いた厚い壁で多層の集合住居を形成している。最下階はヤクや羊などの家畜小屋であり，上階が居住や収納スペースである。暖かい上層部分が居住に当てられるが，斜面に建てられているので各階へのアプローチを分離することもできる。

Fig-14　ラダングの町（ネパール）

◆防風・利風

小さな湾に沿った斜面に漁民の住宅が密集し，個々の住宅に当たる海からの強い風を和らげる。それぞれの住宅は，さらに石積みの壁で囲まれ，中央に中庭をもつコートハウスの形式である。中庭は，強風時でも風の影響が小さく，十分作業できるスペースである。

Fig-15　外泊の集落

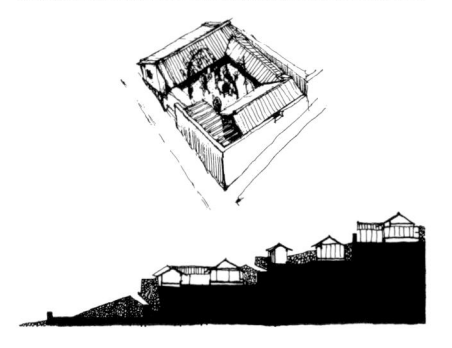

Fig-16　ミズーリの民家（半地下）

Fig-17　半地下のソーラーハウス（M.ウエルズ）

Fig-18　谷風のコントロール

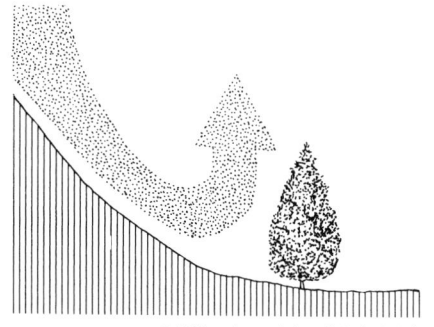

常緑樹は冷たい空気の流れを止める

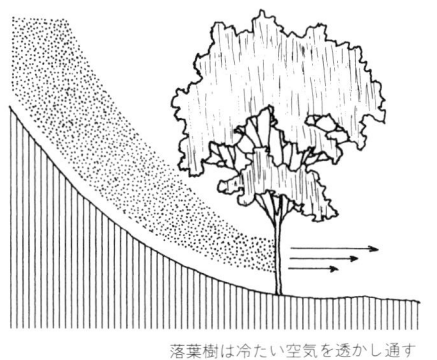

落葉樹は冷たい空気を透かし通す

もともとの地形や植栽を生かし，建物の配置や形態が決められている。そのため，1年間にわたる綿密な事前調査が行われ，さらに風洞実験による検討もされた。

Fig-19　シーランチ計画（L.ハルプリン）

補足事項／コメント

南斜面に，浅いボール状に計画された町。できる限りの太陽熱を得るように地形の特性が生かされている。計画区域は住居により構成される厚い壁によって取り囲まれている。

このメガストラクチュアは，その内側に外の環境から遮断されたメゾエンバイラメントを形成し，道路や種々の社会施設（商店街，劇場，教会，広場，体育館など）が複合された空間となっている。

低気温，強風，大雪，暗さなどの苛酷な自然環境の圧力を軽減するため，町全体が一つの有機体として計画されている。

Fig-20　アークティクシティ計画（R. アースキン）

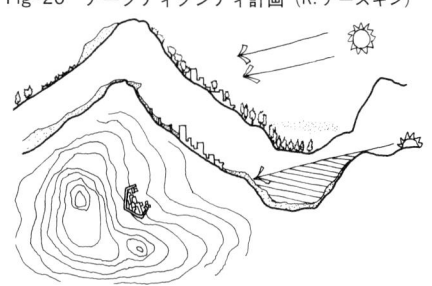

両側の斜面にThermal Chimneyを設け，太陽放射によってその中に上昇気流を起こさせ，山頂のノズルから吹き出させる。谷間の町は，その気流の加減によって気候調節される。

いわば天然のエアカーテンである。エアカーテンによって"見えない屋根"をつくる計画や実例はほかにも多いが，この例では動力源は太陽。

Fig-21は，積乱雲を発生させ，雨を降らせるというもの。

Fig-21　地形を利用した気候改善

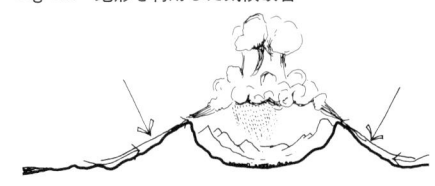

テント構造の大きな屋根は，オアシス全体を覆い，日陰をつくって地表温度を下げると同時に水の蒸発を抑える目的をもつ。

泉を中心にテラスハウス群やオフィスが配置され，それぞれのテラスには植栽され，その加湿・冷却効果でオアシス周辺の居住空間を波及的に拡大するというプロジェクト。テント構造を用いたオットーの一連の砂漠プロジェクトの一つ。

Fig-22　オアシス計画（フライ・オットー）

＊1　「R.S.V.P. Cycle」L. Halprin, George Braziller Inc.
＊2　「デザインとは何か」P. J. グリヨ著・高田秀三訳　彰国社

◆頤和園

清の皇太后は，その膨大な富を背景にしてわざわざ平地を掘って池をつくり，山を築いたといわれる。北京の頤和園である。人は訪れて，まずそのスケールの大きさに驚く。この途方もない事業にかりたてた情熱は何であろう。そこは離宮であり，憩いの場として使われたことを見れば，単に権力の象徴としての高さを求めたゆえでないことがわかる。ピラミッドとは明らかに異なる。あくなき快楽を求めたといわれるこの女王は，緑に包まれた大地の起伏がもつ隠れた魅力をもかぎつけ，つくりあげたのであろうか。

他方，現代の土地づくりは，ひたすら山を削り，均し，平地をつくりだしている。地形のもつポテンシャルは感じこそすれ，商売とあれば，取るに足らないとでもいうように……。

地形をめぐる，極だったコントラスト。

「人，山に住むを仙，谷におりるを俗という」ともいう。

Fig-23　頤和園

手法-31
樹木による光と熱のコントロール

高温多湿なわが国の夏に，快適な屋外生活をつくり出す最も一般的な手法の一つとして，樹木の活用がある。例を挙げれば枚挙にいとまはないが，藤棚（パーゴラ）などは，そのなかでもポピュラーなものの一つであろう。藤棚は，"藤の木"によって太陽の日射を遮り，あるいは不快なグレアを和らげているのだが，人に対する機能はそれだけではない。

樹木には，人に対する感覚的効果，もしくは美的な効果があるのはもちろんのことであるが，ここでは樹木が熱や光を中心に微気候に及ぼす影響に絞って，それらを応用した実際の事例を示すことにする。当然，樹木が植えられている場合と，森や林のように数多くの樹木が植えられている場合とでは，影響を受ける範囲やその度合いも異なり計画の手法も異なる。

われわれの周囲に存在し，非常に身近に感ずる樹木ではあるが，それ自体時々刻々と生長している生物でもある。樹木を環境計画の素材として有効に用いることは，樹木を植え，育てることにほかならないことを念頭においておく必要があるだろう。

設計の要点

◆樹木と日射

樹木は自然の太陽熱コレクターである。樹木をはじめ，植物全体の生長に不可欠なものが太陽エネルギーである。太陽エネルギーにより光合成が行われ，CO_2 が O_2 に変換され，蒸散が行われる。そのために植物の葉は，最も太陽エネルギーを効率的に授受するように配置されていることは想像に難くない。

樹木は，太陽の光や放射熱を遮るのに有効な道具として，古くから屋外の環境計画に用いられてきた。

住宅の設計では夏季の西日を考慮しておく必要がある。これは最高気温が生じる午後2時ごろに，西壁が受ける日射も最も多くなり，室内気温も高くなることが予想さ

Fig-1　樹林内外の相対照度

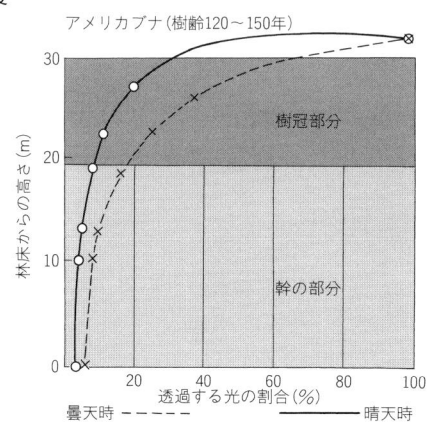

Fig-2　大阪における気候変化環境計画目標

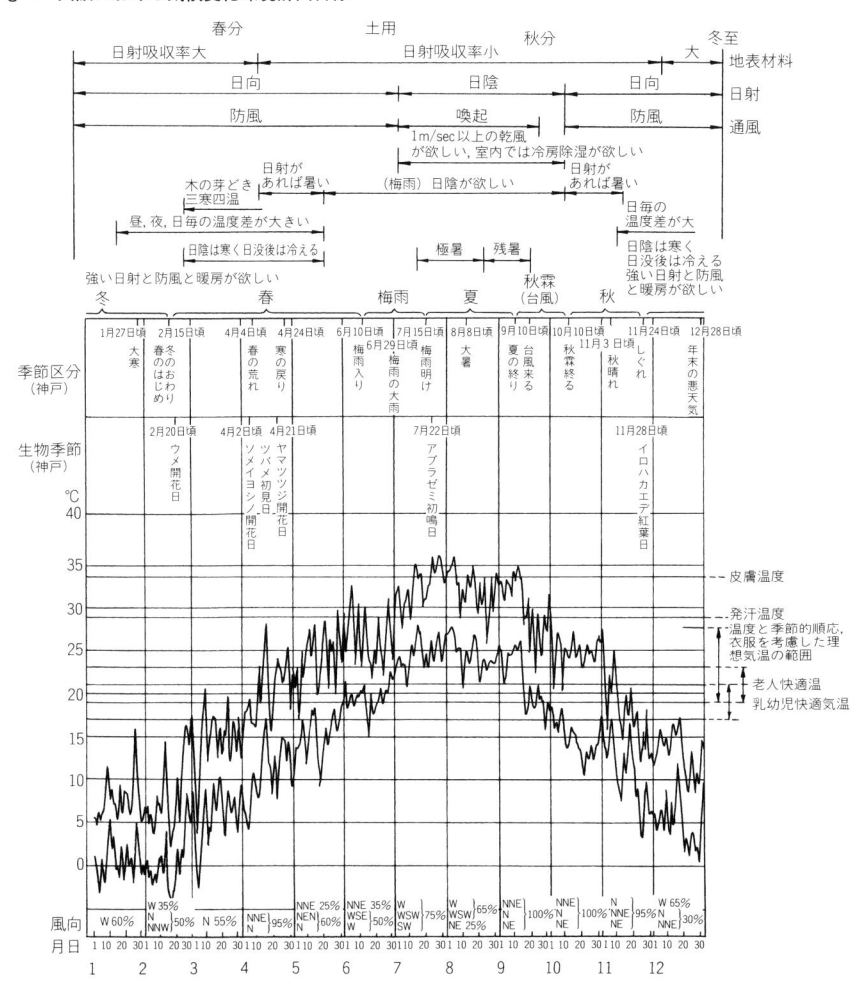

事例とその説明

れるためである。そこで，西壁につたを這わしたり，建物の西側に木を植えることは屋外の環境計画でしばしば行われる。

単木では期待できないが，複数の樹木を植えた場合には気温を低減する効果がある。これは樹木により地表面が日射から遮られ，樹木がない場合に比較し地表面温度が著しく低くなり，樹林内に低温・高湿域が形成されるためである。

樹木には，屋外での体感温度の低減効果もある。体感は熱放射，気温，気流，湿度に影響されるが，これらの要素のうち，熱放射の影響が和らげられるので，日陰部分では実際の気温より低い体感温度となる。中経度地方では，建物の西側や南側に植えられる樹木は落葉樹が用いられる。上記のように夏には日射を遮るが，冬には落葉して暖かい日差しを室内に導くことになり，樹木によって気候条件に対応した環境コントロールが行われる。

◆樹木の蒸散

樹齢120～150年のアメリカブナの林床から樹冠までの照度を曇天および晴天日において比較すると，晴天日も曇天日も林床部分ではあまり変わらない。また林床部分での相対照度（外界の照度に対する割合）は5％程度で，樹冠まで大きな変化はない（Fig-1）。

快適な屋外環境を設計するには，日射，風，湿度，気温の四つの要素を植栽により，どこまでコントロールできるかを検討しなければならない。

わが国の場合には夏と冬では快適さへの要求が異なるし，コントロールするべき気候要素も異なる。

Fig-2には大阪の年間の気温の変化を指標に，気候の特性とコントロールすべき気候要因を示しているが，樹木の効果も配慮されている。

◆樹木による日射の調節

Fig-3はわが国では最も夏の暑さが厳しい沖縄の住宅の例である。外壁は琉球石灰石が用いられており，この面につた（落葉）を壁面に這わせて日射の遮蔽を行っている。

Fig-4は植栽を建物の一部に取り込み，これらの樹木に夏季の日射遮蔽の機能をもたせている。樹種は落葉樹が用いられているため，冬季には室内で日射が得られる。

◆パーゴラの大屋根

一見したところ藤棚のように見えるこの建物は，沖縄というわが国でも特に暑い地方であるから実現したものかもしれないが，"風土"というその地方のもつ固有性を真正面から取り扱った，近代の建築にはまれな例であろう。

屋根の上に組まれたスチールフレームをブーゲンビリアが覆って日射を遮断し，屋根面との間の空気層は排熱にとって効果的なものとなっている。

Fig-3　野石積みの家（沖縄県那覇市，赤嶺和雄）

Fig-4　目神山の住宅（石井修）

Fig-5　今帰仁村中央公民館（象設計集団＋アトリエ・モビル）

Fig-6　今帰仁村中央公民館

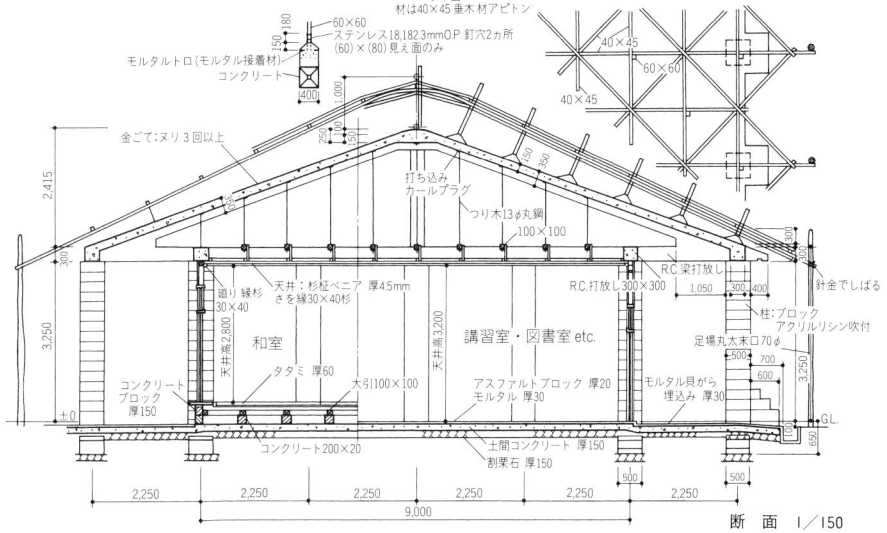

断面 1/150

手法-32
樹木と風のコントロール

樹木を配して風を防ぐという方法は，わが国ばかりでなく世界各国に見られる。防風のために樹木を卓越風に向かって配するのは，最も一般的な方法であり，宅地防風林とか屋敷林，屋敷森と呼ばれる。屋敷林を神とし，屋敷神として信仰の対象としたともいわれる。風はマクロな視点から見ると，年変化，日変化が見られる。貿易風や季節風，あるいは山谷風や海陸風はその例である。しかしながら，風にはおのおのの地方で固有の名前が付けられていることからもわかるように，地形の影響を受けてその土地土地で異なった特徴をもつ。住宅のスケールに重要なのは，これら比較的ミクロな特徴である。風は周辺の現況によってさまざまに変化するが，これは風の利用の難しさを示すものといえる。

建物周辺の風の影響を定量化する研究が各方面ですすめられているが，加えて先のようなミクロな気象を実地に調査することも必要であろう。ローレンス・ハルプリンのエコスコアリングでは風の調査も重要な項目であるが，シーランチ・コンドミニアムはその成果でもある。

手法の原理

◆樹木による防風効果

樹木には強風によって建物が破壊されるのを守るほかにも，風当りを弱めて隙間風の侵入を防ぎ，また，建物の表面からの熱損失を小さくする効果をもっている。

また，林のなかを通り抜けた風は樹木の濾過作用で浮遊物を除去される。さらに，新鮮な空気と汚れた空気を混ぜ合わせ希釈する作用をもつ。樹木は風のネガティブな作用を弱めるとともに，室内に新鮮な空気を呼び込むというポジティブな使い方ができる。

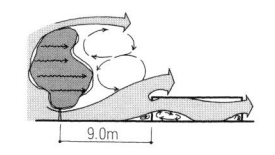

最近はコンピューターの発達により，樹木による風の流れの変化を可視化する研究も行われているが，樹木をいかに定量化するかという部分で，まだ研究の余地があろう。

本来なら樹木を建物周辺に配して風をコントロールするには，建物と樹木の関係をモデル化し風洞実験やシミュレーションで検討する必要があるが，計画段階ではそのような手法は困難であるため，流れのパターンを見て自分の設計の場合の気流をイメージすることである。

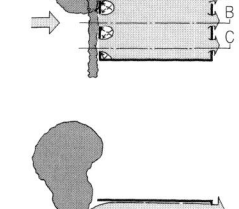

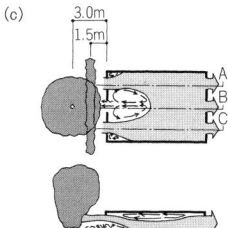

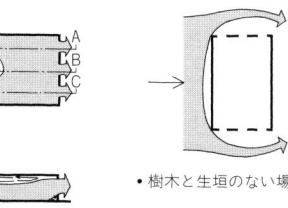

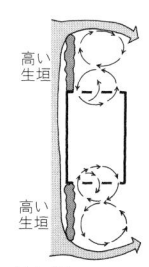

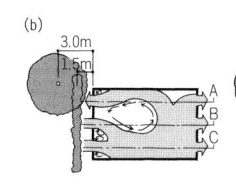

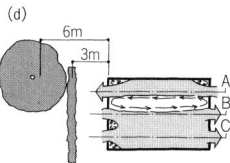

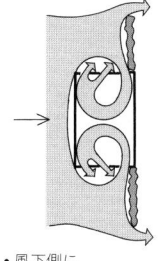

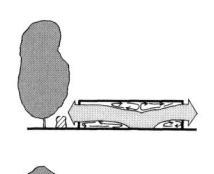

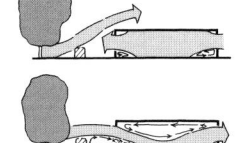

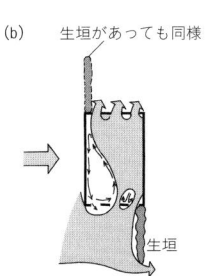

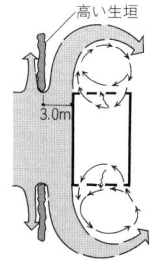

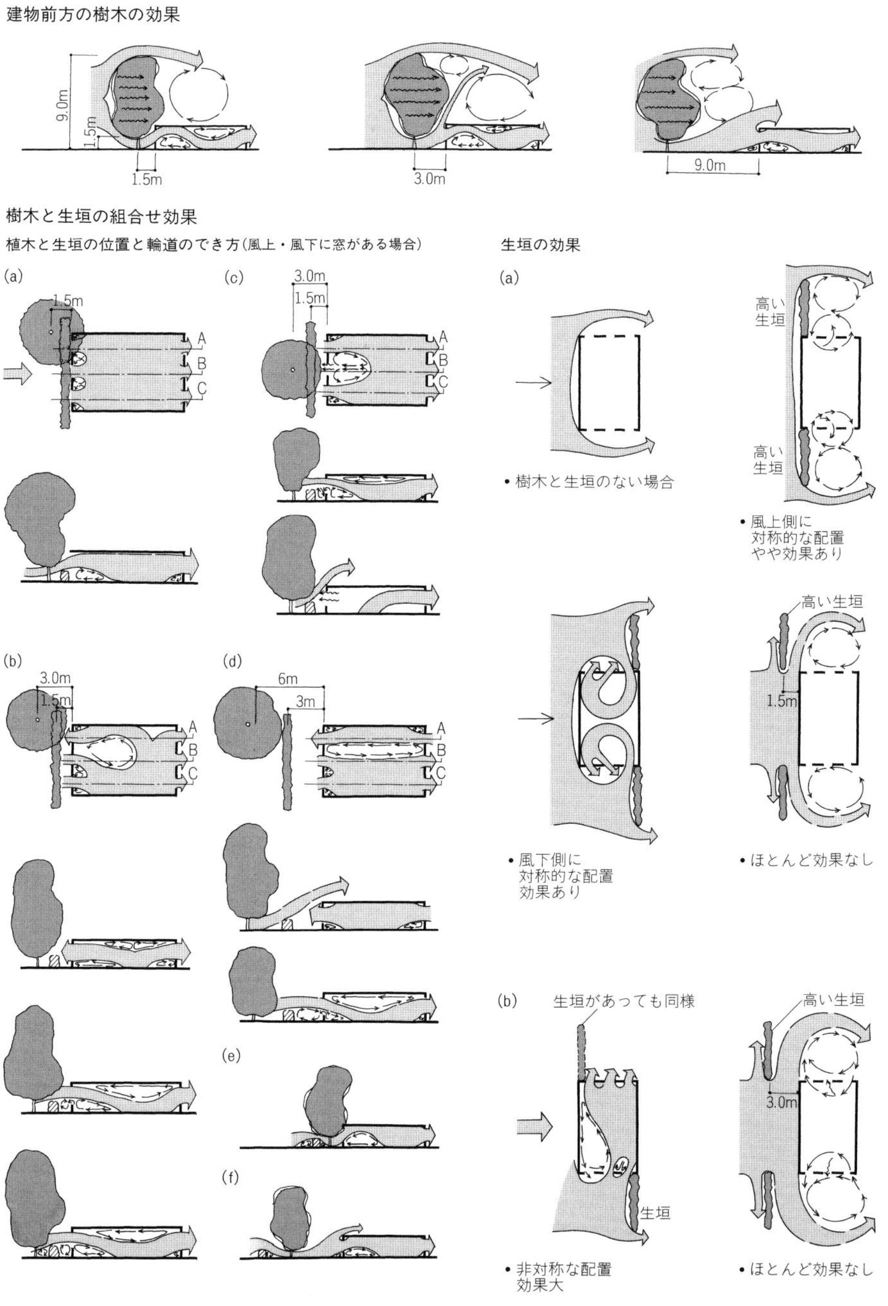

Fig-1　樹木による防風効果

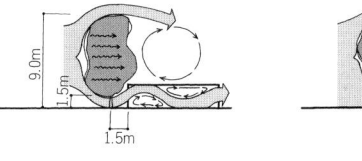

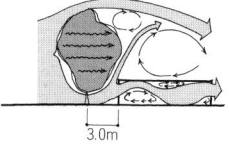

事例とその説明

◆日除けと風除け＋涼感

Fig-2の民家では，家の南にケヤキを植え，夏季は日除けと南の強風を防ぐ。冬は落葉し，日が当たる。

Fig-2　東京・練馬の民家

◆風をつくる

Fig-3は，植栽とペーブの部分の熱的特性の違いを利用し，良好な微気候をつくろうというアイデア。

二つの住宅に挟まれた中庭はペーブしてあり，太陽放射で温度が上昇して上昇気流を起こす。このとき，周囲の植栽してある部分から低温の湿度を含んだ空気が室内を通って中庭に流れ込むわけである。上昇した空気は夏の卓越風によって上空に拡散される。一般に地表では建物や樹木などの障害物で摩擦が多く，上空よりも風速は小さい。樹木は冬には落葉し，太陽光は直接各戸に差し込む。

Fig-3　アリス・スプリングの集合住宅（M.アチソン）

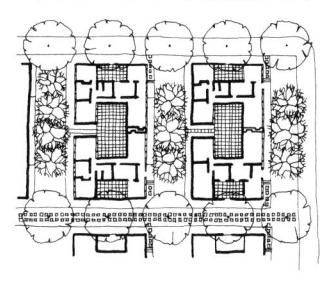

◆自然の樹木による風だまりの発見と利用

Fig-4のセカンドハウス群は，10マイルに及ぶ海岸段丘の上に点在している。計画に先立って1年半に及ぶ土地の調査，エコロジカルスタディがされ，土地の特徴を明確に記述（エコスコアリング）して，積極的に設計に組み込まれた（**手法-30**参照）。海からの北北西の強い風は地形や樹木によってうまくコントロールされ，野外の生活スペースは風の当たらない日だまりに注意深く配置されている。1世紀前に開拓者によって植えられた杉の茂みは計画の基本的な要素となっている。

Fig-4　シーランチ（L.ハルプリンほか）

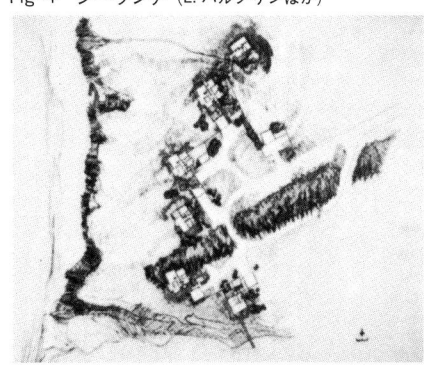

Fig-5　風によってつくられた木の形

◆風を防ぐ

Fig-6は，アラカシの木で屋敷を囲った防風垣。

Fig-6　栃木県益子町の民家

補足事項／コメント

◆中国の種樹説

「樹木に八利あり」とは中国の種樹説のなかの教えであるが，具体的には植樹することで，風水害の防止や食糧の確保，生活用具の材料などに成木を用いることができると示している。わが国でも古くから，このようなことを行ってきたらしい。このように樹木には数多くの機能が備わっているが，植栽計画はもちろん，これらの実利的な機能だけで決められるものではない。また，樹木の取扱いには，人間に対してと同じように十分な配慮が必要であろう。

都市環境の悪化に対して，植物を植えることが唯一の方法で，またそれが絶対的な効果をもつような印象を受けやすいが，これには限界があり，やはり，都市計画が十分に検討されたうえで，その計画をより効果のあるものに仕上げるために樹木は使われるべきであろう。

フランス，プロバンスの農夫は，寒風から作物を保護するために背の高い，葉の密度の高い樹木を卓越風の方向に植栽する。

Fig-7　プロバンスの農村

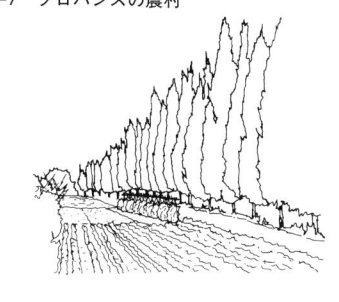

わが国でも，出雲など，風の強い地方には，家屋の周囲に，屋敷林といわれる防風の植栽を行う。これが，その地方の特有の集落景観をつくる重要な要素になっている。

Fig-8　出雲地方の築地松

手法-33

湖沼池水の利用

市街地では人工建造物が多く，結果として緑地面積が減少していることから水分蒸発量が少ない。また，人工排熱量が多いので地表面から大気への顕熱流が大きく，逆に潜熱流が小さいためにヒートアイランドなどの都市特有の気候が形成されている。

都市レベルのヒートアイランド現象などを中気候と呼ぶならば，それよりスケールの小さい気候に対する呼称である小気候，微気候（microclimate）に影響を及ぼすレベルの「水」をテーマとする。水の自然循環系（Fig-2）を保全しつつ，そこからの恵みを最大限に建物に取り込むことは，計画のサステイナビリティを高めるうえで極めて重要なことである。

パッシブデザインにとって建物周辺の「水」との環境共生の形を具現化することはモンスーン型の日本の気候風土を背景に不可欠の課題であろう。大容量の水面を住宅団地の微気象制御要素として明示的に計画した事例としては，水戸市の百合が丘ニュータウン六反田地区の計画などが挙げられよう。

Fig-1　対象とするスケール

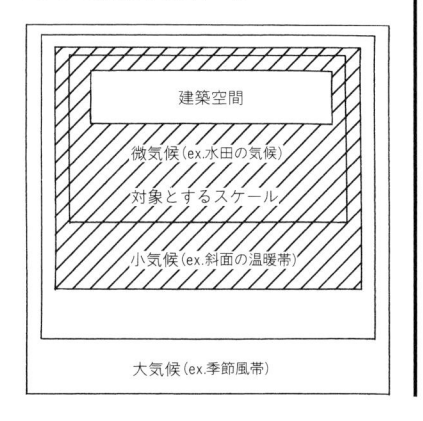

手法の原理

◆地球の熱バランスをとる「水」

地球に降り注ぐ太陽の放射エネルギーは，大気へ17%，地表面へ47%，宇宙へ36%それぞれ配分される。暖められた地表，大気からは，絶対温度の4乗に比例する強さの赤外線放射エネルギーを放出する。しかし太陽の放射エネルギーと赤外線放射エネルギーだけではバランスが取れず，地表面温度はますます上昇することになる。このアンバランスは，空気と水による自然の仕組みによって解消されている。すなわち，太陽放射エネルギーの5%は地面に接した空気が地表面で暖められて上昇し，上空の冷たい空気が下降するという顕熱移動によって大気中に運ばれる。また，22%は，水蒸気によって運ばれる。1gの水が蒸発するには約600 calの熱を必要とするが，この熱は太陽の放射エネルギーが使われている。水が水蒸気に形を変えるときに使われる潜熱は，水蒸気の上昇によって大気に運ばれ，上空で冷やされて雲になるときに放出される。水がみずから形を変えて循環することで，地球の正常な熱バランスが保全されている。

◆湖沼池の水温

春になり太陽の光が強くなりだすと，水面から温まりはじめ，季節が進むに従って水温の上昇は下層にも及ぶ。しかし，ある深さになると水温は低下し，さらに深くなると一様な水温になる。深さとともに水温が急激に変化する層を変温層と呼ぶ。この変温層より上層を表水層，下層を深水層という。表水層は水面上を吹く風の影響で機械的に混合させられ，水温はほぼ一定である。

表水層の水温は8月ごろに最も高く，また，層の厚さも最大となる。秋になるとともに，冷却期に入り，表水層の温度を下げていく。表面の水温が下層より低くなると上下の水が対流によって入れ替わる。この時期を循環期と呼ぶ。一般に春から夏の昇温期には平衡水温より低く，秋から冬の冷却期には高い。

◆小気候，微気候を緩和する湖沼池

水の熱容量

地表面の温度の変化率は熱容量の平方根に反比例する。水の比熱はすべての物質のなかで最大であり，温まりにくく冷めにくい。したがって気温変動を緩和する効果が大きい。

蒸発による潜熱

水面から蒸発するときに潜熱として熱が奪われると，その分だけ水温が低下する。水面は，陸地面より蒸発が盛んであるから日中，夏季でも比較的低温に保たれる結果になる。また，噴水など空気に触れる水の面が多いほどこの効果は大きい。なお，蒸発は風速が速いほど盛んになるが，水面上は一般に陸地に比べて速く効果が大きい。

流動による熱拡散

水は流体であり，波や流れによって表面と下層の水を混合し，熱を交換する。このため，水面は，陸面に比較して日中は，高温にならず，夜間は，低温にならない。また，水面は陸面と比べて一般に平滑であるため，風速が一般に速い。風速が速くなると上下方向の空気の交換が盛んになるので，水面の水温による気温変動緩和効果が大きくなる（Fig-3）。

Fig-2　水の自然循環

太陽の熱と地球の重力による水の自然循環系，水は熱を運ぶ。

Fig-3　湖沼池の熱収支

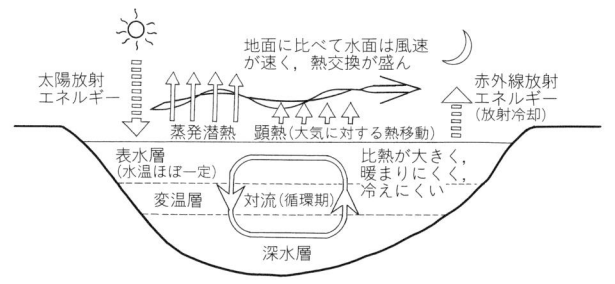

設計の要点

◆熱容量の確保

水の比熱は，すべての物質のうちで最大であるとはいえ，あまりにも水深の浅い人工池などでは日当りの強い夏季にはすぐに気温以上に水温が上昇してしまうことにもなり，かえって蒸し暑く，気象緩和にならずに逆効果をもたらす場合もあるので注意する必要がある。

◆通風と風向

十分な熱容量をもつ湖沼池でも，その微気象緩和効果を住宅地に誘導するためには，通風と風向を考慮する必要がある。夏季の気温低減効果を期待する場合には卓越風向の風上に湖沼池がなければならない。大きな湖の場合には昼間は湖から吹く風が期待できるが，小さな湖沼池の場合には季節風，海陸風，山谷風の風向を考慮する必要がある。夏季であっても必ずしも南風が卓越しているわけではなく，地域地域で特有の風が吹いている場合も多い。さらに，水辺周辺の住宅では，風通しが悪いと湿分拡散が阻害されて蒸し暑くなるので，夏季卓越風向に対しての風の道を計画する必要がある。

◆広い水面

水面の表面温度は一般に昼間は気温より低く，夜間は高い。しかし，夏季の昼間に建築物に吹き込む風を冷やすとなると水面と大気との熱交換が必要であり，広い水面積が要求される。1 km²以上の水面積オーダーで湖風が観測される湖沼池であれば水面上と地面上の空気の温度差で風が発生しているので，確実に気象緩和効果が期待できる。また，それよりも小規模な湖沼池でも，湖風がその他の要因による卓越風によって打ち消されている場合もあり，若干の気象緩和効果は期待できる。

◆流量の保全

流入する目立った河川のない湖沼池では，広域からの湧水，ならびに，集水域に降る雨水が自由地下水となって浸みだす湧水によって流量バランスが保たれている。湧水は，年間を通して，ほぼ，その土地の年平均気温に等しい水温を保っており，その流量を保全することは，微気象緩和効果を保全することにもなる。したがって，湖沼池周辺の自然面の人為的改変にあたっては，現況の雨水の地下水涵養能力を保全するとともに砂礫層などによる保水能力を保全すべきである。地下水涵養能力保全には，雨水浸透トレンチなどが有効である。なお，傾斜面およびその付近には防災上の視点から雨水浸透施設は設置すべきではない。保水能力保全のためには，極力，大規模造成を避けるとともに，砕石貯留などによって雨水を一時貯留することも有効である。

◆水質の保全

人為的な汚濁物質の流入のない湖沼池は，たとえ沼地であっても清涼感を人に与えるので，雑排水などの流入を極力避けるべきである。また，湖沼池と人との接触を，例えば，人がアプローチできる部分を限定するなどして階層的に計画することも有効である。このように，湖沼池の生態系を保全することは，自然浄化機能の保全にもなる。

◆光の反射

湖沼池水は，気象緩和効果のほかにも，高度の低い太陽の光の多くを反射することから，建築物との位置関係によって冬季の太陽光の反射光を取り入れ，高度の高い夏季の反射光は入れないなどの工夫をすることが可能である（Fig-4,5）。

Fig-4 湖沼池水の利用上の留意点

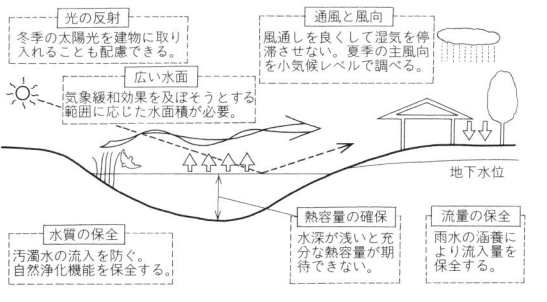

Fig-5 柿田川湧水

事例とその説明

◆京都貴船（河川）

京都先斗町では，夏になると賀茂川べりに縁台を出し，川風のなかに身を委ねながら遊べるようにしてあり，貴船では川のなかに縁台を入れ，水とたわむれながら食事をするというしつらえが整えられている。夏の夕暮れ時，川面にさざ波を起こし，光と陰の美しい綾を見せてくれる。冷却された風による清涼感は，視覚的，聴覚的，さらに触覚的なものが加わることによって倍加される。

Fig-6 京都貴船

◆落水荘（滝）

落水荘は，建築を志す者が必ずあこがれる作品である。これは，かなり大きなスケールにもかかわらず，自然のなかに見事に一体化していることからくるのであろう。そのなかでも，落ちる水をうまく構成し，視覚的にも実質的にもさわやかなイメージを現出している。

Fig-7 落水荘（F.L.ライト）

◆ウッドブリッジ住宅地

南カリフォルニアにあり，700 ha の敷地に 9,000 戸の住宅を含む。ランドスケープ上の試みとして，敷地を二分して流れるサンディエゴ川の洪水氾濫対策を施した上で，ほとんど平坦な敷地を少し起伏のある地形に変え，周辺の住宅地に親しみのあるスケール感，アイデンティティ，緑地，オープンスペースを提供するように計画されている。

日本の河川は流量変動が大きく技術的な課題もあるが，河川水面をダイナミックに扱って新たに自然を創り出した事例の一つであろう。

◆運河の上に建つレストラン

ニュールンベルクの運河上にレストランがある。水面と建物が一体となった景観を演出し，清涼感を出している（Fig-8）。

Fig-8　運河上の建物

◆各戸の小さな水面「出水入り水」

Fig-10 に新庄市の「出水入り水」に利用されていた池を示す。屋敷の裏を流れる水路から家屋内の水船の中へ入り水して生活用水に利用した後，池に排水を落とし上澄みだけを水路に流し，この池から流れた水が隣の家の入り水となっていた名残の池である。

Fig-10　出水入り水

◆水戸市百合が丘 NT 六反田池周辺地区計画

「住宅も自然の一部である」との立場から自然の持つポテンシャルを最大限活用し，環境とともに生きる住宅地づくりを目標としている。計画地 13.7 ha の中央部に水面積約 1 ha の溜池である六反田池がある。日本各地に残存する溜池並びに周辺環境を貴重な社会資本と位置づけ，景観，微気象，生物多様性等をコモンとして活用している。計画地は東茨城台地の東端に位置し，那珂川の河岸段丘に移行する位置にある。計画地内の湧水を集めて六反田池がある。この計画では大地や水環境，生物環境や微気象は，それぞれ相互関係を持ち，これらの総体としての環境が人の生活感覚や行為と結びつくので，こういう自然と人間との相互関係を踏まえた上で，水資源の有効利用，生態系の充実，周辺環境との調和，地域の固有性，自然を取り込んだ生活スタイル，省エネルギーなどを達成していくことが肝要であるとしている（Fig-9）。

六反田池周辺の環境共生住宅地気温と同じ百合が丘 NT 内の他の一般宅地気温を夏期（1993 年 8/5～9/5）データで比較しており，環境共生住宅地の気温が 0.5～1.0℃ 低くなっている（Fig-12）。

日本の風土に根差す溜池を保全しつつ自然を取り込んだ住宅地開発の姿勢を示す事例の一つであろう。

Fig-11　六反田池（溜池）

Fig-9　六反田池周辺の住宅地計画

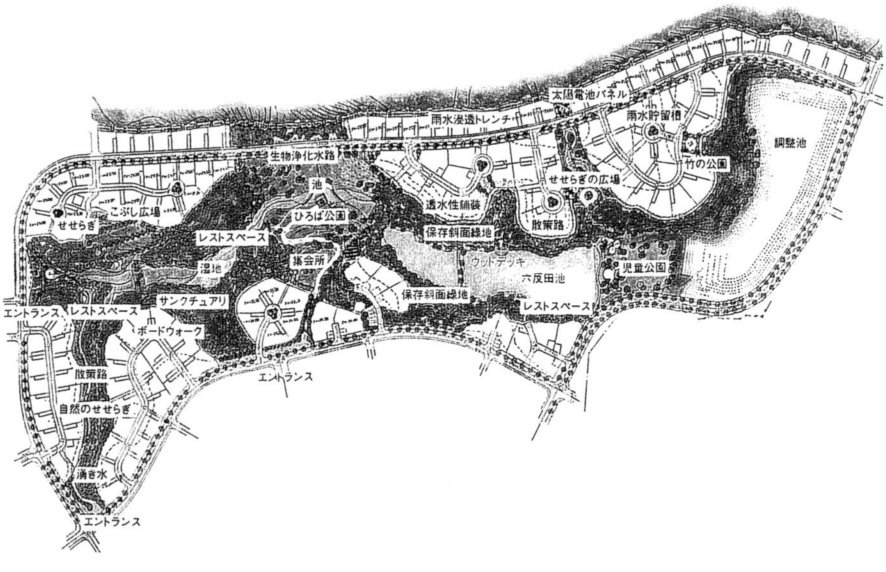

Fig-12　溜池周辺宅地と一般宅地との気温比較

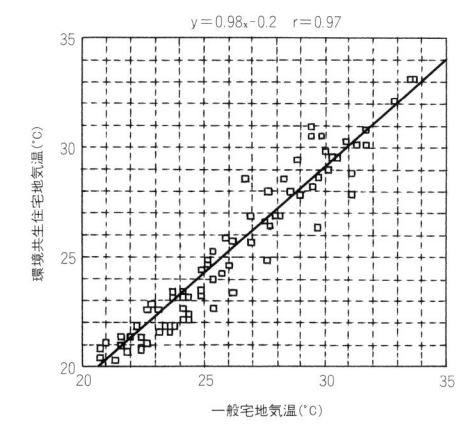

$y = 0.98x - 0.2 \quad r = 0.97$

溜池があることによって 0.5～1.0℃ の気温低下がある。

◆福岡の大濠公園池

大濠公園池（長径700m×短径400m）周辺の気温分布の測定が満水時と池浄化のための排水時に行われている。気温分布を見ると池の内側で低く，池中央から離れるに従って高くなる傾向，クールアイランド現象が見られ，実測時はいずれも5m/sを超える博多湾からの北寄りの風が吹いていたことから，クールアイランドは東西断面よりも南北断面で顕著であり，低温域は池の南側に数百m侵入し，午後2時前後に最も発達して池中央と風下側（池南端から南側400m程度の範囲）の温度差は3℃ほどに達する結果を得ている。なお，排水時でもこの温度差は1.5℃程度に達するが，これは池の南半分に浅く残された400m×400m程度の水面の影響と思われるとしている（Fig-13）。

◆博多湾からの距離と気温分布

夏季の晴日の実測（Fig-14）から，昼間は海岸線に近い都心部で海風による冷却効果が顕著であり，その効果は街路よりも河川において大きいとしている。

◆河川周辺の気温分布

風が河川と平行に吹く場合，河川の影響が周辺市街地にどのように広がっているかを把握するため，河川に直行する街路に沿っての気温分布が実測されている。水面幅が約300mの対象河川では夏季日中，橋上の気温が周辺市街地の平均気温よりも4℃以上低い結果を得ている。市街地内への影響の広がり方は，周辺の建物密度が低いほど，また直交する街路の幅が広いほど広がる傾向が認められている（Fig-15）。

◆名古屋市中川運河における海風遡上

名古屋市都心部を流れる運河で最も川幅が広く水量の多い中川運河における「風の道」の実測調査を行い，夏季の海風の遡上距離が7〜8kmに及んでいることが示されている（Fig-16）。

Fig-13 大濠公園池の南北断面気温分布
(a) 日中（13:00〜15:00）平均気温分布
(b) 夕方（17:00〜17:25）平均気温分布

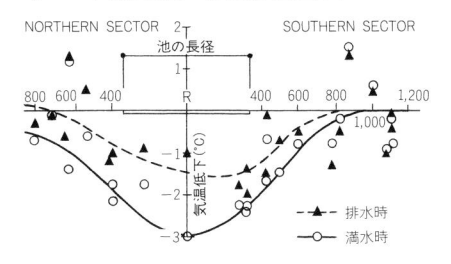

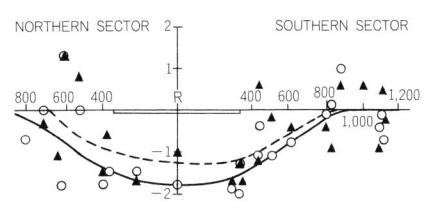

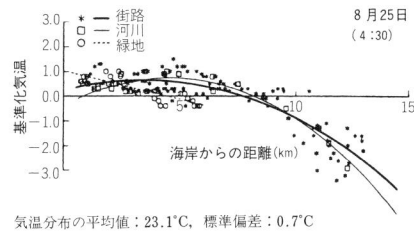

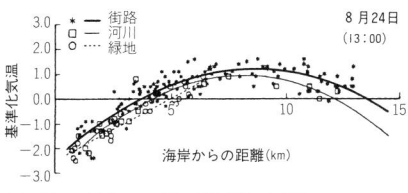

Fig-14 海岸からの距離と気温分布
気温分布の平均値：23.1℃，標準偏差：0.7℃
陸寄りの風（3.9m/s）が吹く早朝（4:30）
気温分布の平均値：30.7℃，標準偏差：1.5℃
海寄りの風（3.9m/s）が吹く昼間（13:00）

Fig-15 河川周辺の気温分布

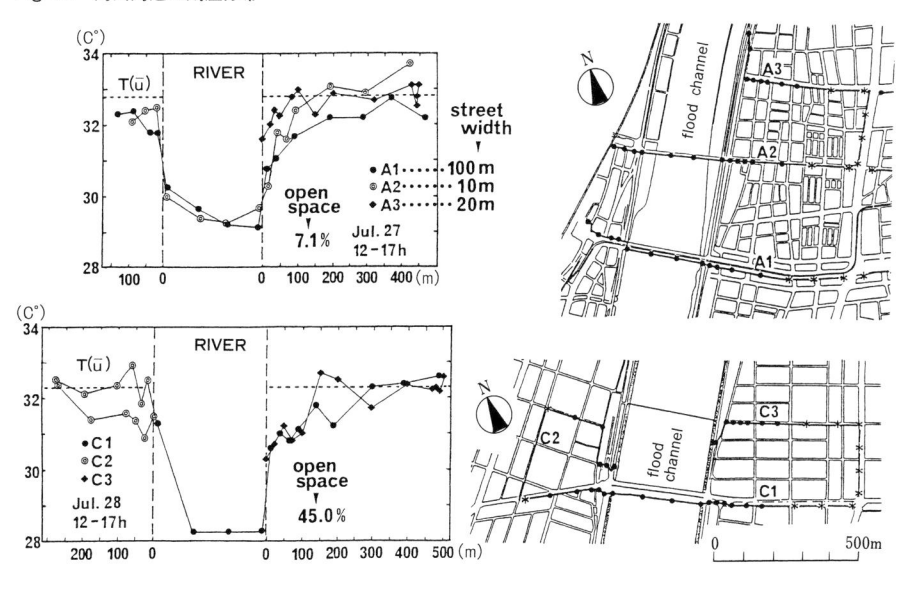

Fig-16 河口からの距離と気温，体感温度および風速の関係
SET*＝Standard Effective Temperature

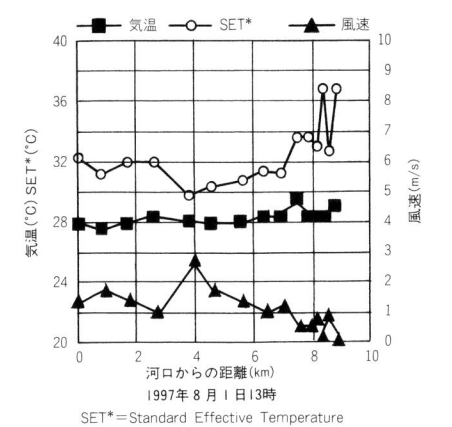

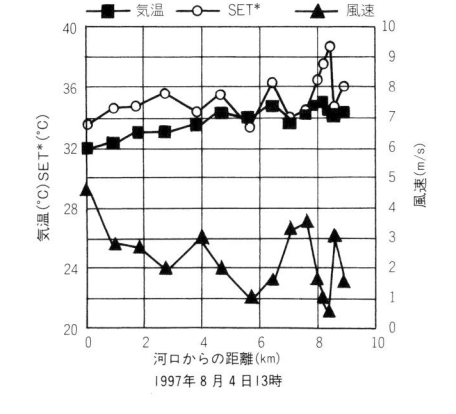

手法-34 建築空間と水の利用

水は、見る人の心を和ませる。水が人間にもたらす心理的効果を利用することは、空間デザインの有力な技法の一つであろう。これは空間の演出をするための造形材料としての水である。パッシブデザインにおける水の利用の仕方はさまざまであるが、それらは多分に水の演出による心理的効果――目に涼しいさざ波、耳に涼しいせせらぎなど――に依存するものである。建築に取り入れられた水の物理的効果（熱的効果）ははっきりしないが、住む人にとってみれば、心理的効果と物理的効果は不可分のようにも思われる。水に連なる動詞は、流れる、落ちる、噴き出す、溢れる、淀むなど性状を示す群と、浮かす、沈める、流す、溶かす、冷やす、反映する、映す、隔てる、動かすなど、作用を示す群がある。この語群は、単一または複数でデザインのコンセプトとなる。噴水は、噴き出す、落ちる、溢れる、流れる、淀むなどの集まりで、さらに反射する、映すなどの複合したコンセプトの例であろう（大きな水面については、手法-33参照）。

参照手法-4, 8, 10, 33

設計の要点

◆建築空間と水

建築と水の係わり合いには、雨水などを防ぐための構造や構法、生活用水のための設備、水の冷却効果を有効に使うための環境計画、水を造形の対象として扱うランドスケープなどがある。前二者は水のもつ実用的効果、後二者は感覚的効果といえよう。

Fig-1 水の感覚効果

・触れる	直かの触覚	戯れる、水遊び
・見る	照明的視覚	きらめき、室内への反射光
	季節的視覚	夏の満たされた水、冬の枯山水
	距離的視覚	近づきがたい演出
	色彩的視覚	素材が濡れることによる色調の変化
・聞く	水の音	滝の音、せせらぎ、雨だれ
	水の作用の音	鹿おどし、水車
・嗅ぐ	湿気漂い	芳潤な木の香、幽谷の趣
・味わう	水質のまろやかさ	山の水、泉の湧水

◆散水の効果

日射を受けて、表面温度の上昇している屋根に散水を行うと、水分の蒸発によって、屋根の表面温度およびそれ自体の温度が降下するので、屋根面からの放射や貫流熱量の減少が期待できる。

この原理は、打ち水などと同じで散水時期や量が影響する。打ち水の場合は、屋根散水に比べてその視覚的な清涼感も大きい。

Fig-2 打ち水の効果

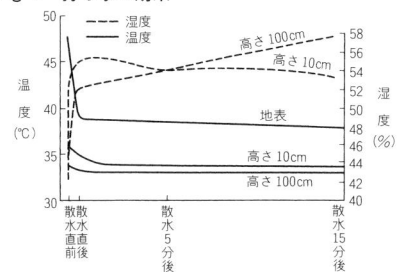

◆蒸発による冷却

空気中の相対湿度が低い、いわゆる乾暑地帯では、蒸発による冷却効果は大きい。

例えば、素焼きのつぼは、焼成温度が低いので透水性があり、中の水がわずかながら外側へ滲み出てくる。その水分が蒸発し、その際に気化熱（蒸発潜熱）を奪うことによって、つぼが冷却され、さらに、その周辺の空気と中の水が冷やされる。

砂漠地帯の伝統的な方法（Fig-3）。

Fig-3 素焼きのつぼを利用した水冷却システム

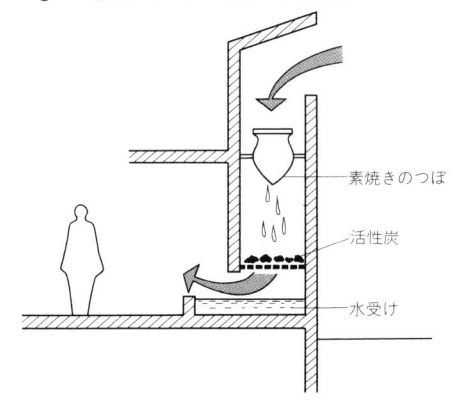

蒸発冷却を利用した伝統的冷房システムにイランに見られる風の塔がある。風の塔には、卓越風を考えて採風口と給気口が背中合せに設けられている。塔の下部は、付属室となっており、塵などを除くフィルターの機能をもつ。これとは別にもう一つの給気経路があり、ここから加湿された冷却空気が室内へ導入される。

給気口は建物の外にあり、地下水脈のある地下空洞まで外気が引き込まれ、そこで冷却加湿されたあと、室内へ自然に吸引される仕組みである。

室内では、風の塔からの高温低湿の空気と、地下からの低温高湿の空気が攪拌される自然空調システムである。空気移動の動力は自然風、冷却・加湿は地下水による（Fig-4）。

Fig-4 イランのクーリングシステム

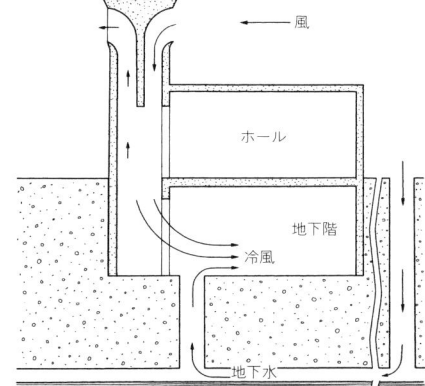

事例とその説明

◆建築と池水の親和

水庭舎は，江戸時代からの旧宅と広い庭と池を介して，新たな離れの家が置かれている。北庭の一隅より導入された水は，せせらぎ，滝と様態を変え池に流れ込む。

建物すれすれに水がかぶる水辺のテラス。それに続く主室，池に張り出して池との一体感を強調した「水の間」は，建築空間と水との接点を強く意識した作例である。ここでは，池水を死水にしないよう濾過・循環のシステム，魚に対する配慮などがなされ，四季折々に変化する水面を十分に堪能できそうだ。

◆水面を室内空間と同化させる

双葉の家は，4畳半の小和室のタイルの床に連なるように池を引き込んで設定してある。水深はわずか50 mmほどで，床に敷き詰めた玉石がゆらいで見える。正面に加工ガラスによる壁があり，この水の空間は，小和室から見ると，タイルの床の先に広がり，水の床に見える。

ガラス壁の上部テラスに丸穴が明けられ，外からの光の変化がこの空間に各種の表情を醸し出す効果も期待できるミクロコスモスが生成されている。

◆水面を通す光（スカイライト）

ウッドサークルでは，スカイライトの水面に風による波で種々の文様ができる。そこに光が通れば，さながら水底にいるような不思議なゆらめきの空間ができる。

木造住宅の階段室天井にセットされた水盤スカイライトは，約1間角の複層ガラスの上に水深2 cmほどの水が留められた簡単なものだ。それでも十分にその面白い効果が得られている。

◆内から外に滲みわたる水

大磯の家は，お茶席（立礼席）に続く路地空間を室内に取り込んだ例である。

玄関から茶席に至る路地に手水鉢が置かれ，ここから水が流れ出し，床用の玉石の間の砂利の中を滲み出し，中庭の石敷の間を経て，池に流れ込むようになっている。床に敷き込まれた石と石の間には植物が植えられ，滲み込む水で育成されている。植物まで織り込んだ室内での水景を気持ちよく利用するには，通風・湿気対策など十分な空調換気に裏打ちされたものでなくてはならない。

Fig-5　水庭舎（西野建築研究所　ZEN PLAN）
池まわり平面詳細　1/250

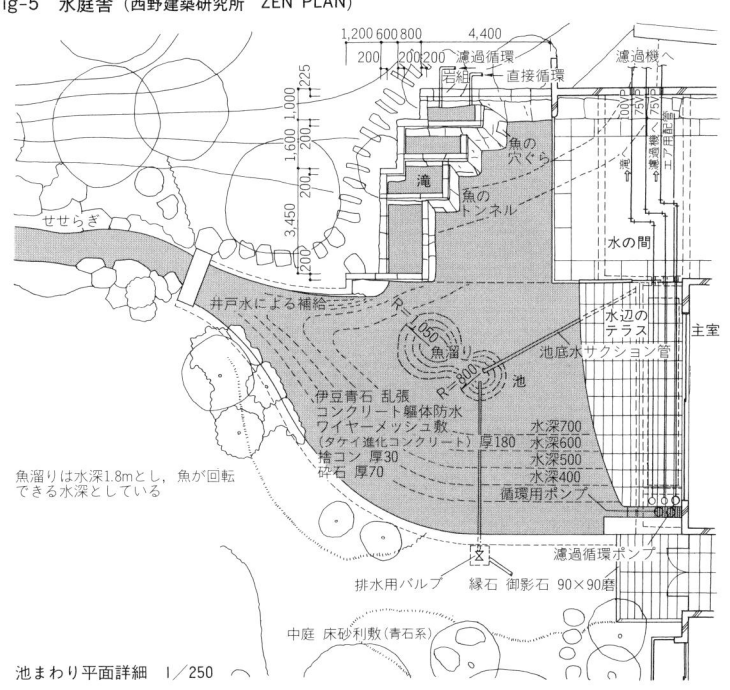

Fig-6　双葉の家（木原千利設計工房） 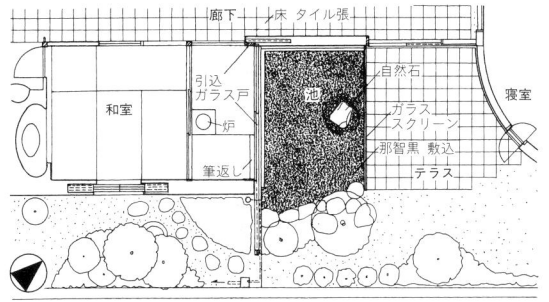
和室，池まわり平面　1/150

Fig-7　ウッドサークル（海野健三・海建築家工房） 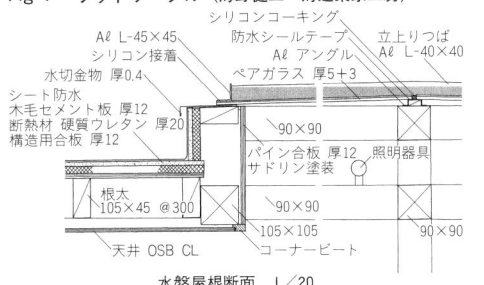
水盤屋根断面　1/20

Fig-8　ウッドサークル

Fig-9　大磯の家（藤田建築設計研究所）
ホール―中庭まわり平面詳細　1/150

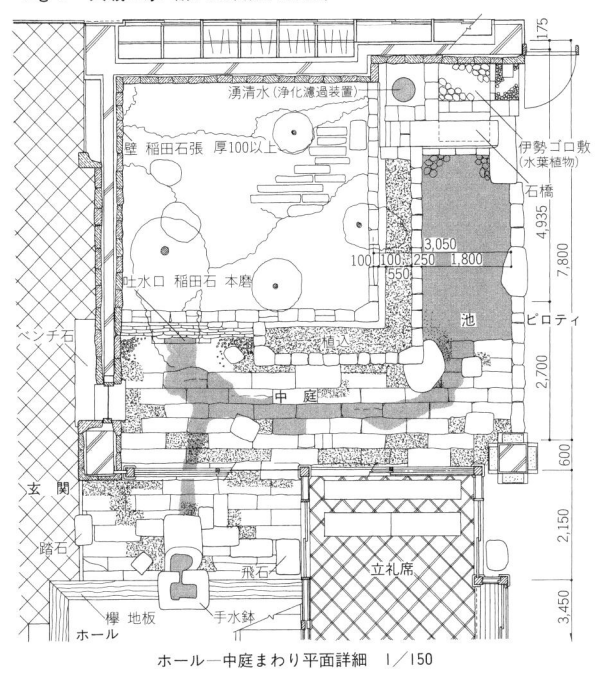

手法-35
材料と湿気のコントロール

わが国では、寿司や漬け物、納豆といった一種の発酵食品が発達した。湿度が高いことは適当な温度と相まって、かびや菌を増殖させる。

適当な湿度が人間の健康にとって必要であるということは、当然である。しかし、一方、人間は湿度に対しては極めて鈍感であるともいわれている。

それにもかかわらず、適当な湿度を帯びた材料のテクスチュアは、一種独特の雰囲気を醸し出すものであり、とりわけ伝統的な家屋のもつ魅力には、湿気が強く関わっていると思われる。問題なのは、やはり"湿度"ではなく"湿気"なのかもしれない。しかし、"湿気"に関する資料は極めて少ない。材料の調湿作用は、物理的な意味ではすでに限界は明らかであり、吸放湿される水分は極めてわずかなものであるとすれば、人間の感覚は、このように微妙な変化をも察知するともいえる。

手法の原理

◆断熱と結露防止

断熱材の利用は、熱負荷の低減や保温に適しているが、結露の防止にも利用される。湿気（水蒸気）の流れは、熱の流れと同じように、定常状態では、水蒸気圧などのポテンシャルの差で移動し、材料によって透湿性（湿気伝導率）は異なる（Fig-1）。

室内側表面結露を防止するには、表面温が露点温度以下にならないように断熱すればよい。しかし、壁体内の内部結露の防止には、外断熱が一般には優れている。内断熱とする場合には、高温側に防湿層を施工する。

◆通気層による湿気の排除

壁体内に通気層を設けて空気を流通させて、壁体中の湿気を排除する方法があり、厚さ15mm以上あれば効果的といわれている。

Fig-1 建築材料の湿気伝導率

材料	仕様	平均湿度	湿気伝導率 (kg/m·s·Pa)
コンクリート	1:2:4 調合		0.0044×10^{-9}
モルタル	1:1調合	84%	0.0016×10^{-9}
軽量コンクリート		43%	0.038×10^{-9}
石膏プラスター		高湿〜低湿	0.040×10^{-9} 〜 0.027×10^{-9}
アカマツ	板目・柾目同じ	20〜90%	0.0011×10^{-9} 〜 0.024×10^{-9}
スギ	板目・柾目同じ	20〜90%	0.0052×10^{-9} 〜 0.032×10^{-9}
パーティクルボード		65〜84%	0.0033×10^{-9} 〜 0.0050×10^{-9}
プラスターボード	厚さ9mm	20〜80%	0.027×10^{-9} 〜 0.040×10^{-9}
押出し発泡ポリスチレン		20〜40%	0.0052×10^{-9} 〜 0.0027×10^{-9}
ウレタンフォーム	成形品厚さ25mm		0.0031×10^{-9}
ポリエチレンフィルム			0.000459×10^{-12}

◆熱容量と結露

熱容量の大きい建物では、気温が急激に変化しても、室内側の表面温度はタイムラグがあり、変化が遅い。絶対湿度が一定であれば、夏場、室外での相対湿度が90%程度であっても、室内側が気温が低い場合、それ以上となり、表面結露を起こす可能性もある。しかし、表面結露は、室内側の壁表面温度が露点温度まで低下しなければ起こらない。また、表面仕上材に適度な吸湿性があれば結露は避けられる場合もある。熱容量を利用するパッシブヒーティングでは、夏場の結露に注意が必要である。

◆材料の調湿作用

密閉されている建物や、箱の中に、若干の吸放湿作用をもつ材料（木材など）があれば、それらの外部の相対湿度の変動に比べて、内部の変動は小さい。これは、内部の相対湿度が高くなると材料が吸湿し、逆に、相対湿度が下がると放湿するという調湿作用があるためであるといわれる（Fig-2）。

Fig-2 吸湿履歴（ヒノキ）

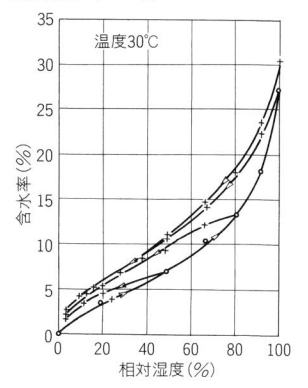

◆蒸返し

外壁が雨などで濡れたあと、日射でその部分の温度が上昇すると、水蒸気が外側ばかりか室内側に侵入する。これは蒸返しといわれ、対策として、雨などで壁が濡れないようにする、壁内に防湿層を設けるなどがある。

蔵や収蔵庫などの保存施設は、湿度の急激な変化や極端な高湿・低湿を防ぐために木材や厚い土壁のもつ調湿作用を最大限に生かしているという（Fig-3）。自然界に生育したもの、あるいはそれらを原料として

事例とその説明

作り出されたものは，空気を通すもの，水分を通すもの，さらにそれらの特性が温湿度によって変化するものが多い。例えば漆という植物性塗料は，鉱物性塗料より空気湿気の通過が多いという性状をもち，木材の呼吸を助けているという。

Fig-3 多数の人の出入りで温湿度とも乱れている室内に置かれた密閉陳列ケース内の温・湿度変化の一例

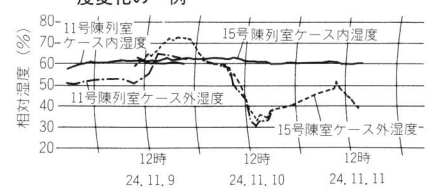

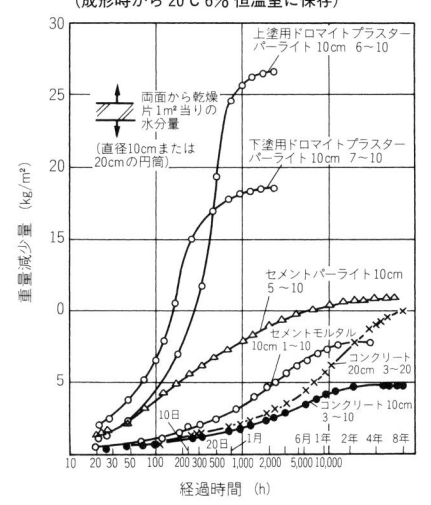

Fig-6 等温吸湿曲線（常温）

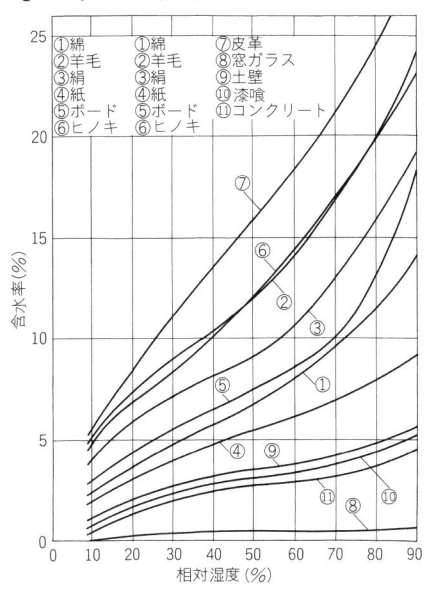

◆材料の含水率

固体が空気中の水蒸気を吸湿して平衡に達したときの含水率は，常温付近ではだいたい相対湿度によってほぼ一定の値を示す（Fig-4〜6）。

Fig-4 檜薄板の吸湿・乾燥速度（真空中における実験）

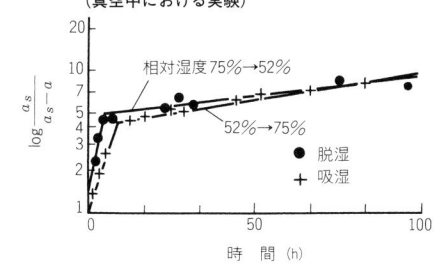

Fig-5 各種水練材の乾燥速度（成形時から20℃6%恒温室に保存）

〈有機材の調湿作用〉

① 木—板倉，校倉，板屋根（柿葺），桐たんす，コルク
② 漆
③ 草—たたみ，茅屋根
④ 紙—障子，襖
⑤ 樹皮—檜皮葺
⑥ その他

Fig-7 檜皮葺詳細（石山寺多宝塔）

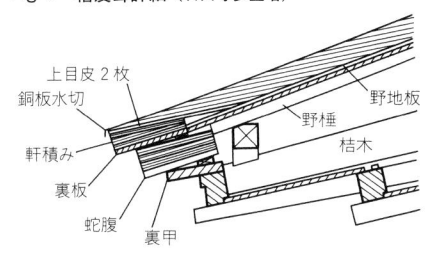

Fig-8 棟仕舞詳細

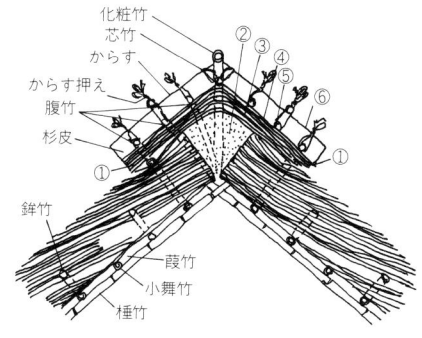

① 最後の縫竹で葺茅をしっかり止める
② 詰茅をする
③ 1〜1を結んで縄掛けをし詰茅をしめる
④ 棟覆いの茅をおく
⑤ 杉皮をかぶせ腹竹で押える
⑥ 腹竹をとじつけた縄目にからすをおいて目蓋とする

◆茅葺屋根と茅壁

中門造住宅

積雪時に室内を保温するために茅が外壁に用いられており，段状に配されている。これは，茅葺屋根とともに，調節作用が行われていると考えられる（Fig-9, 10）。

Fig-9　茅壁と柱の仕口跡

Fig-11　唐招提寺経蔵

Fig-12　正倉院宝蔵

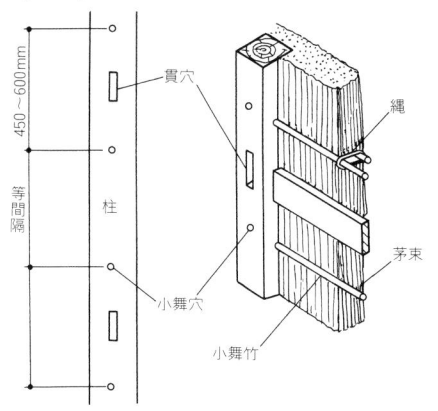

Fig-10　茅壁の民家（山田家）

Fig-13　豊受大神宮御饌殿

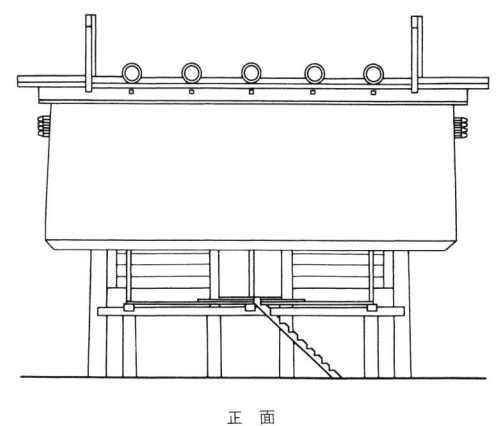

正面　　側面

平面

◆校倉造

　木材のもつ調湿作用を生かし，わが国では校倉造などは倉庫として利用される例が多かったが，ユーラシア大陸では住居に用いられた。

　永田四郎の調査によると，校倉内は上下の気温の差が小さく，そのままのかたちで外気温に応じて変化するが，小変化は見られなかったという。

　また，校倉内の気流は，外気流の影響を直接あまり受けず，変動の小さい上下流が見られるという。注目されることは，低湿で風速の大きい昼間に校倉内の気流も速くなるはずなのに，校倉内では気流の速さが夜間に大きく，昼間に小さい傾向があったことである。また，校倉内の湿度の変化は著しく小さく，木材の吸放湿作用が生かされていて，従来の定説が実証された。

　丸太造りの架構と断面。皮をはいだ丸太が接する部分では，上の材の下端に溝をきざみ，布や動物の毛を入れ隙間風を防ぐ。このような構法がわが国に導入されたとき，気密化が耐久性を損ねたといわれる。

Fig-14　スカンジナビアの民家

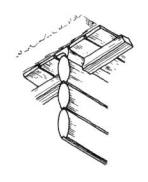

〈無機材料〉
◆土壁

　土壁は板壁ほどの調湿作用はないが，よく乾燥した厚い土蔵の壁は，外界の温湿度をよく遮断し，室内の気候を一定に保つ。

Fig-15　土壁の養蚕農家

Fig-16 土壁の養蚕農家立面図

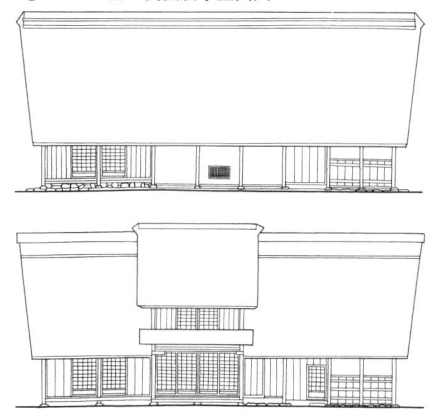

Fig-17 真壁下地

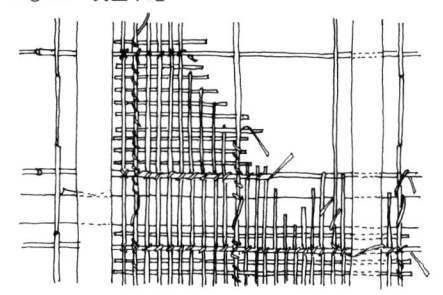

Fig-18 真壁下地

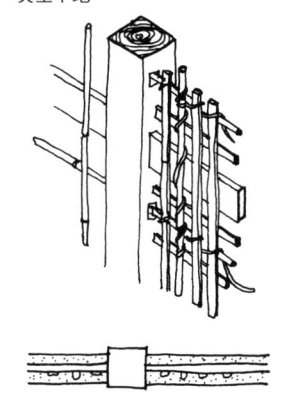

◆石造

新島の抗火石や大谷石などは，海綿状のポーラスな材料である。断熱だけではなく調湿作用も優れているといわれている（Fig-19，20）。

Fig-19 新島の民家

Fig-20 大谷石の倉

◆床下に敷き込まれた活性炭

密閉された床下空間は，熱的には有利であるが，湿度が高くなって，木材腐朽菌の繁殖を促進するおそれがある。これを防ぐため，1階床（木造）下に36mm厚の活性炭が敷き込まれ，その吸放湿作用によって，床下の湿度調節とともに，若干の断熱効果も期待されている（Fig-21）。

Fig-21 福村ソーラーハウス（菊地弘明）

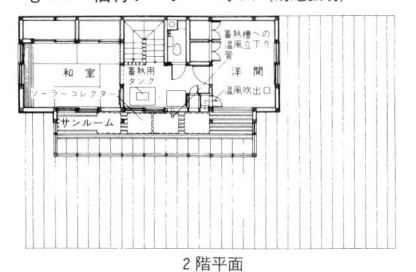

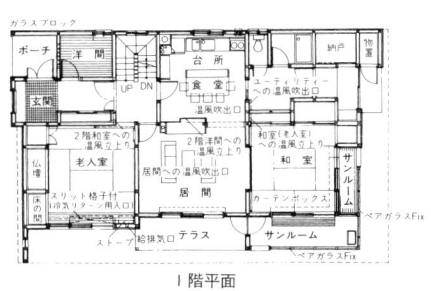

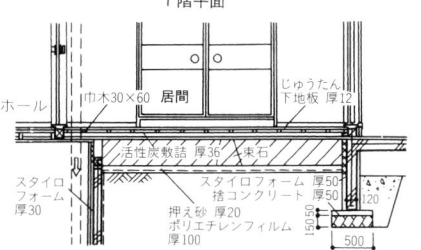

◆ショチピリの家

内部の中央に石を集めたハイブリッドソーラーハウス。天井材と壁はベニヤで調湿をねらい，孔明きボード併用により，有効性をより高めた。床材は除湿を意図し，ココナツタイルとしている（Fig-22）。

Fig-22 ショチピリの家（加藤義夫）

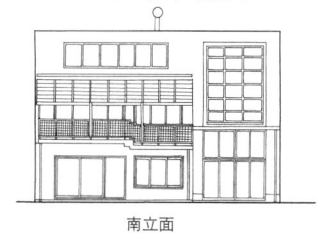

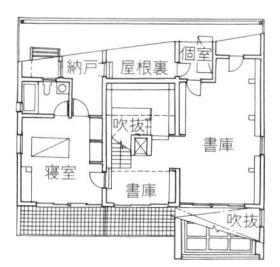

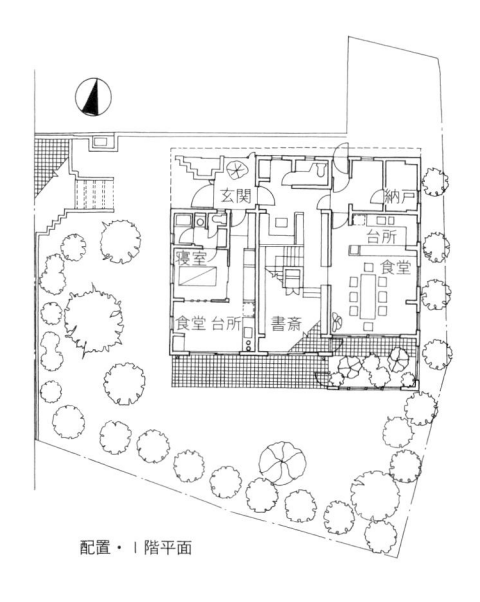

■ 図版出典および写真撮影者リスト

手法-1

Fig-1　C. J. Orlebeke, "Solar Dwelling Design Concepts", Drake publishers, Inc.

Fig-5〜9　『ディテール』105号

手法-2

Fig-2　『ディテール』118号

Fig-5　『ディテール』105号

手法-3

Fig-1　清家清編「住宅設計ハンドブック」オーム社

Fig-2　「住宅の次世代省エネルギー基準と指針」(財)住宅・建築省エネルギー機構

Fig-4　J. D. Ned Nilsson, "Radiant Barriers", Cutter Information Co., 1990

手法-4

Fig-1　Givoni, B., "Solar Heating and Night Radiation Cooling by, a Roof Radiation Trap", Energy and Buildings, Vol. 1, 1977

Fig-2　B. Anderson, "The Solar Home Book", Brich House Publishing Co., Inc.

Fig-4, 21　ジョン・S. テイラー著，後藤久訳「絵典 世界の建築に学ぶ知恵と工夫」彰国社

Fig-16　「屋根散水システムカタログ」竹中工務店

Fig-5　天水尊，雨水リサイクル研究所

Fig-6, 22　須永修通ほか「建築の熱環境調整における雨水の顕熱利用に関する研究」

Fig-10〜12　E. マツリア著，小玉祐一郎訳「パッシブソーラーハウスの設計技法」彰国社

Fig-13〜15　Los Alamos Scientific Laboratory, "Passive Solar Buildings：A Compilation of Data and Result", Sudia Laboratory

Fig-17, 18　写真提供：石川幸雄

Fig-19, 20　須永修通ほか「屋根面流下水による放熱効果を用いた輻射冷房実験」JSES研究発表会講演論文集，1994年

手法-5

Fig-3　R. Knoweles, "Energy and Form", MIT Press

Fig-6　"Control of the Thermal Environment 47"

Fig-9　"Solar Oriented Architecture" AIA

Fig-12　"AD" 1957-3

手法-6

Fig-7　撮影：中川敦玲

手法-7

Fig-1, 3　「住宅の次世代省エネルギー基準と指針」住宅・建築省エネルギー機構

Fig-2　『ディテール』129号

Fig-4, 5　『ディテール』64号

Fig-8　『ディテール』112号

Fig-9　Ame Elmroth, Bertil Fredlund, "A Concept for Energy Efficient and Healthy Single Family Houses Based on Dynamic Insulation Technique", Building Physics '93 3rd Nordic Symposium

手法-8

Fig-2　E. Mazria, "The Passive Solar Energy Book", Rodale Press, 1979

Fig-6　須永修通・伊藤直明「パッシブソーラーシステムの熱性能評価に関する研究2」JSES研究発表会講演論文集，1982

Fig-10　『ディテール』64号

Fig-12　"Passive Solar Building" Sandia Laboratory, US D. O. E.

Fig-17　『カラム』78号

手法-9

Fig-3, 4　『ディテール』105号，撮影：彰国社写真部

Fig-6, 7　『ディテール』112号，撮影：和木通

Fig-5　OM研究所

手法-10

Fig-14　『建築文化』1985-3

Fig-15, 16　『ディテール』64号，撮影：和木通

手法-11

Fig-14　写真提供：圓山彬雄

Fig-15　「環境と共生する建築」建築資料研究社

手法-12

Fig-4　西山夘三「これからのすまい」相模書房

Fig-10　渡辺冨士雄画「ツルはなぜ一本足で眠るのか──適応の動物誌」ぐるーぷぱあめ編，草思社

手法-13

Fig-4　日本建築学会編「建築設計資料集成1　環境」丸善，1978

Fig-6　"PROCESS：Architecture" 98

Fig-14　clauss markisen Projekt GmbH, Katalog

手法-14

Fig-13　"Baumeister" 2000-2

Fig-14　"Daylighting in Buildings"

Fig-15　Hüppe Form GmbH, Katalog Hüppe Tageslichttechnik

Fig-16　"mosaik" 1998-4

Fig-19　三渓園臨春閣修理工事報告書

手法-15

Fig-1　F. Eichler, "Bauphysikalische Entwurfslehre", Band 2, 1970

Fig-2　日本建築学会編「建築設計資料集成1　環境」丸善，1978

Fig-3, 5　撮影：和木通

Fig-4　『建築文化10月号臨時増刊　デザイナーのための建築設備チェックリスト　1992年度版』

手法-16

Fig-2〜5　日本建築学会編「建築設計資料集成1　環境」丸善，1978

Fig-6　BIS「高性能住宅の設計──北方型住宅を目指して」北海道リフォームセンター，1990

Fig-7　彰国社写真部

Fig-8　日本建築学会編「建築教材　雪と寒さと生活I　発想編」彰国社

Fig-9　『ディテール』64号

手法-17

Fig-6　"PROCESS：Architecture" 24号，村田明久

Fig-7　日本建築家協会編「生き続ける建築のデザイン──サステイナブルデザイン・ガイド」彰国社

Fig-8〜11　ジョン・S・テイラー著，後藤久訳「絵典　世界の建築に学ぶ知恵と工夫」彰国社

Fig-13　撮影：彰国社写真部

Fig-14　『建築文化』1984-1

Fig-15　若山滋・TEM研究所「建築の絵本　世界の建築術／人はいかに建築してきたか」彰国社

手法-18

Fig-2　J. M. Fitch, "American Building", Houghton Mifflin Co.

Fig-5　若山滋・TEM研究所著「建築の絵本　世界の建築術／人はいかに建築してきたか」彰国社

Fig-6　Choomsri Sriwasriyanonth, "Thai Traditional Architecture for Engineers", Technological Promotion Association

Fig-9　撮影：和木通

Fig-10　渡辺冨士雄画「ツルはなぜ一本足で眠るのか──適応の動物誌」ぐるーぷぱあめ編，草思社

手法-19
Fig-7 『ディテール』83号
Fig-8 "FACT" 7号, 日建設計
Fig-9, 11 「光・熱・音・水・空気のデザイン——人間環境と建築ディテール」

手法-20
Fig-9 絵内道正編「積雪寒冷型アトリウムの計画の設計」北海道大学刊行会
Fig-16 "AD" 1975-3

手法-21
Fig-2 M. Evans, "Housing, Climate and Comfort", Architectural
Fig-3, 4, 6 P. グリヨ著, 高田秀三訳「デザインとは何か」彰国社
Fig-11 "Building Environment" Angus and Robertson Co.

手法-22
Fig-1 清家清編「住宅設計ハンドブック」オーム社
Fig-4 B. S. Saini, "Building Environment", Angus and Robertson Co.
Fig-5 『ディテール』105号
Fig-6〜9 『ディテール』116号, 撮影:根本和彦
Fig-10, 11 『建築文化』1993-4, 写真提供:第5建築界

手法-23
Fig-1 八鍬利助著「農業物理」養賢堂
Fig-2 吉野敏正著「小気候」地人書館
Fig-3 藤井厚二著「日本の住宅」岩波書店
Fig-4 「光・熱・音・水・空気のデザイン——人間環境と建築ディテール」彰国社

手法-24
Fig-4 省エネルギーハンドブック'98」(財)住宅・建築省エネルギー機構
Fig-6 "Energy" AIA
Fig-9, 10 N社資料
Fig-12, 13 「住宅の次世代省エネルギー基準と指針」(財)住宅・建築省エネルギー機構, 1999

手法-25
Fig-2 『ディテール』116号
Fig-3, 10, 20, 21 撮影:和木通
Fig-4, 5, 7 『ディテール』100号, 撮影:後藤惣一
Fig-6 "FACT" 7号, 日建設計
Fig-9, 20〜24 『ディテール』116号
Fig-11 『建築文化10月号臨時増刊 デザイナーのための建築設備チェックリスト 1992年度版』
Fig-12, 18, 19 日本建築家協会編「生き続ける建築のデザイン サステイナブルデザイン・ガイド」彰国社
Fig-13〜16 『ディテール』141号, 写真提供:岩村アトリエ
Fig-17 撮影:畑拓

手法-26
Fig-3 渡辺要・勝田高司（日本建築学会論文), 1974
Fig-5 写真提供:薗田穣
Fig-9, 10 "FACT" 6号, 日建設計
Fig-11, 13 『建築文化』1985-8
Fig-16, 17 日本建築家協会編「生き続ける建築のデザイン サステイナブルデザイン・ガイド」彰国社
Fig-18〜21 『ディテール』116号, 撮影:和木通
Fig-22 『建築文化』1987-11, 撮影:大橋富夫
Fig-23 『新建築』1987-11
Fig-26, 27 撮影:畑拓

手法-27
Fig-6 「新訂・建築学大系8 音・光・熱・空気・色（気象学 勝田高司)」彰国社
Fig-7, 8 日本建築学会論「建築設計資料集成1 環境」丸善, 1978
Fig-9 市街地風研究会「市街地風の研究」オーム社

手法-28
Fig-7 撮影:彰国社写真部
Fig-8 撮影:和木通
Fig-10 Richerd Ausley, "Building & Environment" Vol. 14, No. 1, 1979

手法-29
Fig-2 "Passive Solar Conference 3", American Section of ASES
Fig-11 宮部秋彦他「日本建築学会東海支部報告」
Fig-12 『ディテール』61号
Fig-13 土屋喬雄作成
Fig-15 "A Survey of Passive Solar Building" AIA
Fig-17 D. ライト著, 加藤義夫訳『図説・自然エネルギー建築のデザイン』(建築文化別冊) 彰国社
Fig-18 大後美保著「微気象の探求」HNKブックス

手法-30
Fig-1, 2 『建築文化』1977-5
Fig-3 日本建築学会編「建築設計資料集成2」丸善, 1960
Fig-4, 5, 7, 8 吉野正敏著「小気候」地人書館
Fig-9, 10 L. Halprin, "R. S. V. P. Cycle", George Braziller, Inc.
Fig-15 「光・熱・音・水・空気のデザイン——人間環境と建築ディテール」彰国社

手法-31
Fig-1 G. O. ロビネッティ著, 三沢彰・山本正之訳「生活環境と緑の機能」産業技術センター
Fig-2 新田伸三・東集成・石井昭夫著「環境緑化における微気象の設計」鹿島出版会
Fig-3 写真提供:赤嶺和雄
Fig-4 『ディテール』96号, 撮影:彰国社写真部
Fig-5 『建築文化』1977-11, 撮影:彰国社写真部

手法-33
Fig-9, 12 蕪木伸一「水戸市百合が丘ニュータウン六反田池周辺地区計画」Reetec 21, Vol. 4
Fig-13 A. Ishii, S. Iwamoto, T. Katayama, T. Hayashi, Y. Shiotsuki, H. Kitayama, J. Tsutsumi and M. Nishida "A comparison of field surveys on the thermal environment in urban areas surrounding a large pond : when filled and when drained, Energy and Buildings, Nos. 15-16, pp.965-971(1990/91)"
Fig-14 樋野泰広・片山忠久・土橋英久ほか「福岡市の気温分布におよぼす土地利用とエネルギー消費に関する調査研究 その6 93夏季実測および海岸からの距離と気温, 日本建築学会大会学術講演梗概集 D 環境工学, pp.1481-1482, 1993.99」
Fig-15 村川三郎・関根 毅・成田健一・西名大作・千田勝也「都市内河川が周辺の温熱環境に及ぼす効果に関する研究（続報), 日本建築学会計画系論文報告集, 第415号, pp.9-19, 1990」
Fig-16 向井愛・堀越哲美「名古屋市中川運河における海風溯上が体感気候に及ぼす影響——日本建築学会大会学術講演梗概集1998.9」

手法-34
Fig-2 大後美保著「微気象の探求」NHKブックス
Fig-5〜9 『ディテール』118号, 撮影:後藤惣一

手法-35
Fig-3〜5 斉藤平蔵著「建築気候」共立出版
Fig-6 Wilson・不破・宮部・西藤作成「建築設計資料集成2」日本建築学会編, 丸善, 1960
Fig-8, 9 川島宙次著「滅びゆく民家」主婦と生活社
Fig-10 撮影:和木通
Fig-14 "SD" 1974-5
Fig-15 撮影:彰国社写真部
Fig-21 『ディテール』62号
Fig-22 『建築文化』1984-2

自然エネルギー利用のための
パッシブ建築設計手法事典 新訂版

1983年10月10日　第1版　発　行
2000年7月30日　新訂第1版　発　行
2021年8月10日　新訂第1版　第8刷

編　者	株式会社　彰　国　社
発行者	下　出　雅　徳
発行所	株式会社　彰　国　社

162-0067　東京都新宿区富久町8-21
電　話　03-3359-3231（大代表）
振替口座　00160-2-173401

著作権者との協定により検印省略

自然科学書協会会員
工学書協会会員

Printed in Japan

ⓒ 株式会社彰国社　2000年　　装丁：長谷川純雄　　印刷：真興社　製本：誠幸堂

ISBN 4-395-11095-9　C3052　　　https://www.shokokusha.co.jp

本書の内容の一部あるいは全部を、無断で複写（コピー）、複製、および磁気または光記録媒体等への入力を禁止します。許諾については小社あてご照会ください。